21 世纪网络教育精品教材

网络教育“十三五”规划教材

城镇管理与发展

主　编　朱同丹　章兴鸣

北京交通大学出版社

·北京·

内容简介

本书共10章，分别是城镇与城镇化、城镇管理导论、城镇规划管理、城镇市政管理、城镇经济管理、城镇社区管理、城市郊区管理、城镇经营与形象管理、城镇管理经验借鉴、我国新型城镇化道路。

本书适合关注城镇管理与发展的读者阅读，也可作为普通高等院校专业课、选修课的教材。

图书在版编目（CIP）数据

城镇管理与发展／朱同丹，章兴鸣主编．—北京：北京交通大学出版社，2015.1（2018.11重印）

ISBN 978－7－5121－2190－4

Ⅰ.①城…　Ⅱ.①朱…　②章…　Ⅲ.①城镇－城市管理－高等学校－教材　Ⅳ.①F293

中国版本图书馆CIP数据核字（2015）第022439号

策划编辑：刘　辉

责任编辑：刘　辉

出版发行：北京交通大学出版社　　电话：010－51686414

北京市海淀区高梁桥斜街44号　　邮编：100044

印 刷 者：艺堂印刷（天津）有限公司

经　　销：全国新华书店

开　　本：185mm×260mm　　印张：13.5　　字数：337千字

版　　次：2015年1月第1版　　2018年11月第5次印刷

书　　号：ISBN 978－7－5121－2190－4/F·1471

印　　数：5 001～6 000册　　定价：28.00元

前　言

城市是经济增长的发动机，为大量财富的创造提供了条件；城市是社会文明的窗口，可以在政治、经济、文化等领域为人们提供更好的工作与生活的物质基础设施。但是，城市也带来许多共性的问题，如城市人口多，密度高，流动快，易造成环境污染、交通拥堵、住房困难、教育和卫生资源难以满足人们需求、公共安全问题突出，等等。相对于城市所要提供的服务和处理的问题，公共资源几乎在所有的地方都是不足的，因为人们对城市的需求远远超过城市所能提供的供给。城镇管理正是在应对这些问题的过程中不断演变和发展。

改革开放后，中国加快了城市化的步伐，城市规模迅速扩大，城市人口急剧增加，城市建设也日新月异，基础设施现代化水平不断提高，但与城市“硬件”改进不协调的是城市的“软件”——城市管理跟不上城市发展的步伐。由此带来一系列的不良后果：城市建筑的寿命不长；城市的马路如同“拉链”，隔三岔五地就要“开膛破肚”；城市随处可见乱张贴、难根治的“牛皮癣”；城市交通的“肠梗阻”已成为常态；城市的规划缺乏权威性和科学性；城市的环境污染非常严峻；城市贫困群体的生存现状触目惊心；公共秩序与公共安全难以保障；传统地域文化缺失，城市变得越来越缺乏“个性”……这一切都说明中国城市管理的传统模式必须要改变与调整。

当前我国正处于新型城镇化发展的关键期，城镇化率正处于30%～70%的快速发展区间，如果延续过去传统粗放的城镇化模式，会带来产业升级缓慢、资源环境恶化、社会矛盾增多等诸多风险，可能落入“中等收入陷阱”，进而影响现代化进程。随着内外部环境和条件的深刻变化，城镇化必须进入以提升质量为主的转型发展新阶段。对此，中共中央、国务院提出了新的国家新型城镇化规划（2014—2020年），其中提出，我国城镇化是在人口多、资源相对短缺、生态环境比较脆弱、城乡区域发展不平衡的背景下推进的，这决定了我国必须从社会主义初级阶段这个最大实际出发，遵循城镇化发展规律，走中国特色新型城镇化道路。

值得说明的是，许多场合下，城市与城镇这两个概念没有严格的区分。只有那些经国家批准设有市建制的城镇才称为城市（city），不够设市条件的建制镇才称为镇（town），市和镇的总称才叫城镇或市镇（urban place 或 city and town）。在不严密的情况下，又常常把城市作广义理解，代表城镇居民点的总称。例如，我国的城市规划法所称的“城市”就包括国家按行政建制设立的直辖市、市和镇。城市与城镇常常混用。本书使用的“城镇管理”概念，并没有更多关注大城市的管理，而是把重心放在小城市甚至是一些小城镇的管理上。

编　者

2014年10月

目　　录

第一章

城镇与城镇化

第一节　城镇的形成与发展

一、城镇的起源与特征

(一)“城”“市”“镇”

城镇，通常指的是以非农业人口为主，具有一定工商业规模的居民点。在一个相对区域内，比较大的人口集聚区称为市，比较小的人口集聚区成为镇，笼统称为城镇。在中国，县及县以上机关所在地，或者常住人口在2 000人以上，10万人以下，其中非农业人口占50%以上的居民点，都是城镇。

在我国古代文献中，“城”和“市”是两个概念。“城”指有防卫围墙的地方，能扼守交通要冲，具有防守职能的军事据点。《管子·度地》曰：“内为之城，外为之廓。”《墨子·七患》中指出：“城者，所以自守也。”“市”指商品交换的地方。《周昌·学辞》曰：“日中为市，致天下之事，聚天下之货，交易而退，各得其所。”这说明最初的市是指在一定地域内固定的、商品交易的集中场所。市，有大市、小市及早市、晚市之分。随着社会经济的发展，“城”与“市”逐渐结合成一体，形成“城市”。城市是以人为主体，人口、活动、设施、物资、文化高度集中并不断运转的有机整体。

中国古代城市的起源多与政治、军事有关，主要是由国家政权有计划地建立起来的。作为中国古代城市主体的郡县城市，主要是政治中心，城市的经济、社会、文化主要服务于国家政权，因此可以称为政治城市。在西方，尤其是西欧，城市的兴起主要与工商业的发展有关，大多是自发“生长”出来的。西欧国家封建城市建立在商品经济较为发达和社会分工较为明确的基础之上，主要作为工商业中心存在，并很快成为独立或半独立的市民阶级的经济、政治和文化中心。马克斯·韦伯指出，西欧中世纪城市市民享有特权，其人身自由和财产受法律保护，有贸易自由，有资格参与市政，主要从事商品经济生产活动，等等，不同于东方封建城市人民的特点。① 东方封建国家的统治者大多居住在城市中，是

---

① 马克斯·韦伯：《韦伯作品集（II）》，桂林：广西师范大学出版社，2004年版，第238，307页。

城市统治乡村一元制的社会体制；而西欧中世纪统治者即封建领主等大多居住在乡村的庄园中，构成了乡村、城市并举的二元制社会体制。

在中国，“镇”的名称最初出现于公元 4 世纪北魏时代，是小型军事据点。到宋代商品经济发达，镇成为商业和手工业较集中的县以下地方行政建制。“镇”作为国家依法设置的一种地方行政建制，是许多国家管理农村行政事务和为农民提供公共产品服务的通行做法。但在中国，自秦朝至清末的两千多年，“皇权止于县政”，乡里制度集中地反映了宗法性与行政性的高度整合。历史上许多朝代的乡镇建制规模、组织原则、层级划分、职能定位、机构设置等远不像县政权那样整齐划一。[①] 新中国成立以来，设镇标准变动过 3 次。1984 年起新规定的建镇基本条件是：县级政府所在地和非农业人口占全乡总人口的 10% 以上、其绝对数超过 2 000 人的乡政府驻地，并允许各省（自治区）根据实际状况对建镇条件作适当调整。中国学术界认为，设镇（建制镇）的具体标准为：聚居常住人口在 2 500 人以上，其中非农业人口不低于 70%。

（二）城镇的特征[②]

1. 高度集中

高度集中是城镇区别于农村的基本特征，具体表现为人口、活动、设施、物资、文化等要素的高度集中。

人口的高度集中。人口的高度集中是城镇区别于乡村的主要特征，城镇人口密度都高于农村，城镇规模越大，人口密度也越高。由于城镇人口高度集中，给城市带来了高效益，使城市在国家经济社会发展过程中发挥了中心作用。但是任何事物的发展都有个度，限度之内，表现为优越性；超过限度，就会走向反面，优越性就转化为危险性甚至灾难性。城市人口过分集中，城市规模过分大，人口密度过分高，会给城市造成压力，产生一系列城市病问题。

活动的高度集中。人们在城市开展的各种活动不仅高度集中，而且多种多样，体现为：一是物质资料生产及发展生产的各种活动，如重工业生产、轻工业生产、交通运输，科学研究与开发等。二是城市建设管理的各种活动，主要是房屋建筑（如厂房、住宅、公共建筑等）、基础设施（如修桥铺路、各种管线）的建设管理等。三是提高环境质量的各种活动，如绿化、环境卫生、三废治理、消除噪声、园林建设、城市雕塑、市容管理等。四是加强联系、传递信息的活动，如电讯、通信、邮政、广播、电视等。五是流通、分配、消费等领域里的各种经济活动，既有社会的经济活动，如商业、金融、外贸、生活服务、修理、保险等；也有个人的经济活动，如购物、取款、存款等。六是精神文明建设的各种活动，如文化、艺术、体育、新闻、出版发行、游乐等。七是城市居民为提高、发展和保健自己及抚养后代所需要的各种活动，如各种类型的学校教育，各种学科的学术研究等。八是城市防卫的各种活动，如社会治安、预防各种自然灾害、防卫等。九是对外联系

① 张新光：《论我国乡镇的建制规模、职能定位与机构设置》，《广东行政学院学报》，2005 年第 12 期。

② 秦甫：《现代城市管理》，上海：东华大学出版社，2004 年版。

的活动，如政府间外交活动、民间友好往来、国际学术交流等。

设施的高度集中。高度集中的各项城市设施，构成了城市的物质形态。城市设施是为居民生产、工作、生活、学习、交通等提供服务的。

物资的高度集中。主要表现在工业生产的商品集中在城市，生产所需要的原材料集中到城市。

文化的高度集中。城市是人类文化的结晶。东西方很多古代名城就是典型的代表。如中国隋唐的长安（今西安）、宋朝的汴梁（今开封）、明清的北京等，又如意大利的罗马、佛罗伦萨，英国的伦敦，法国的巴黎，奥地利的维也纳，埃及的开罗，印度的新德里等，都以其优秀的文化闻名于世，发展到今天，以古代文化和现代文化互相融合而呈现出更加光辉灿烂的新面貌。

2. 开放运转

开放运转是城市的基本条件。在现代生产体系中，社会化程度日益提高，科学技术日益发达，社会生活日益复杂，因此现代城市的开放性比以往任何时候都更为突出，使得现代城市具有强烈的时代色彩。开放的直接含义是现代城市经常地、大量地与外界（其他城市和广大农村）进行人口、人才、物资、能源、信息的交换（输入和输出）。

现代城市是由许多不同类型、不同性质、不同层次子系统所组成的复杂的大系统。这些子系统包括横向和纵向两大类。横向的子系统，是按块划分的，是人口、活动、设施、物资、文化等多种因素与空间相结合而形成的各个社区。纵向的子系统是按不同部门、不同产业划分的子系统，这些子系统分为不同层次，比如在经济系统下分工业、农业、商业、金融、外贸、交通等；在社会系统下分文化、教育、科技、政法等；在生态系统下分水利、园林、环保、环卫等。这些子系统如同大机器的各种零件，形成城市的复杂形态。

现代城市是由众多子系统组成的大系统，它的和谐运转，依赖于各子系统间的相互作用和协同配合。因此城市管理要研究的一个重要问题，就是城市在开放条件下如何加强各子系统的相互协调及城市与外部环境的相互协调。

（三）城镇的功能①

1. 城镇的共同功能

城镇是人类社会活动基地。人类社会活动基地的功能包括城镇的承载体功能和城镇的依托体功能。

城镇的承载体功能。城镇这个承载体，包含自然物质承载体（土地、水源、其他自然资源）和人工物质承载体（各项基础设施）两个部分。这两个部分有机结合，是决定城镇存在、制约城镇发展的基本物质条件，同时，也是城镇整体的一个组成部分。承载体的基本功能是服务，即城镇为自身的存在和发展服务，为城镇的社会生产、社会生活服务。正确发挥这一功能，可以为城镇创造一个安全、美化的生存环境，为城镇物质生产、精神

① 秦甫：《现代城市管理》，上海：东华大学出版社，2004 年版。

生产正常发展创造必要的基本条件，为城镇全体市民创造良好的劳动条件和生活条件。任何城镇的承载力都是有限度的，如果超出了它的“负荷极限”，城镇服务功能就会陷于紊乱、遭到破坏，产生一系列的消极后果。

城镇的依托体功能。在城镇中从事社会活动的，有多种多样的经济实体、政治实体、文化实体和其他社会实体。它们错综复杂的社会活动，均以城镇为依托。城镇依托功能表现为吸引和排斥两个方面，它对于与城镇性质相适应的各种社会实体，具有吸引力；对于与城镇性质相抵触的社会实体，则具有排斥力。为了增强城镇的吸引力，除了要搞好基础设施建设外，还要搞好各项公共生活设施建设和城镇服务工作，使城镇不但有方便的生产、工作和生活条件，还有良好的社会秩序和社会风气；为有效地发挥排斥力的作用，城镇必须有健全的法律和强有力的宏观控制，保证城镇总体规划贯彻执行，有效地制止有碍秩序、有损环境、有阻发展的现象。

城镇是一定地区社会发展的中心。城镇不仅是社会活动的一个承载体和依托体，而且是一个在社会发展中起主导作用的社会肌体。城镇不论大小，不论其性质如何，都是一定地区社会经济文化发展的中心。城镇的这种社会功能，是所有城镇都具有的。不同的，只是不同城镇中心作用有不同的特点、范围和强度而已。

2. 城镇的个体功能

不同类型的城镇，有不同功能。每个城镇都要根据自己的具体“市情”，正确确定城镇的性质和发展战略，突出主要功能，发挥自身最大优势，而不能千篇一律，搞成一个模式。例如，政治中心城镇要突出政治功能，压缩经济等方面的功能。旅游城镇要减少乃至禁止有害环境的工业发展，即使同属工业城镇，也要按照各自资源、技术等条件，扬长避短，发展各具特点的工业。每个城镇都应在全国丰富多彩的城镇体系中，显示自己特色，在城镇社会经济文化发展中发挥自己独特的作用。

不同规模的城镇，其功能也不同。城镇规模一般依据城镇的人口规模来确定。一般来说，城镇规模越大，它的功能也越多。但城镇的规模和功能，并非总是机械地成正比。有些中小城镇，特色显著，也会发挥很大的功能。如桂林、杭州以风景名胜著称于世，是其他地方所不能比拟的。而有的大城镇，如果它的人口规模过大，超过了城镇的承载能力，结构又很不合理，其功能也会朝着相反的方向转化。

二、城镇类型与空间布局

（一）我国城市的类型

目前，我国城市根据不同的划分法可以进行以下几种分类。

1. 按行政级别分类

特别行政区。包括香港、澳门，是根据我国宪法设立，对外享有特殊法律地位，高度自治的地方行政区域。可以单独参加国际经济，社会、文化等外交活动，有自己的区旗，区徽。

直辖市。包括北京、上海、天津、重庆 4 个直辖市。直辖市行政地位与省相同；直辖市下辖区，县，市（县级）。

副省级市和计划单列市。包括沈阳、长春、哈尔滨、南京、武汉、广州、济南、杭州、西安、成都、深圳、厦门、宁波、青岛、大连15个副省级城市，副省级市受省级行政区管辖，副省级市的市长与副省长同级。它们在一定程度上享有省一级的经济权限，收支直接与中央挂钩，由中央财政与地方财政两分，无须上缴省级财政。

“较大的市”。按照地方组织法，“较大的市”专指经国务院批准、拥有与省会（自治区首府）城市相同的地方性法规和规章制定权的城市。包括国务院批准的18个城市：唐山、大同、包头、大连、鞍山、抚顺、吉林、齐齐哈尔、无锡、淮南、青岛、洛阳（1984年批准）；宁波（1988年批准）；淄博、邯郸、本溪（1992年批准）；徐州、苏州（1993年批准）。

地级市。包括除上述城市以外的所有设区的市，行政地位处于省和县之间。

副地级市。没有统一标准，实际上是由省直接管辖的县级市，行政地位处于地级市与县级市县之间。

县级市。行政地位与“县”相同的市。中国大陆自20世纪80年代以来，随着工业化的发展，城市化的步伐较快，大多数“市”都以撤县设市的方式建立。

镇。由县或县级市管辖，行政级别相当于乡。包括建制镇和集镇。建制镇是指经省、自治区、直辖市人民政府批准设立的镇。集镇是乡、民族乡人民政府所在地和经县级人民政府确认由集市发展而成的作为农村经济、文化和生活服务中心的非建制镇，是介于乡村与城市之间的过渡型居民点。

截至2013年，全国共有建制镇2万余个，建制镇数量占全部乡镇数量的比重达50%以上。以长江三角洲、珠江三角洲和胶东半岛为代表的小城镇群，以及一批具有全国性和区域性影响力的明星小城镇迅速崛起，对带动农村经济社会发展，加快城镇化进程，缩小城乡差别，发挥了越来越重要的作用。

2. 按人口规模分类

按城市的人口规模进行划分，城市可分为超级城市、特大城市、大城市、中等城市和小城市。联合国人口部2001年出版的《世界城市化展望》则把目前世界城市划分为五类：人口在1 000万以上的城市；人口在500万~1 000万的城市；人口在100万到500万的城市；人口在50万到100万的城市；人口小于50万的城市。

长期以来，我国把城市市区非农业人口5万~20万人称为小城市（习惯上，也把不满5万的列入小城市），20万~50万人为中等城市，50万~100万人为大城市，100万人以上为特大城市。

随着城市人口持续规模的扩大，城市规模等级的标准也不断提升。根据中共中央、国务院2014年4月印发的《国家新型城镇化规划（2014—2020年）》，我国城市分为：市区（非农业）人口超过1 000万的为超级城市；市区人口500万~1 000万的为特大城市；市区人口100万~500万的为大城市（包括100万~300万的大城市和300万~500万的大城市两个层次）；市区人口50万~100万的为中等城市；市区人口在50万以下的为小城市。

3. 按地理位置分类

沿海城市。它是指沿海岸线建立和发展起来的城市，一般都以港口为依托，对外联系频繁，经济相对发达，如大连、青岛、厦门等。

内地城市。是指既不靠海，又不靠近边境线的内陆城市，如成都、西安、兰州、宜昌等。

边境城市。是指靠近国境线的城市，如二连浩特市、满洲里市等。

4. 按城市职能分类

根据我国城市的现状，可以分为综合性城市和专业性城市。综合性城市往往是一定地域内的政治、经济和文化中心，并且多为上一级人民政府所在地。目前全国性的综合性城市包括上海、北京、天津、重庆及香港等。专业性城市包括：工矿城市（在山西，有一半城市因煤而生，也因煤而发展）、交通枢纽和港口城市（如鹰厦铁路通车使鹰潭成为进出福建的一个枢纽，京九铁路也带动了沿线一批市镇的发展）、边境口岸城市（如新疆的阿拉山口、霍尔果斯、辽宁的丹东，同时它也应包括省际的边界市镇，如安徽的叶集，山东的庄砦）、文化和旅游城市（1978 年以来共有三批 96 座城市被国家确定为历史文化名城）。

专业性城市的划分有时候可能不那么准确，因为在城市的发展过程中，城市的职能往往发生改变。在很多情况下，专业性城市多朝着综合性城市的方向发展。否则，一旦城市赖以生存的资源出现枯竭或竞争实力下降，缺乏灵活的后续产业的支持，城市的类型转换太慢，就会造成城市经济逐渐衰退。

（二）城镇的空间分布

从目前我国城镇的空间分布来看，一个主要特征是东西部地域分布不平衡。由于我国东西部的经济和社会发展不平衡，东部地区本身在经济、交通、文化等方面拥有明显优势，这种城市水平的差距是和我国东西部的经济和社会发展不平衡的现状相符合的。

城镇空间布局上的另一个特征是在部分沿海和交通枢纽地区。交通便利是城镇形成和发展的基本条件之一，用于人口、物资等生产要素的集聚。随着城市集聚区日益扩大，“城市群”基本成形。当前我国城市群建设从两个层次推进：一是已基本建成的城市群，包括珠三角城市群、长三角城市群、京津冀城市群、山东半岛城市群等；二是正在建设中的城市群，包括武汉城市群、长株潭城市群、成渝城市群、中原城市群、海峡西岸城市群、江淮城市群、环鄱阳湖城市群等。

我国城市群发展目标是通过实施集群化式城市发展战略，形成多层次、开放性城市群体系。多层次城市群包括三方面内容：从城市规模看，将形成城市带、城市群、超大城市、特大城市、大城市、中等城市、小城市、小城镇、居民点协调发展的城市发展格局；从空间影响看，城市发展将自成体系，既有世界城市和国际化城市，也有国家级城市和区域城市；从城市功能看，将呈层级分化趋势，少数城市将成为全球经济控制和管理中心，成为世界顶级城市，同时大量存在以管理和服务、生产加工为主要功能的中低端城市。

第二节 城镇化及其发展趋势

一、城镇化与城镇化水平

（一）城镇化

广义的城镇化（urbanization），指农业人口转化为非农业人口、农村地域转化为非农业地域、农业活动转化为非农业活动，第二、第三产业在不断集聚，使城镇数量增加、规模扩大及由此引起一系列经济社会变化的过程。狭义的城镇化，是相对于城市化而言，针对那些接受中心城市辐射较弱，资源要素相对独立，个性相对明显，有自身发展差异化的城镇（以县城、建制镇、集镇为主）的社会资源与自然资源进行的合理整合的过程。

城镇化的过程也是各个国家在实现工业化、现代化过程中所经历社会变迁的一种反映，其实质是经济结构、社会结构和空间结构的变迁。从经济结构变迁看，城镇化过程也就是农业活动逐步向非农业活动转化和产业结构升级的过程；从社会结构变迁看，城镇化是农村人口逐步转变为城镇人口及城镇文化、生活方式和价值观念向农村扩散的过程；从空间结构变迁看，城镇化是各种生产要素和产业活动向城镇地区聚集过程。① 城市化的表现，一是城市人口占总人口的比重不断上升；二是劳动力从第一产业向第二、第三产业转移；三是城市用地规模不断扩大；四是城乡一体化。

（二）城镇化的形式和类型

城镇化的形式，一般可以将其归纳为向心型城镇化和离心型城镇化两种。

向心型城镇化，又称为集中型城镇化。一般认为，向心型城镇化主要出现在城镇化的初级阶段和中级阶段，这时农业剩余劳动力、农村人口和农业资本逐步向城市聚集，同时也出现了一些中小城市的资金流、信息流、物流和人流向大城市聚集，从而导致大城市的数量增加，城市规模扩大。

离心型城镇化又称为分散型城镇化，主要是指城市功能、城市资源、城市活动由城市中心向周边离心展开或扩散、辐射和分流，使周边地区的生产和生活方式城市化的过程。20 世纪 60 年代以后，一些国家和地区相继出现了以一个特大城市为中心的“城市带”和“城市群”，这些都是离心型城镇化的结果。离心型城镇化一般出现在城镇化的高级阶段。

城镇化类型主要有以下几种。

1. 就地型

就地型城镇化是指原来的农村地区，在并无城市直接作用和影响的情况下；由于某种

---

① 中国社会科学院：《中国城镇化质量综合评价报告》，《城镇化质量评估与提升路径研究》创新项目组，2013 年 3 月（http：//iue. cass. cn/photo/doc/1855_ 201332111434102. pdf. ）。

资源的发现和开发或者由于对外交通地位的建立，或者由于生产结构的变化，使得农民脱离土地从事非农业生产，农村地域转化为城市地域的过程，也就是农村城镇化的过程。

2. 城乡一体化

城乡一体化是城市与乡村在一个相互依存的区域范围内结为一体，互补融合、协调发展、共同繁荣的过程。衡量城乡一体化的指标体系理论上包括 4 个指标：第一产业与第二、第三产业平均利润率，城乡之间物质流和信息流状况，城乡居民收入差异，城乡居民恩格尔系数差异。由于受统计资料的限制，各地主要选择城乡居民收入差异（反映生活水平）和城乡居民恩格尔系数的差异（反映生活质量）两个指标来计算中国当前城乡一体化的水平。

3. 农村城镇化

农村城镇化是指各种要素不断在农村城镇中集聚，农村城镇人口不断增多，城镇数量、规模不断增大，质量不断提高的过程。它是以工业为主体的非农产业集聚发展的必然结果，是农村社会演进并通往现代化的一个重要过程，是传统农村向现代城市文明的一种变迁，是统筹城乡发展、全面建设小康社会的重要内容。

（三）城镇化水平

城镇化的水平是衡量一个国家和地区经济、社会、文化、科技水平的重要标志，也是衡量国家和地区社会组织程度和管理水平的重要标志。由于自然条件、地理环境、总人口数量的差异和社会经济发展的不平衡，各国城镇化的水平和速度相差很大。经济发达的工业化国家的城镇化程度要远远高于经济比较落后的农业国家。21 世纪以来，发达地区国家的城镇人口比例普遍在 80% 以上，而发展中国家的城镇人口比例大多在 50% 以下，其中有些国家甚至低于 20%。

城镇化率是衡量一个特定区域内城镇化发展程度的数量指标，它的具体计算一般使用一定地域内的城镇人口占总人口百分比来表示，但因统计口径会存在差异。[①]城镇现代化是城镇素质的综合反映，具体体现在城镇发展水平的方方面面。衡量城镇现代化的指标体系划分为三大类指标。第一类，经济结构现代化水平指标。包括人均 GDP、第三产业从业人员比重、第三产业增加值占 GDP 比重等，用于反映经济发展水平。第二类，基础设施现代化水平指标。包括人均铺装道路面积，万人拥有公共交通、万人拥有医生数，万人拥有电话机（包括移动电话）数等，分别反映交通、医疗卫生、通信的发展水平。第三类，人的现代化水平指标。包括人均拥有公共图书馆藏书、万人拥有在校大学生数、人均居住面积及人均公共绿地面积等，分别反映人的素质和人的居住环境状况及文化基础设施的发展水平。

二、城镇化进程及其动力

（一）城镇化进程

城镇化是伴随工业化发展，非农产业在城镇集聚、农村人口向城镇集中的自然历史过

① 徐学强、周一星、宁越敏：《城市地理学》，北京：高等教育出版社，2009 年版。

程，也是人类文明进步和经济社会发展的趋势。在相当长的历史时期中，城市的发展和城市人口的增加极其缓慢。直到1800年，全世界的城市人口只占总人口的3%。只是到了近代，随着产业革命的掀起，机器大工业和社会化大生产的出现，资本主义生产方式的产生和发展，才涌现出许多新兴的工业城市和商业城市，使得城市人口迅速增长，城市人口比例不断上升。1800—1950年，地球上的总人口增加1.6倍，而城市人口却增加了23倍。在美国，1780—1840年的60年间，城市人口占总人口比例仅从2.7%上升到8.5%。1870年美国开始工业革命时，城市人口所占的比例不过20%，而到了1920年，其比例骤然上升到51.4%。从整个世界看，1900年城市人口所占比例为13.6%，1950年为28.2%，1960年为33%，1970年为38.6%，1980年为41.3%。所以，城市化过程是随现代工业的出现而开始的。

中国是世界城市发源地之一。唐代时中国城市化水平即达10%。在北宋时期，人口过10万的大城市超过40座。两宋帝都汴梁（今河南开封）和临安（今浙江杭州）继长安、洛阳和南京之后，成为世界上第4、第5个超过百万人口的城市。15世纪初，中国出现了33个较大的商业及手工业城市，在明清时期的中国城市中，人口规模超过100万的有3个，分别是北京、南京和苏州，另外还有10个左右的区域性中心城市，人口规模每座在50万至100万之间。这一城乡市场网络体系，可分为流通枢纽城市、中等商业城镇和农村集市三大层级。然而近代以来，中国经济社会发展滞后，工业化起步晚，城市化进程也十分缓慢。1949年新中国成立时，城市化水平只有10.6%，当时世界城市化的平均水平是29%，欧美等发达国家的城市化水平超过60%。到1978年，我国城镇化水平不到18%，设市城市由132个增至193个，建制镇仅有2 173个。

改革开放以来，伴随着工业化进程加速，我国城镇化经历了一个起点低、速度快的发展过程。中国逐步放开了原有对人口流动的控制，大量农民工流向了城市，同时加快了城市化的进程。1978—2000年，城市化水平由17.92%上升到36.22%，年均增加0.83个百分点，设市城市增至663个，建制镇增加至2 0312个。这一时期沿海大城市成为城市建设的重点，沿海地区还同时涌现出众多的中小城市和小城镇，典型代表有石狮、东莞、昆山等。进入21世纪以来，随着城市化快速发展，城镇规模扩大，城镇之间交往密度增加，分工协作的城镇群逐步形成。2002—2011年，我国城镇化率以平均每年1.35个百分点的速度发展，城镇人口平均每年增长2 096万人。2011年，我国城镇人口占总人口的比重首次超过50%，2013年中国城镇人口占总人口比重为53.7%。这一时期城镇建设重点是区位条件较好的建制镇，大城市附近的新城区，如天津滨海新区、郑东新区、沈北新区等。

同时，都市圈、城市群、城市带和中心城市的快速形成和发展，标志着中国城市发展进入了一个新的成长阶段，城市化成为继工业化之后推动经济社会发展的新引擎。目前，京津冀、长江三角洲、珠江三角洲三大城市群，以2.8%的国土面积集聚了18%的人口，创造了近40%的国内生产总值，成为带动我国经济快速增长和参与国际经济合作与竞争的主要平台。城市水、电、路、气、信息网络等基础设施显著改善，教育、医疗、文化体育、社会保障等公共服务水平明显提高，人均住宅、公园绿地面积大幅增加。城镇化的快速推进，吸纳了大量农村劳动力转移就业，提高了城乡生产要素配置效率，推动了国民经济持续快速发展，带来了社会结构深刻变革，促进了城乡居民生活水平全面提升。

（二）城镇化动力

从人口迁移的角度看，推动城镇化发展的动力包括乡村的推力和城市的拉力。推力即是使人群离开乡村的因素，主要包括：农村人口增长快，对土地造成巨大压力；农村自然灾害较为频繁；农村人口收入低，社会服务短缺等。而拉力即为吸引人群去到城市的因素，包括城市交通便捷，就业机会多，社会福利保障程度高，文化设施齐全等。

1. 社会创新是城市现代化的直接动力

由于城市现代化包含政治、经济、社会及人口层面的现代化，从某种意义上讲，现代化意味着一系列新的政治、经济、社会制度整合及个性建构原则对原有制度规范的取代，所以社会创新是城市现代化的重要动力。社会创新主要体现在四个方面：政治结构创新、经济结构改革、社会结构整合和个体人格建构。对于我国来说，政治经济体制创新对城市现代化的作用最为明显，也最为直接。市场经济体制改革是我国城市现代化的加速器。社会结构整合主要指通过文化教育、科学研究、大众传媒等手段，促进文化再生产和公民对公共事务的参与，协调各利益主体的相互关系，提高社会的整体生活质量。因此可以说，社会结构整合是城市现代化的社会文化动力。个体人格建构是城市现代化的微观层面，与人口现代化息息相关。不论是什么因素、什么思想，最终都要体现在人的精神文化面貌上。对现代人的塑造，既是城市现代化的主要目标，又是城市现代化的基本动力。

2. 科技创新是城市现代化的根本动力

人类的进步史也是一部科技进步史，几次科技革命有力地推动了世界工业化的进程，使人类社会开始步入现代化的历史。科技创新是人类社会进步的源泉。随着信息社会的来临，城市的国际竞争力将主要取决于城市的科技竞争力。因此，科技创新更是城市实现现代化和国际化的根本动力。①

三、城镇化的功能与弊端

（一）城镇化的积极意义

改善环境。合理的城市化可以改善环境，例如，通过平整土地、修建基础设施、绿化环境等措施，使得环境向着有利于提高人们生活水平和促进社会发展的方向转变，降低人类活动对环境的压力。

促进现代化。作为区域发展的经济中心，能带动区域经济发展，而区域经济水平的提高又促进城市的发展，促使聚落形态、生产方式、生活方式、价值观等的变化。

人口转化。城市能够创造出比较多的就业机会，大量吸收乡村剩余人口，使劳动力从第一产业向第二、第三产业逐渐转移。

产业调整。城市化过程能够卓有成效地带动广大农村的发展，有利于改善地区产业

---

① 阎小培：《现代化与城市现代化理论问题探讨》，《现代城市研究》，2002 年第 1 期。

结构。

工业发展。城市化有助于提高工业生产的效率，工业化使城市化获得持续推进的动力。

科技进步。科学技术的进步和信息化的推进，使现代化大城市成为主要的科技创新基地和信息交流中心，进而提高区域的整体发展水平。

文化交流。城市文化向乡村广泛地扩散和渗透，影响着乡村的生产生活方式，并提高乡村的对外开放程度，有利于城市与乡村的交流，缩小城乡发展差距。

（二）城镇化的弊端

1. 城镇化的普遍性问题

环境问题。包括：生物多样性减少；耕地面积减少，土壤污染，地面下沉；空气污染，加剧热岛效应；地下水减少，地表径流增多，水质恶化，水资源短缺，酸雨增多，等等。

社会问题。包括：交通拥挤，住房紧张，就业困难，社会秩序混乱，社会保障压力加大，社保缺口难于填补，等等。

经济问题。地价上涨，成本上升；农民大量离开原耕种土地，弃耕抛荒问题越来越严重，粮食进口率逐渐增高，使得人口大国的粮食安全问题存在隐患。

2. 我国城镇化存在的问题

在我国当前的城镇化进程中，大量农业转移人口难以融入城市社会，市民化进程滞后。目前农民工已成为我国产业工人的主体，由于受城乡分割的户籍制度影响，被统计为城镇人口的2.34亿农民工及其随迁家属，未能在教育、就业、医疗、养老、保障性住房等方面享受城镇居民的基本公共服务，产城融合不紧密，产业集聚与人口集聚不同步，城镇化滞后于工业化。城镇内部出现新的二元矛盾，农村留守儿童、妇女和老人问题日益凸显，给经济社会发展带来诸多风险隐患。

“土地城镇化”快于人口城镇化，建设用地粗放低效。一些城市“摊大饼”式扩张，过分追求宽马路、大广场，新城新区、开发区和工业园区占地过大，建成区人口密度偏低。1996—2012年，全国建设用地年均增加724万亩，其中城镇建设用地年均增加357万亩；2010—2012年，全国建设用地年均增加953万亩，其中城镇建设用地年均增加515万亩。2000—2011年，城镇建成区面积增长76.4%，远高于城镇人口50.5%的增长速度；农村人口减少1.33亿人，农村居民点用地却增加了3 045万亩。一些地方过度依赖土地出让收入和土地抵押融资推进城镇建设，加剧了土地粗放利用，浪费了大量耕地资源，威胁到国家粮食安全和生态安全，也加大了地方政府性债务等财政金融风险。

城镇空间分布和规模结构不合理，与资源环境承载能力不匹配。东部一些城镇密集地区资源环境约束趋紧，中西部资源环境承载能力较强地区的城镇化潜力有待挖掘；城市群布局不尽合理，城市群内部分工协作不够、集群效率不高；部分特大城市主城区人口压力偏大，与综合承载能力之间的矛盾加剧；中小城市集聚产业和人口不足，潜力没有得到充分发挥；小城镇数量多、规模小、服务功能弱，这些都增加了经济社会和生态环境成本。

城市管理服务水平不高，“城市病”问题日益突出。一些城市空间无序开发、人口过度集聚，重经济发展、轻环境保护，重城市建设、轻管理服务，交通拥堵问题严重，公共安全事件频发，城市污水和垃圾处理能力不足，大气、水、土壤等环境污染加剧，城市管理运行效率不高，公共服务供给能力不足，城中村和城乡结合部等外来人口集聚区人居环境较差。

自然历史文化遗产保护不力，城乡建设缺乏特色。一些城市景观结构与所处区域的自然地理特征不协调，部分城市贪大求洋、照搬照抄，脱离实际建设国际大都市，“建设性”破坏不断蔓延，城市的自然和文化个性被破坏。一些农村地区大拆大建，照搬城市小区模式建设新农村，简单用城市元素与风格取代传统民居和田园风光，导致乡土特色和民俗文化流失。

体制机制不健全，阻碍了城镇化健康发展。现行城乡分割的户籍管理、土地管理、社会保障制度，以及财税金融、行政管理等制度，固化着已经形成的城乡利益失衡格局，制约着农业转移人口市民化，阻碍着城乡发展一体化。①

四、城镇发展趋势

（一）城镇现代化

城镇现代化不是指某一个城镇所达到的现代化程度，而是指一个国家整个城镇体系的现代化质量。城镇现代化是以高度发达的经济为基础，用现代最先进的科学技术装备起来的，由优良建筑、优美环境和高度完善的基础设施组成的综合性巨大载体，是人口、建筑、经济、文化、信息在一定空间的高度聚集。它是人类对自然环境和人工环境利用的最佳成果，是人类智慧的绚丽花朵。城镇现代化是一个国家经济高度发展的产物，它继承了近代城镇所有优势和特征，并正在消除近代城镇带来的种种弊端。一个国家是否实现了城镇现代化，必须结合城镇化程度进行综合衡量。比如，中东盛产石油的不少国家，就某一个城镇而言，现代化程度已经相当高了，但就全国来讲还不是城镇现代化国家。他们的城乡差别很大，二元经济特征突出，距城镇现代化还有相当大的距离。

城镇现代化的标志主要在于：第一，内部结构合理化。城镇内部结构合理化是指城镇生产设施、服务设施和文化设施之间，在数量与质量上协调适应，在空间布局上合理得当，各类设施之间协调发展。第二，经济活动高效化。现代城镇是以当代最先进的科学技术成果装备起来的经济中心，可以使各种经济活动以其一定量投入，获得最大限度的产出，从而获得最高的经济效益。第三，基础设施高能化。现代城镇建立在经济发展的基础上，基础设施的负荷能力相当高。没有高标准、配套齐全的和高功能的基础设施，就没有城镇现代化。第四，生态环境优质化。现代化城镇的居民将生活在清洁、优美、舒适、安静和无害于健康的环境之中。人们对生存环境的认识将大为提高；能够自觉地保护环境，使自然环境不再遭到破坏。第五，信息传输高速化。高度灵敏畅通、传递迅速准确的信息

① 中共中央、国务院：《国家新型城镇化规划（2014—2020年）》，北京：人民出版社，2014年版。

是城镇现代化重要标志之一。在现代化城镇中，微电子技术、光导纤维技术将在信息系统中得到充分应用。第六，人口密度合理化。现代化城镇的人口密度将是合理的，城镇人口的疏密程度将与经济发展水平相适应，与自然界赋予城市的承载能力和合理的要求相适应。①

（二）数字城镇②

1998 年 1 月，美国副总统戈尔在加利福尼亚科学中心举行的开放地理信息系统协会上，发表了题为“数字地球：21 世纪认识地球的方式”的报告。他在报告中指出，应在三维地球的数字框架上，按照地理坐标集成有关的海量空间数据及相关信息，构建一个数字化的地球，即“数字地球”，为人们认识、改造和保护地球提供一种重要的信息源和新技术手段。数字地球是遥感、遥测、数据库与地理信息系统、全球定位系统、互联网络、仿真与虚拟技术等现代科技的高度综合集成和升华，是当今科技发展的制高点。

“数字城市”是综合运用 GIS、遥感、遥测、宽带网络、多媒体及虚拟仿真等技术，对城市的基础设施、功能机制进行信息自动采集、动态监测管理和辅助决策服务的技术系统；它具有城市地理、资源、生态环境、人口、经济、社会等复杂系统的数字化、网络化、虚拟仿真、优化决策支持和可视化表现等强大功能。城市的数字化，就是建设数字城市，即数字化城市。

数字城市，也称为网络城市、智能城市、信息城市，它通常包括五个方面的支撑点：第一是信息基础设施。它是城市获取信息的基本能力，每个城市必须根据自身特点和发展方向，做整体思考。第二是城市基础数据库。一个城市的数字化程度，从源头上取决于城市基础数据库的容量、速度、便捷性、可更新能力和智能化水平，包括数字人口、土地、交通、管线、经济管理等内容。第三是电子政府和城市信息安全。电子政府能提高政府工作效率，提升施政水平，优化服务功能。同时，也是提高政府透明度和有效监督的重要工具。第四是全方位的电子商务框架。电子商务系统的全方位、多等级和虚拟化建设，将具体体现未来城市发展的活力。第五是城市交通系统的智能化。城市智能交通系统是 GIS、GPS 和遥感等技术的有机结合。

“数字城市”不是一个纯技术的概念，它与“园林城市”“生态城市”“山水城市”一样，是对城市发展方向的一种描述，是信息技术、网络技术渗透到城市生活各个方面的具体体现。“数字城市”为认识物质城市打开了新的视野，并提供了全新的城市规划、建设和管理的调控手段。例如，城市规划师在有准确坐标、时间和对象属性的虚拟城市环境中进行规划、决策和管理，就像走在现实的城市街道上或乘坐直升机观察规划、设计城市空间布局、配置城市资源、改善交通系统一样。数字城市无疑将为调控城市、预测城市、监管城市提供革命性的手段，对传统方法是一个巨大的挑战。同时，这种手段也是一种适应城市变化的手段，从而为城市的可持续发展和调控提供了有力的工具。

---

① 秦甫：《现代城市管理》，上海：东华大学出版社，2004 年版。

② 秦甫：《现代城市管理》，上海：东华大学出版社，2004 年版。

（三）生态城镇

城市生态系统是一个以人为中心的自然界、经济和社会的复合人工生态系统。根据城市生态系统的组成结构、特点及指标体系，可将生态城市定义为：生态城市是一个以人为中心的经济发展、社会进步、生态保护三者保持高度和谐，技术与自然达到充分融合，城乡环境清洁优美舒适，能最大限度地发挥人的创造力、生产力并促进城市文明程度不断提高的稳定、协调和永续发展的自然与人工环境的复合系统。

生态城市的含义主要有：一是美学意义上的融合。城市建设中有人工的艺术创新，又有大自然的艺术风貌。草坪、树木、巨石、河流、湖泊……所有这些大自然的自然体，都容纳在城市这个载体之中，交相辉映、相得益彰。二是生态学意义上的协调。地球上的资源并非取之不尽，用之不竭。生态城市的生命是有机地生长于大地环境之中，与自然界形成一种良性的生态平衡。一切有害于生态平衡的污染与开发行为都将被制止，人与自然应该是和平相处、和谐相长、协调发展。

生态城市是人类社会发展到一定阶段的产物，也是现代文明、发达城市的象征。这已为当今世界建设生态型城市的实践所证实。建设生态城市不仅是人类的共同愿望，并且也是现代城市发展的大趋势。其根本目的，就是在不断提高城市综合效益的基础上营造一个高度文明的城市环境，让人们的创造力和各种有利于推动社会发展的潜能充分释放出来，同时造就出一代胜过一代可持续发展的生产力。

（四）特色城镇

城市特色，即城市的个性，指一个城市中最能反映本城市特点，并与其他城市相区别的地方。城市必须要有特色。特色是城市的名片，特色是城市的形象。特色是构成城市竞争力的重要内容。近几年，国内城市发展突飞猛进，每个城市都在精心打造自己的形象，使中国城市建设史上出现了一个喜人的发展局面。但是，一个对城市发展非常重要并且越来越突出的问题应该引起人们的足够重视，那就是城市建设千篇一律，缺乏自己的个性和特色。此乃城市发展之大忌，是城市建设之大憾。

城镇的特色主要通过历史、文化、产业等方面体现出来。一个城市要有自己的历史文脉，保住了这个文脉，就会形成自己的特色，就能增加城市的厚重感。任何一个城市都有自己独特的发展史，都有着一定的历史渊源，尤其中国的城市，历史更加悠久，少则几百年，多则几千年。在漫漫历史长河中，留下了许多著名的历史文物、园林、建筑及相关的传说，等等。所有这些，都是人类文明史上闪光的印记，是传世的无价瑰宝，是优秀民族文化的积淀，也是一个城市发展的文脉。只要把这些历史的宝贵遗产发扬光大，将其蕴含的文化内涵淋漓尽致地发挥出来，就一定会提高城市的知名度，提升城市的文化品位，形成城市自己的特色。例如，苏州的周庄在经历了900多年岁月沧桑后，完整地保留了江南水乡集镇的建筑格局，经著名画家陈逸飞的油画再现而名扬海内外，被誉为江南水乡古镇的典范遗存，成为闻名遐迩的旅游之乡。苏州城墙始建于春秋时期，历时2 500多年，屡遭战火破坏，现在得到修复，其规模宏伟壮丽，特别是每面城墙上设水陆两城门，为国内仅有，专家评论说这是城市规划和建设的创举。绍兴明确提出要保留自己的水乡特色，保留自己的传统街区，保留鲁迅作品中那些特有的具有浓厚地方特色的建筑、街区、店铺，再现鲁迅作品中的意境，以此扩张城市的底蕴和特色。无锡近年来大唱“运河”歌，大打“太湖”牌，整个城市建设围绕“运河”和“太湖”做文章。京杭大运河穿城而过，沿古运河两岸，老城区恢复性地建设了大量的文物古迹、历史街区、名人故居、吴地民情民俗，近代工业遗产等。老城区得到了保护，新城区向太湖湖畔扩张，一个现代化的新兴湖滨新城矗立在了太湖边上。再加上传统的具有悠久历史文化传统的锡、惠二山的衬托，无锡由此成为海内外著名的山水名城。

文化特色如宗教文化、艺术文化（书画、歌曲、舞蹈、戏剧等）、饮食文化、民族文化、地方风俗文化等，均能构成一个城镇独具一格的特色风貌。

产业特色如第一产业、第二产业、第三产业，制造业、旅游业、专业商品集散地等，也能形成不同城镇的优势品质。如以品牌立市的青岛、著名的钢都鞍山、瓷都景德镇、小商品市场义乌等。

第二章

城镇管理导论

第一节 城镇管理的内涵

一、城镇管理的概念

城镇管理是指管理者为了使城镇良性循环和可持续发展、达到既定的各种目标而有意识、有组织、不断进行的调控活动。①

狭义的城镇管理，又称“市政管理”，主要是指城镇政府对城镇公共事业、公共设施和公共事务进行管理。主要内容大致包括：城镇规划的制订和实施；城镇法规的制订和执行；城镇各项基础设施的建设和管理；城镇公共生活服务设施的建设和管理；城镇的环境管理；城镇治安和公共秩序的管理；城镇财政、税收的管理；城镇其他社会公共事务（如人口迁移、流动等）和公益事业（如社会救济、慈善事业等）的管理。城镇政府进行这些管理，旨在为城镇的经济、文化、社会发展提供基础条件，也为控制城镇的发展规模和发展方向设置一些制约条件，以利于城镇功能和作用的积极发挥。

广义的城镇管理概念，除市政管理之外，还有以下内容：发挥城镇政府管理经济的职能，在城镇政府的法定职责范围内，对城镇各项经济活动，进行科学有效的宏观控制、指导和调节；对城镇人的生产（人口增长），实行严格的计划控制；对城镇精神生产和精神生活，即精神文明建设，进行正确的指导、管理和调节；对城镇的生态环境和人民物质生活，进行必要的管理和调节，等等。

二、城镇管理的必要性与重要性②

城镇管理是城镇政府的首要职能，城镇管理在城镇工作中的重要地位与作用，至少体现在以下几个方面。

---

① 刘永亮：《城镇管理理念创新》，《城镇》，2005 年第 1 期。

② 谭善勇：《城市管理概论》，北京：经济科学出版社，2003 年版。

（一）城镇的特征决定了城镇管理的重要性

城镇不是众多的人和物在地域空间上的简单叠加，而是一个以人为主体、以自然环境为依托、以经济活动为基础、社会联系极为紧密的有机整体。与乡村相比，城镇具有自己鲜明的特征：第一，密集性，即人口、物质、资本、文化、空间及活动等的高度密集；第二，高效性，即城镇活动的高效率与高效益；第三，多元性，即多功能与多类型。

城镇自产生开始，无论早期的城镇、中世纪城镇、近代城镇，还是现代城镇及未来的智能城镇，都多少具备密集性、高效性及多元性的特征，尤其是近代以后的城镇，这些特征更为明显。从某种角度上看，这些特征既是城镇的本质使然，更是城镇管理的结果，人口、物质、资本、文化、空间及活动等的高度密集，如果没有城镇政府的规划与计划、组织与指挥、控制与协调及统计与监督，都将很难发挥各自的作用，也就不可能为城镇带来高效率与高效益，城镇也更不可能发挥自己在政治、经济、社会、文化及军事等方面的多种功能。而规划与计划、组织与指挥、控制与协调及统计与监督正是人们通常提到的城镇管理的职能。

（二）城镇的重要地位要求城镇政府加强城镇管理

从城镇产生与发展的简要历程可以看出，城镇从一开始就是一个国家、一个地区的一个或数个中心。到目前，城镇已发展到成为一个国家、一定区域的政治、经济、文化、科技、交通和信息中心，在国民经济和社会发展中居于十分重要的主导地位。这个主导地位从一方面说明，一个国家或一定区域的城镇化水平代表了这个国家或这个区域的发展水平；另一方面则表明，作为城镇，应该如何进行管理，才能最大限度地发挥其在全国或全区域中的主导作用。

城镇化是人类文明的必然趋势，在我国已进入城镇化推动经济增长的新阶段，城镇在区域发展中起着中心作用，在现代化建设中起着主导作用，在整个经济社会发展中起着骨干作用，在城镇竞争中起着关键作用，在社会文明建设中起着示范和引导作用。城镇的作用越来越明显，如何发挥城镇的作用也成为城镇政府越来越关心和注重的事情。越来越多的城镇政府已经意识到，做好城镇管理工作，意义深远，影响重大。

（三）城镇自身的发展说明了城镇管理的必要性

从早期的城镇到中世纪城镇、近代城镇再到现代城镇及未来的智能城镇，城镇发展的每一步都不可能离开城镇管理。尤其是现代城镇，已发展成为一个多层次、多变量、非线性和复杂回路的大系统，随着现代化大生产的发展，城镇现代化的推进，使得城镇这个大系统内部各种因素、各种结构、多种关系变得高度错综复杂。可以想见，如果没有城镇科学、有序、合理的管理，这种高度错综复杂的城镇大系统将会无法运转。

从早期城镇发展到今天的现代城镇，每一步都或多或少地贯彻了城镇规划的思想，每一步都或多或少地显示出城镇规划的辉煌成果。而城镇规划既是城镇管理的内容，也是城镇管理的具体表现。城镇规划由蓝图变为现实，是通过规划管理来实现的。没有严格的

“批后管理”，就很难防止“规划变更”情况的发生，规划也很难起到“龙头”作用；城镇建设工程要正常运行、确保质量，杜绝“建设性破坏”，乃至确保项目建成后效益的发挥，也是以严格的管理为制约条件的。

（四）市场经济的发展要求城镇政府加强城镇管理

就我国来说，市场经济体制的建立与发展，同样要求城镇政府加强城镇管理工作。目前，我国正处于从计划经济体制向社会主义市场经济体制转变的伟大变革时期，经济体制的变革必然对城镇管理工作带来重大影响。城镇管理既面临着经济实力增强、城镇建设快速发展的新机遇，也面临着经济利益多元化和体制转轨带来的新挑战。

从某种角度上看，市场经济体制的建立，就意味着市场将对资源配置起着基础性作用，企业将成为经济活动的主体，政府将不再干预企业的具体经济活动。出于自身经济利益的考虑，一些企业开始搞“假、冒、伪、劣”产品，给社会，给城镇居民带来了巨大危害；一些个人和单位则支持建马路市场，既破坏城镇容貌，损害城镇环境也扰乱了城镇的市场秩序，等等。市场经济给城镇带来繁荣的同时，也带来了城镇以前没有遇到的新问题；既给城镇管理工作增添了新的内容，而且也更加突出了城镇管理的重要性。

此外，城镇管理也是属于城镇的软环境建设。包括投资环境建设的有效载体和基本要求，城镇现代化与智能化的要求，同时也是城镇政府需要开展的一项顺民心、合民意的民心工程、形象工程和凝聚力工程。

总之，城镇管理的好坏，直接制约城镇经济和社会发展的速度和质量，直接关系城镇居民的生产生活，直接展示城镇市容市貌和形象，直接反映市民的精神面貌，直接影响城镇的对外开放和投资环境，直接影响城镇的生存和发展。因此，作为城镇政府，必须予以高度重视，并号召全体市民都来支持和参与城镇管理，共同努力做好城镇管理工作。

三、城镇管理的特征

（一）管理的综合性[①]

现代城镇是一个各方面高度综合的社会复杂体，城镇中的社会、经济、环境资源等系统，具有各自的运转规律和特征，它们之间既相互制约又相互影响，同时与外部环境有着密切的联系。城镇管理的综合性决定了要保证城镇正常运转就必须进行综合全面的管理，而不是对某一因素进行管理。而且城镇管理的这一特征要求管理者必须树立综合管理的理念，摆脱以往城镇管理中条块分割的错误观念。

（二）管理的开放性

城镇是一个开发型的大系统，它与外界环境存在着广泛的交流和联系，因此城镇开放性决定了城镇管理的开放性，只有开放式的城市管理才能增强城镇的功能。城镇的开放性

① 姜杰、彭展、夏宁：《城镇管理学》，济南：山东人民出版社，2005 年版。

表现在对农村的开放、对兄弟城镇的开放、对国内外市场的开放等。我国的城镇管理应坚持“对外开放”的政策，打破过去由行政系统、行政区划造成的条块分割局面。

（三）管理的科学性

过去的城镇管理决策主要是依靠行政长官的个人经验和长官意志，主观臆断性比较强。现代的城镇管理随着信息时代的到来，对科学技术的要求越来越高。尤其是电子计算机的广泛运用，为城镇管理的科学化提供了新的工具，城镇管理者利用网络信息大大提高了决策的准确性，从而大大提高了城镇管理的效率。

第二节 城镇管理的内容

一、城镇管理的主体[①]

城镇管理必须依赖于一定的组织体系和管理机构来运作，这个组织体系和管理机构就是指城镇管理的主体。城镇管理的主体与城镇管理的层次有关。现代城镇管理已经形成了以城镇政府权力系统为主导，其他非权力系统和城镇居民共同参与的多元化局面。我国城镇管理的权力主体主要如下。

（一）中国共产党的城镇组织体系

市级组织及其机构。中国共产党市级组织及其机构主要有市委、市委常委及市纪委。其中，市委是党设在市级的地方领导机关；市委常委由党的市委全体会议选举产生，并报上级党委批准；市纪委即党的市级纪律检查委员会。城镇管理中，市纪委的主要任务是协助党委整顿党风，检查党的路线、方针、政策和决议的执行情况；检查和处理党的组织、党员违反党章、党纪和国法的大案、要案，决定和取消对这些案件中的党员处分，受理党员的控告和申诉。

区、街党组织。中国共产党区、街党组织主要包括区党委、街道党委、居委会党支部及企业事业单位党组织。其中，区党委在区党代表大会闭会期间，执行上级党组织的指示和区党代表大会的决议，领导本区党的工作；街道党委是地域性的党的领导机关，它执行区委的决议指示，对街道各项工作负有全面的领导责任；居委会党支部是城镇中党的基层组织，其任务主要是做好居民思想政治工作，调解居民邻里纠纷，支持居委会的工作，向上级反映居民意见，密切党群关系；企业事业单位党组织包括区属和街道属的企事业单位党支部，以及实行“属地化”或改制后新划归区、街道党委领导的各企事业单位的党组织。

（二）城镇国家权力机关组织体系

从纵向而言，城镇国家权力机关组织体系有市、区及县人大及其常委会。

---

① 马彦林、刘建平：《现代城市管理学》，北京：科学出版社，2003 年版。

市人民代表大会。市人民代表大会（以下简称市人大）是我国城镇的国家权力机关，在市的行政辖区内代表人民行使国家权力，这些权力包括：决定权、执行权、任免权、监督权和地方立法权。依照宪法规定，市人大在城镇国家政权组织体系中权力最大，城镇的国家行政机关、司法机关，都由它选举产生、对它负责、受它监督。

区人民代表大会。区人民代表大会（以下简称区人大）是设在市辖区的地方国家权力机关。区人大行使的职权主要有：组织和选举区的人民政府、人民法院、人民检察院；选举产生出席市人大的代表，依照法律规定的权限，通过和发布决议，审查和决定区经济、文化建设和公用事业建设计划，听取和审查本级人大常委会的工作报告，撤销或改变区人大常委会不适当的决定；听取和审查区人民政府不适当的决定和命令等。

（三）城镇政府行政组织体系

就纵向而言，市政府行政机关有市人民政府、区人民政府及其派出机关街道办事处。

市人民政府。市人民政府是市人大的执行机关，是城镇的国家行政机关。它接受市人大及其常委会的领导和监督，并服从最高国家行政机关国务院的统一领导。

市人民政府的职能机构一般主要包括：发展与改革委员会、卫生与计生局、体育局、教育局、人事局、劳动和社会保障局、统计局、物价局、监察局、交通局、环保局、旅游局、财政局、税务局、审计局、粮食局、卫生局、广播电视局、公安局、安全局、民政局、司法局、农业局、水电局、乡镇企业局等。

市人民政府的城镇管理职权主要有：执行市人大及其常委会的决议，以及国务院、省人民政府的指示、规定和命令；领导所属工作部门和下级人民政府的工作，改变或撤销县、区政府和市政府所属工作部门不适当的决议、指示和命令，讨论制订和组织执行国民经济年度计划和长期规划，决定与生产建设和人民生活有关的重大措施；年度财政预算的制定与执行；确定和组织实施城镇建设的重大工程项目，决定加强城镇管理的重大措施；有关干部的任免和政府工作人员的奖惩；讨论研究发展各项事业的重大措施；讨论研究维护社会秩序；保护国家财产、保障公民权利、保护少数民族权利方面的重大事项，管理本市范围内的外事工作；办理国务院、上级人民政府和本级人大常委会交办的其他事项。

区人民政府。区人民政府是区国家权力机关的执行机关。依据有关规定，区人民政府应行使县级以上人民政府的职权，主要是：执行区人大及其常委会的决议，执行市政府的决议和命令；组织安排好人民群众的经济和社会生活，帮助解决人民群众各种困难；规划区内部分城镇建设和市政设施；管理街道企业，安排就业青年；加强精神文明建设，维持社会治安，搞好市容整顿，搞好爱国卫生和计划生育工作。

街道办事处。街道办事处是市辖区、不设区的市人民政府的派出机关，是城镇地区的基层行政组织。根据派出它的人民政府的授权，行使基层政权的部分权力，管理本地区的行政工作。

街道办事处的职责主要有：贯彻宣传党和政府的方针、政策、措施，及时反映街道群众意见；领导管理监督辖区市容、交通，环境保护、卫生绿化、防汛防灾、防止违章建筑等；对辖区的待业人员进行登记、管理、教育培训，按规定发放待业人员救济金；对街道文化设施（图书馆、文化站）和社会福利事业进行管理；举办街道社区服务事业，为居民和街道企事业单位提供生活和后勤服务；协调辖区内工厂、商店、机关、学校、医院及居民点的关系；指导居民委员会的工作，等等。

（四）城镇司法机关组织体系

市各级人民法院。它是设在城镇的地方国家审判机关，代表国家依照法律独立行使审判权，依法审理和判决刑事案件、民事案件、经济案件、行政案件等。各级人民法院通过对有关案件的审理，直接参与到城镇管理中来。

市人民检察院。它是设在市的地方国家法律监督机关，代表国家依照法律独立行使检察权。市人民检察院分为：直辖市人民检察院，直辖市人民检察分院和省辖市人民检察院，县级市、市辖区人民检察院。市人民检察院通过对法律执行的监督，直接参与到城镇管理中来。

（五）市政治协商会议

城镇管理的非权力主体是指虽不具有正式的城镇管理决策和执行权力，但对城镇管理决策和执行有积极影响作用的群体、组织和个人的总称。

市政治协商会议简称市政协，是城镇中具有广泛代表性的爱国统一战线组织，是城镇全体社会主义劳动者和爱国者的政治联盟。

市政协参与城镇管理的具体工作主要有：就本市的大政方针与群众生活问题进行协商；对本市党委和国家机关城镇事务中的重要问题提出建议和批评，协助其改进工作，提高效率；兴办和支持市公益事业，组织调查研究，视察检查，为城镇建设与管理献计出力；进行思想、道德、纪律等宣传教育，推进精神文明；宣传和贯彻执行党和国家的各项方针、政策；调整和处理市政协各方面的关系及其合作共事的重要事项，等等。

（六）市民主党派组织

市民主党派组织是指我国八个民主党派（中国国民党革命委员会、中国民主同盟、中国民主建国会、中国民主促进会、中国农工民主党、中国致公党、九三学社、台湾民主自治同盟）在直辖市、部分地级和县级市建立的组织体系。中国共产党是执政党，各民主党派是参政党。

市民主党派组织在城镇管理中所起的作用主要有：(1) 参政与监督作用，发扬社会主义民主。具体是指参加城镇国家政权，参与城镇大政方针和城镇领导人选的协商，参与市政事务的管理，参与法律规范的制定执行。(2) 为城镇建设和管理出力、献计献策。(3) 协助有关部门团结和争取海外人士和港澳台同胞，扩大和巩固爱国统一战线，等等。

（七）城镇居民委员会

居民委员会简称居委会，是城镇居民自我管理、自我教育、自我服务的基层群众性自治组织。

居委会参与城镇管理的主要工作有：(1) 宣传法律、法规与政策，开展多种形式的社会主义精神文明建设活动；(2) 组织执行居民会议的决定、决议和居民公约；(3) 办理本居住地区居民的公共事务和公益事业；(4) 加强民族团结教育；(5) 调解民间纠纷；(6) 协助有关部门搞好社会治安综合治理；(7) 协助人民政府或者它的派出机关做好公共卫生、计划生育，优抚救济、残疾人保障、青少年教育、扫盲教育和妇女儿童合法权益保护等工作；(8) 向人民政府或者它的派出机关反映居民的意见、要求和提出建议。

（八）城镇人民团体

市人民团体是指以表达和维护一定阶层的群众的具体利益为基础，担负着部分社会管理职能，起着协调社会各部门之间各自的切身利益关系的作用，并按照一定章程组织起来的群众性的社会政治团体。它包括市总工会、市共青团委员会、市妇女联合会、市科协、市青联、市侨联、市文联等人民团体。

市人民团体中市总工会、市共青团委员会、市妇女联合会在城镇管理方面的作用主要有：(1) 代表所联系群众的利益，反映联系群众的呼声，维护联系群众的合法权益；(2) 努力做好联系群众的思想政治工作，开展法制和职业责任、职业道德教育，组织文化科学技术学习，办好群众文化、教育、体育事业；(3) 动员和组织城镇职工、青年、妇女儿童等积极参加城镇两个文明建设，为城镇建设管理献计献策；(4) 积极参政议政，参与市委、市政府的政策制定和市人大有关法规的起草，参加民主监督。

（九）城镇营利性企业

在城镇发展过程中，广大营利性企业是市场经济的微观经济主体，它们主要通过其追求利润最大化的经济行为推动城镇经济的发展，并通过其利益群体——城镇社会中的非政府机构（如行业协会、私营企业主协会、商会等）参与城镇的管理。城镇的公路、桥梁、文化活动室、游览景点、体育场（馆），等等，均具有准公共物品的性质，可通过使用者收费制度来吸引营利性企业将资本投入生产、增加供给。例如，中国的城镇道路清扫、路面护养、垃圾处理、公共设施管理等，原来都由城镇政府有关部门直接提供，现在则可以通过城镇政府出钱、企业或其他社会主体提供服务的办法来解决。随着我国社会主义市场经济的发展，企业参与城镇管理的能力和程度都将不断提高。

（十）城镇非营利性组织和非政府机构

非营利性组织和非政府机构具有非营利的、志愿者的、慈善性的、非政府的等特点，又被称为“第三部门”。

随着我国城镇政府职能转变，政企分开、政社分开将极大促进城镇第三部门的发展，城镇第三部门的发展势必增强其参与城镇管理的能力和频度。例如，很多城镇都成立了一些民间研究性协会，通过开展企业污染行为、生态环境失衡、生产与消费、城镇经营与城镇发展等多个方面的课题研究，为政府进行城镇管理决策提供参考依据。

（十一）城镇居民（市民）

市民指居住在城镇所辖区域内、持有本市户籍以及常住的公民。市民是城镇社会的主体，是我国城镇管理体系的主人。从本质上说，城镇一切公共设施和政治活动都是围绕着市民展开并服务于市民的。

市民对城镇管理的参与，是城镇规划、建设、管理始终沿着正确方向发展的根本保证和力量源泉。市民参与城镇管理的途径包括直接参与和间接参与两种。市民自己动手维护城镇环境卫生，注意自己的言行，维护城镇的形象，纠正其他市民违反城镇管理有关规定的行为，等等，就是市民对城镇管理的直接参与。所谓间接参与，是指通过利益表达（如对市政设施不满，通过市长公开电话陈述个人意见等活动）、行使监督权、选举权和罢免权的形式参与到城镇管理中来。

二、城镇管理的对象

当代城市管理的内容极其丰富，它的对象涉及城市社区的各种组织要素，包含社会管理、经济管理、环境管理和基础设施管理等方面。

（一）城镇的社会管理

城镇的社会管理主要是指对城镇居民的生活管理。其内容包括人口自身管理、社会法治管理、生活服务及精神文明建设等方面。

1. 人口管理

根据我国人口过多的国情，进行城镇人口管理尤其要控制城镇人口数量，提高人口素质，稳步提高人口城镇化程序。社会治安与维护秩序的管理是为居民提供良好生活环境的重要保障。城镇中人口流动量大，社会关系复杂，如果没有一个健全的法制机构体系来有效监督和维持社会的安宁与稳定，居民人身安全也无法保障。

2. 为人民的物质文化生活提供各种公共产品与服务

城镇公共服务设施，大体可划分为两大类：一是为城镇居民物质生活服务的公共设施，主要包括第三产业服务网点的配置与管理，如商业网点、公交设施、医疗卫生等；二是居民精神生活设施，如电影院、图书馆、游乐园、学校等设施。设置了网点还不够，服务质量也是管理的重要内容。信息时代的城镇社会管理，还应对信息的传递和沟通进行管理和建设，电话、报纸杂志、电视机等在城镇居民的生活中所占地位日益突出，要积极引导居民接受健康信息，对内容不健康的信息要加以控制。

3. 城镇居民的思想道德和科学文化建设

在建设高度物质文明的同时，一定要努力建设高度的精神文明，用社会主义核心价值思想体系，教育帮助市民树立正确的理想和人生观，加强科教文化建设，培育有文化、有知识的人才，这两方面要相互配合，渗透在整个城镇管理和现代化建设之中。

（二）城镇的经济管理

经济的运行和增长是城镇管理的传统中心内容，它直接关系到该城区城乡社会的进步和繁荣。城镇在国民经济发展中处于中心地位，是中央纵向管理和省地区横向管理以及社区经济微观调节的汇合点。因此，城镇经济管理既不同于企业的经济管理，也区别于中央政府的经济管理。城镇经济管理是整个国民经济活动赖以正常进行和健康发展的基本手段之一，是一种中观经济的调控方式。

城镇经济管理的内容十分丰富复杂，它要求城镇政府要在国家的宏观计划指导下，遵循客观规律，正确发挥政府机构管理经济的职能，运用法律和经济杠杆手段对城镇的各种经济活动进行科学、有效的综合控制、指导和协调，促进城镇整体功能的正常发挥，取得良好的经济和社会效益。归纳起来，城镇经济管理主要有以下几个方面的内容。

首先是对城镇区域产业进行宏观规划与管理，各级市政府的重要工作是从本市的实际条件出发，统筹制定城镇产业发展的长远规划，把全国的国民经济计划与本城镇的建设规划合理衔接，引导城镇产业合理发展。

其次是对城镇经济结构的合理调节，城镇经济结构的合理化对现代城镇的发展至关重要，特别是那些经济中心城镇，以及具有特殊经济职能的城镇，更要求加强对其内部经济结构的优化。必须不断地进行城乡经济结构调整，其中包括产业结构、投资结构、就业结构、生产力布局等的调整。只有产业结构的更新、优化、扶持战略主导产业、新兴产业，才能带动整个经济的发展，这将是现代城镇管理中的一个战略重点。

最后是实现国民经济管理和发展的条块结合，促进城乡一体化进程。城镇是国民经济管理中条条和块块管理的结合部。城镇经济管理具有上传下达、承上启下的任务，在城镇经济发展中，通过条块管理相结合，既促进城镇间、产业间的联合配套，又使城镇功能得以扩散，带动农村经济起飞，促进城乡一体化进程。

（三）城镇的环境管理

城镇生态系统是以人的聚集为中心，在开发和利用各类型的自然和人文景观资源的基础上形成的社会文化、经济活动相对集中的次生型生态系统。城镇生态管理内容主要指对人类生存、生活及社交的环境，一方面要防治污染，不让自然环境变坏；另一方面通过绿化和美化，力求自然环境更好，创造一个健康、优美的高质量环境。

经济的发展与环境保护在各自的发展中会发生矛盾，但环境的恶化会带来人类的健康状况下降以致最终经济效益下降的恶果，我国城镇环境现状已证明了这一点。因此，我国城镇环境管理应本着“全面规划、合理布局、综合利用、化害为利、全民发动、保护环境、造福人民”的总方针，端正指导思想，普及环境教育，从政策和法规上确保城镇可持续发展的战略地位。

（四）基础设施的建设管理

城镇基础设施是城镇生产和人民生活必不可少的物质基础，它包括的范围很广，实际上也渗透于融合在上述的城镇社会、经济与生态发展领域之内，具体而言可细分为七个方面：能源生产和供应设施；给排水设施；航空、铁路、汽车运输等对外交通设施，城镇道路、城镇客货运和城镇交通管理等市内交通设施；邮电通信设施；环卫、环保、园林、绿化等设施；防火、防洪、防震等城镇防灾设施；城镇战备设施。

随着生产力的发展和社会生活需求的提高，城镇基础设施内容将不断增加。当前要进一步发挥中心城镇的辐射功能和吸引力，没有与高速经济发展相协调的现代化基础设施，就无法进行高效率的社会化大生产和现代化的生活。因此，对城镇基础设施的建设与管理首先要在思想上充分重视制定长远的、有效的规划，并将城镇基础设施的改建与产业技术改造相结合，加速基础设施落后面貌的改变。其次在政策上给予支持，改革投资制度及增加重点基建投资，使这部分资金来源得到保证。最后，要加强设施管理，实行经济责任制，提高城镇公共设施的综合效益。

三、城镇管理的职能

政府城镇管理职能是指城镇政府在城镇管理过程中依法履行的各项职责和功能的简称，是政府城镇管理活动的基本方向。我国政府城镇管理职能的内容十分广泛，但其核心不外是执行国家的法律、法规、政策和上级政府的决定，实施同级人民代表大会的决定，管理城镇政府辖区内的相关事务。

城镇管理的基本职能可以归纳为引导、规范、治理、服务和经营五大方面。①

（一）城镇管理引导

它是根据城镇发展客观规律，通过城镇发展战略和城镇规划的制定与主流文化的培育，进行城镇经济、社会、文化发展方向指导和引领的首要管理职能。

（二）城镇管理规范

它是根据城镇导引的需要，通过成文法的规则、法制、体制和不成文法的适时指示，对城镇政府、企业和市民的行为进行“游戏规则”的制定，进行基础性管理的职能。

（三）城镇管理治理

它是政府根据城镇导引和规范的要求，通过监督、稽查，市民发现和反映问题、矛盾，采取行政的和经济的手段进行整治、调理、说服教育和惩办的综合性经常性管理职能。

城镇治理的基本特征：第一，城镇治理是经济全球化条件下城镇管理的新模式。城镇治理与传统城镇政府管理的根本区别是市民社会的参与，即城镇治理是政府与市民社会、公共部门与私营机构的互动过程。第二，城镇治理是一个复杂的治理体系或治理结构。城镇治理中涉及多种关系，城镇治理必须考虑和解决形成良好关系氛围问题。第三，城镇治

① 饶会林：《我的城市管理观》，大连：东北财经大学，2002 年。

理是城镇政府统治的现代发展形式，是一个城镇政府与非政府部门相互合作促进城镇发展的过程。

（四）城镇管理服务

它是根据对象自身难以解决的不利发展的公共性、集团性、个体性的短缺、困难和贫苦状况，通过制度、政策调整和物质、文化条件的创造和改善，进行供给和帮扶的公益性管理职能。

（五）城镇管理经营

它是根据经济节约、提高效率的原则，通过城镇资产资本化和市场化运作，保证城镇整体和部门公共资产保值增值和城镇要素外部效益最大化的经济管理职能。

政府城镇管理的职能决定着城镇管理的范围和组织规模，影响到城镇管理的具体安排，也关系到政府城镇管理的绩效和成败。城镇政府一定要明确自己的城镇管理职能，吸取新的管理理念，努力进行城镇管理方式与手段的创新，积极做好城镇管理工作。

第三节　城镇发展理论

一、“田园城市”理论

（一）“田园城市”基本概念

“田园城市”是为健康、生活及产业而设计的城市形态，包括城市和乡村两个部分，实质是城和乡的结合体，即用城乡一体的新社会结构形态取代城乡分离的旧社会结构形态。

1898 年，英国社会活动家埃比尼泽·霍华德在《明日：一条通向真正改革的和平道路》（又名《明日的田园城市》）中提出“田园城市”的概念，希望通过建设新型城市解决城乡问题。霍华德针对现代社会出现的城市问题，提出带有先驱性的规划思想；城市规模、布局结构、人口密度、绿化带等城市规划问题，是一个比较完整的城市规划思想体系。“田园城市”理论对近现代世界各国城市规划产生重大影响，被规划界称为现代城市规划的开端。

1919 年，英国田园城市和城市规划协会明确提出田园城市的含义：田园城市是为健康、生活及产业而设计的城市，它的规模足以提供丰富的社会生活，但不应超过这一程度；四周要有永久性农业地带围绕，城市的土地归公众所有，由委员会受托掌管。这从根本上确立了霍华德的田园城市理论。①

---

① 孙久文：《区域经济规划》，北京：商务印书馆，2000 年版，第 26 ~ 27 页。

在现代城市管理思想的发展中，许多思想家对人类理想居住场所进行了创造性想象与理性设计。另一个代表性的思想家是美国学者刘易斯·芒福德（L. Munford）。芒福德在《乌托邦系谱》一书中，从柏拉图的《理想国》到莫尔的《乌托邦》，考察了人类近几百年来对"理想城市是什么样子"的思考。芒福德认为："我们必须使城市恢复母亲般的养育生命的功能，独立自主的活动，共生共栖的联合，这些很久以来都被遗忘或被抑制了。因为城市应当是一个爱的器官，而城市最好的经济模式应是陶冶人。"他强调"把田园的宽裕带给城市，把城市的活力带给田园"，其目标就是使城市和农村协调、融合，最终成为一体。①

（二）"田园城市"理论观点

"田园城市"理论主张城市是城和乡的结合体，把城市和乡村的优点结合起来，把工作地点转向乡村，在乡村建设工业区，然后围绕这些工业区进行绿化，建造房屋，用绿化带将城镇隔离起来，便于居民享受乡村的风景；城市膨胀容易引起城市环境恶化；城市人口聚集、城市无限扩张和土地投机是引起城市灾难的根源。该理论主张通过在大城市周围建设一些小城镇来解决大城市的拥挤和不卫生的情况；工业和商业应由过去的以公营垄断为主转向私营发展为主；城市的土地应归全体居民集体所有，使用土地必须交付租金，租金应全部用以城市运作与经营，以支持城市的发展。

霍华德关于解决城市问题的方案主要内容包括：第一，疏散过分拥挤的城市人口，防止摊大饼的城市布局，完善乡村功能和服务，减少城乡差距，使农村居民安居乡村。他认为此举是一把万能钥匙，可以解决城市的各种社会问题。第二，建设新型城市，即建设一种把城市生活的优点同乡村的美好环境和谐结合的田园城市。城市的增长有助于城市的发展、美化和方便。当城市人口增长达到一定规模时，就要建设另一座田园城市。若干个田园城市，环绕一个中心城市（人口为5万～8万人）布置，形成城市组群——社会城市。遍布全国的将是无数个城市组群。城市组群中每一座城镇在行政管理上是独立的，而各城镇的居民实际上属于社会城市的一个社区。他认为，这是一种能使现代科学技术和社会改革目标充分发挥各自作用的城市形式。第三，改革土地制度，使地价的增值归开发者集体所有。霍华德认为，城市、农村及"城市—农村"的三种生活形态犹如三块磁铁，相互联系、密不可分，必须有机地结合起来，协调一致地发展。这一兼具城市乡村优点、推崇城乡一体发展的理想形态，生动诠释了城乡统筹、区域平衡、社会和谐、生态文明的科学发展理念，向世人展示出"自然之美、社会公正、城乡一体"的动人画卷。

（三）"田园城市"影响及实践

"田园城市"既是城市规划的一种理论指导，也是社会改革的创想。这一理论不仅针对规划问题提出了一系列独创性的见解和主张，还设计了一套较完整的统筹城乡发展的社会制度。其目标在于不断解决大城市畸形发展引起的各种问题，推动城乡平衡发展，它对

① 刘易斯·芒福德：《城市发展史——起源、演变和前景》，宋俊岭、倪文彦译，中国建筑工业出版社，1989年版。

后来出现的一些城市规划理论，如“有机疏散”论、卫星城镇理论和逆城市化理论等颇有影响。

“田园城市”思想被付诸世界上许多城市的规划建设，形成了现今形形色色的城市形态，成为影响深远的世界性潮流。田园城市理论的历史影响，集中表现为长期的、基本持续的田园城市运动，对欧洲大陆、美国、日本、澳大利亚等国家都产生了广泛的影响。目前国际上较为著名田园城市有英国伦敦卫星城模式、美国洛杉矶“郊区城市”模式、澳大利亚堪培拉花园城市等，都是在借鉴“田园城市”理论基础上发展而来的。

位于英国伦敦东部的莱奇华斯是世界上最早建设的卫星城，之所以采用卫星城的名称，主要是因为“田园城市”已被用于泛指城市“开阔的郊区”或“田园式市郊区”。伦敦目前有 8 座卫星城，它们对缓解大城市的交通、住房，分担大城市部分功能等方面，其作用较为突出。

美国洛杉矶在 20 世纪 70 年代以前被称为“雾霾之城”，后来通过发展郊区城镇有效化解了雾霾。洛杉矶市的维克多维尔镇曾被认为是美国发展最快的小镇之一，数十年来，众多小城镇曾经效仿过它的发展模式。

澳大利亚首都堪培拉，很少见到成片林立的高楼，是名副其实的花园城市，人均占有绿地面积 70 平方米以上。学校、民宅等均以高大的合欢树及藤蔓、蔷薇作篱笆，堪称具有田园风光的现代化园林式大都市。

二、现代都市理论

（一）“带形城市”理论

与人们早期的城市理想和霍华德的理论方向相反，西班牙公共交通工程师马塔（Soriany Mata）提出了“带形城市”（linear city）理论。

1. “带形城市”的主要内容

“带形城市”强调城市发展的一种连续模式，主张在交通快捷的主干道两侧配置城市建筑，并延伸到乡下，把新旧城的中心连成一个综合体。它倡导城市人口和建筑高密度集中，城市设计采用直线式的模式。① 该理论主张，城市从核心向外层一圈圈扩展的城市形态已经过时，这种形态将使城市拥挤、卫生恶化；城市发展应依赖交通运输线成带状延伸；城市应有一条宽阔的道路作为脊椎，沿道路脊椎可布置一条或多条电气铁路运输线，可铺设供水、供电等各种地下工程管线；城市的生活用地和生产用地应平行地沿着交通干线布置；居民上下班横向地穿梭于居住区和工业区可以与大自然亲密接触，缓解工作压力和调整心情；城市宽度必须限制，但长度可以无限。

2. “带形城市”理论影响及实践

基于此设想，马塔 1882 年在西班牙马德里外围建设了一个 4.8 公里长的“带形城

① 孙章：《城市轨道交通百年回眸》，北京：中国铁道出版社，2000 年版。

市”，之后于 19 世纪 90 年代又在马德里周围规划了一个未建成马蹄状的“带形城市”，共 58 公里。并由此激发出他的另一个设想：如果从一个或若干个原有城市作多方延伸，可形成三角形网络系统，便于城市的互动发展与合作交流。受“带形城市”理论的影响，苏联在 20 世纪 20 年代建设斯大林格勒时，采用了带形城市规划方案，将城市的主要用地布置于铁路两侧，靠近铁路的是工业区，工业区的另一侧是绿地，紧挨着绿地的是生活居住用地，生活居住用地外侧则为农业地带。几十年来，世界各国不少城市的建设汲取了带形城市的优点，在城市规划中部分地或加以修正地运用。

（二）现代都市理论

法国建筑师托尼·加尼尔（Tony Garnier）在《工业城市》一书中，吸收了带形城市和田园城市思想，提出了完整的现代都市设计理念。加尼尔认识到城市发展不断变化的性质，他在采用马塔的带式城市设计基地上，重点强调了市中心建筑群、医院、图书馆和娱乐设施，周围布置独立住宅和公寓楼群，扩展高人口密度的钢筋混凝土式住房设计，使越来越多的人拥向市中心居住。同时，他也借鉴霍华德理念，为把污染降低到最低程度，在设计中把工业区分隔开来。①

现代都市思想集大成者是 20 世纪伟大和最有影响力的城市设计师勒·柯布西埃（Le Corbusier）。柯布西埃 1922 年提出了一个 300 万人口的“现代城市”规划和建筑方案，紧紧抓住高密度这一主题，并考虑它在中心区的强度，为此设计了 60 层高的办公大楼。他还充分考虑了高速公路和铁路交通，这是历史上第一次把交通视为城市规划不可分割的一部分。“现代城市”的设计方案包含了许多新观念。柯布西埃最伟大的才能之一是有能力在所有维度上理解城市问题。1923 年，他出版了《走向新建筑》一书。1933 年，他为莫斯科提出了一个规划方案，这就是著名的“光辉之城”。②

三、区位论和区域分工理论

（一）区位论

区位，指产业或企业从事经营活动的地理位置。区位论主要研究产业或企业最佳布局场所的选择问题。区位论重视对各类区位因素的分析，如多种成本因素、集聚因素、区位因素、区位决策者个人心理因素等，同时对各种区位因素的相对重要性进行比较和综合。区位论在区域发展规划中得到广泛的运用，如指导产业的区位选择、在投资项目选址中把费用指标作为一个参数进行方案择优，等等。

区位论认为，产业聚集规模经济与企业规模经济一样，有着不断累计扩大的趋势。产业发展布局和企业选址主要依据四个原则：一是最小成本原则，以最低生产成本为标准，如韦伯的古典工业区位论、杜能的农业区位论；二是最大市场范围原则，强调使企业布局

---

① Kenneth Frampton. Modern Architecture: A history of Critique. Boston. The MIT Press, 2000. 2.

② Kenneth Frampton. Modern architecture: A history of Critique. Boston. The MIT Press, 2000. 2.

具有最大市场服务范围，如廖什的市场区位论；三是最大利润原则，综合考虑生产成本和市场销售，谋求最大利润；四是寻求“满意区位”原则，以能最好地利用社会经济基础、获得最好的生产和生活条件为标准。

（二）区域分工理论

区域分工理论，主要研究在生产产品的区际交换和贸易基础上生产的社会生产体系在地理空间的分异。生产的区位是由绝对优势支配的，而区域分工则是由比较优势支配的。这是因为区域具有主体性，区域之间的竞争不同于商品之间的竞争。比较优势的产生主要由于不同区域的要素秉赋比率不同，而当区域之间要素秉赋比率相同时，分工则会在双方协议的基础上产生。区域分工和合作有利于形成空间经济一体化，优化资源配置。

区域分工理论完善了一般的生产区位理论，因为商品生产的区位必然受到区域分工的制约，研究商品生产区位应考虑区域分工。区域分工理论要求在区域发展规划中建立区域分工体系，对区域条件进行综合分析，以确定各区域比较优势及专业化生产部门，同时建立区域间合作与区域经济相互协调的机制，积极促进生产要素的合理流动，形成统一大市场，构筑空间经济一体化。

（三）区域经济增长理论与产业布局理论

1. 现代区位论

自20世纪五六十年代以来，古典区位论发展为现代区位论。其理论研究从单一经济单位的区位决策发展到区域总体经济空间结构的研究，由静态的空间区位论选择发展为空间相互作用、空间结构演变的理论，并形成各种空间组织理论。

空间结构理论主要包括：（1）空间结构体系分析，如城镇居民点空间结构体系分析、土地利用空间结构分析等；（2）有关空间集聚效果的分析和合理规模的确定；（3）空间相互作用理论和空间结构演变理论。空间结构理论主要运用于：城镇体系布局优化，城市与区域土地利用结构调整与优化，确定企业规模、居民点规模、城市的等级和规模，确定中心城市吸引范围，各种要素流的集聚和扩散问题。

空间组织理论包括：增长极理论、轴线理论、网络开发理论。其主要运用于交通通讯线、动力供应线、水源供应线等城市开发模式上。

2. 产业分析和区域增长理论

产业分析和区域增长理论主要用于制定经济发展规划。如何促进落后地区发展或保持发达地区发展的势头，需要对区域产业进行分析，在产业分析的基础上制定适宜的产业规划和经济发展战略。一个地区经济增长是从改善供给入手还是从扩大需求出发，应根据发展阶段和实际条件，将重点放在产业和区域增长极上，通过选择推动型产业和改善产业间的联系，促进区域经济增长。

非均衡增长理论。20世纪50年代法国区域经济学家弗朗索瓦·佩鲁创立了增长极理论，后经法国经济学家布代维尔推广发展。这一理论认为某些部门或地理集群的发展对整个区域发展起重要作用，经济增长是在非均衡状态下进行的自我加强的极化过程，确定主导产业和主导发展地区对发展区域经济很重要。

产业分析理论。产业分析理论侧重研究产业结构演变、产业联系系数效应及如何选择区域主导产业和专业化部门，使区域产业结构合理化，并有效地带动整个区域经济的发展。专门化部门是指直接或间接为外区提供商品或服务的部门。主导产业多在专业化部门中产生，但它与地区内多数部门之间存在广泛、深刻的生产或非生产联系，且市场需求弹性较大，同时对区域产业结构高度化也有重要作用。

四、可持续发展理论

（一）协同论

1987 年，联合国环境与发展委员会在《我们共同的未来》一书中正式提出可持续发展命题。①

协同论认为，一个复杂系统内各子系统、各要素之间存在着非线性相互作用，产生协同现象，要使系统保持有序状态运转并达到更高层次的有序状态，必须使系统内各组成要素之间处于和谐状态并形成一种自调适的动态变化关系。从协同论出发，区域发展规划中的人口、资源、环境、经济的协调是一种针对系统内众多要素的综合协调、整体协调，同时也是一种动态的长远的协调，要素之间的关系在不断变化，但总能相互适应和促进，形成良性循环；这种协调还是一种优化协调，其目的在于不仅仅是使各个要素之间达到平衡，更重要的是要优化要素间的组合，使系统整体效益最大化。

可持续发展就是使地区的人口、资源、环境、经济保持协调，具体地说，就是要促进人地关系协调和保持生态经济平衡。人地关系协调的思想内涵是指在人与国土（资源、环境）的相互作用中，既注重人的主动性发挥，又注意自然资源、环境的平衡和协调，以及人类与自然资源、环境之间的平衡和协调。而生态经济平衡原理则是指区域系统的运行状态取决于生态系统平衡和经济系统平衡及二者之间的协、调关系。人地关系协调的思想和生态经济平衡原理要求在城市发展规划中，首先要使规划目标多样化，同时有经济发展目标、社会进步目标、生态环境改善目标。规划指标除了一些经济总量指标、经济效益指标外，还要有各类社会进步和生态环境指标。其次，经济社会指标量度要参考资源环境承载能力。最后，要高度重视人的因素，控制人口数量，提高人口素质，使人口分布和城镇居民点布局合理化。

（二）资源利用与可持续发展

许多学者在研究城市可持续发展时，把保护非再生资源和最大限度地利用可再生资源及循环利用资源，作为城市可持续发展的基本原则。沃尔特认为，城市作为消费者，它要利用其生产系统消耗非再生资源和可再生资源，为居民提供生产和生活服务。同时，城市

① The World Commissionon Environment and Development, Our Common Future. Oxford: Oxford University Press, 1987.

也作为摧毁者，不合理利用资源，消耗甚至浪费资源。城市对资源的消耗，特别是对非再生资源的消耗，虽然满足了当代城市发展的需求，但其必然成为今后长期稳定和可持续发展的限定因素这一点越来越明显。城市要想可持续发展，必须合理地利用其本身的资源，寻求一个友好的使用过程，并注重其中的使用效率，不仅为当代人着想，同时也为后代人着想。[①] 托曼（Toman）从经济学角度提出保护资源要通过建立最低安全标准来要求当代人承担某种责任。[②] 戴利（Daly）将最低安全标准界定为三条："社会使用可再生资源的速度，不得超过可再生资源的更新速度；社会使用非再生资源的速度，不得超过作为其替代品的、可持续利用的可再生资源的开发速度；社会排放污染物的速度，不得超过环境对污染物的吸纳能力。"[③]

（三）城市经济与可持续发展

城市作为一个生产实体，其经济活动通过劳动力、原材料、资金等的输入，产出物资产品。一方面满足社会居民的生活需要，同时其副产品或废弃物也给人民带来许多不便。其生产、生活环节由于城市不断膨胀，规模愈来愈大，所以如果在这些环节上出现局部混乱和不协调，将对城市的发展，特别是城市的可持续发展产生愈来愈严重的影响。世界卫生组织（WHO）提出，城市可持续发展应在资源最小利用的前提下，使城市经济朝更富效率、稳定和创新方向演进。内坎普认为城市应充分发挥自己的潜力，不断地追求高数量和高质量的社会、经济、人口和技术产出，长久地维持自身的稳定，并巩固其在城市体系中的地位和作用。对大多数城市来讲，特别第三世界城市，只有提高城市的生产效率及物质产品的产出，才能永葆其生命活力。[④]

五、城乡一体化理论

（一）城乡一体化理论的产生与发展

城乡一体化理论是对我国城市化的最早认识，它的理论由来已久，早在1960年产生。当时该理论的观点与城市化是相对的，认为：城市化是资本主义社会的特有规律，而不是社会发展的必然结果；城市化是实现社会发展的一个错误手段；城市化必然导致城乡差别加剧和"城市病"蔓延；社会主义要实现消灭城乡差别的城乡一体化，而不是加剧城乡对立的城市化。而那时的西方国家城市化水平已发展到相当高的水平了，人们生活水平普遍提高，市民开始追求生活质量。加之城市"郊区化"和"逆城市化"的出现，社会上反"城市病"和治理"城市病"的高涨，为城乡一体化理论的出现提供了理论基础，我国由此采取了一系列的措施，影响了城市化的正常推进，并对我国的城市化道路选择产生了深

---

① Walter sideman and Bob walter Betal. Sustainable cities：concepts and strategies for eco－city development. Eco－Home Media，1992.

② Toman M. T. The Difficulty in Defining Sustainability. In：Darmstadter J. Global development and the environment：perspectives on sustainability，resources for the future，1992.

③ Daly H Eetal. Valuing the earth：economics，ecology，ethics. Massachusetts：The MIT Press，1993.

④ Nijkamp Petal. Sustainablecities in European. London：Earthscan Publications Limited，1994.

刻的影响。

改革开放以后，随着人们对城市化的认识，城乡一体化理论似乎不复存在，但到了转型时期如何解决城乡差距的焦点聚集，近年来对城乡一体化理论的探讨非常活跃，有的认为城乡一体化是一种过程，即城乡之间的协作通过资源和生产要素的自由流动来实现优势互补，通过城乡之间的互动作用实现城乡经济、社会、文化持续发展，包括城乡职能一体化和空间一体化等。有的认为城乡一体化是一种结果，是社会发展的必然趋势，城市和乡村是一个相互作用的统一体，充分发挥城市和乡村各自的优势可以实现生产要素在一定范围内的合理优化，主要包括城乡政治融洽、经济繁荣、生态协调、空间融合等。有的人将前两种观点加以综合，认为城乡一体化既是一个地域社会经济过程又是城乡关系发展的终极目标。也有的人认为城乡是一个统一整体，生产要素可以互相流动，经济、文化等可以相互渗透、相互融合，各种资源可以得到高效利用，城乡一体化的内容包括城乡经济一体化、城乡政治一体化、城乡人口一体化、城乡文化一体化和城乡生态一体化等。①

（二）大中小城市和小城镇协调发展的理论

大中小城市和小城镇协调发展的理论核心是，兼顾了大中小城市和小城镇的优点，逐步消除二元经济结构，扭转城乡差别和地区差别扩大趋势的有效途径，促进城乡共同发展，走向城乡一体化。其理论内容是：一是不限制大城市发展，而是把大城市列入与中小城市和小城镇共同发展的行列；二是大城市是中小城市发展的主导力量，是城市群的中心，中小城市和小城镇围绕中心城市，接受中心城市的辐射，并且保持中小城市和小城镇的经济特点和文化特色；三是大城市要与中小城市协调发展，不能超越协调发展的要求；四是大中小城市与小城镇的协调发展不是均衡发展，而是各地区根据当地的资源环境条件，合理开发利用资源，以当地城镇发展为中心，以节约运输、寻求经济合理的城镇体系为布局；五是大中小城市和小城镇协调发展的战略要全局把握，综合考虑经济、技术、历史、文化等因素。

第四节　城镇管理理论

一、生态城市管理理论

1916 年美国芝加哥学派的创始人帕克发表了《城市：关于城市环境中人类行为研究的几点意见》，在城市生态学的发展史上具有里程碑式的意义。20 世纪六七十年代，联合国教科文组织提出了“人与生物圈”计划。计划中指出，要从生态学角度来研究城市，因为城市是一个以人类活动为中心的人类生态系统。从此，城市生态学的研究进入了大规模发展的快车道。

① 傅崇兰、周明俊：《中国特色城市发展理论与实践》，中国社会科学出版社，2003 年版，第 104 ~ 105 页。

生态城市管理理论基本思想主要是：以城市为研究对象，将城市作为一个生态系统，探讨系统的结构、功能和调节机制的生态学机理与方法，并将这种方法应用到城市规划和管理工作中。

城市生态思想在以下的一些城市生态学基本原理中得到了体现：(1) 多样性与稳定性成正相关的原理。生物群落与环境之间保持动态平衡的稳定状态的能力，是同生态系统物种的多样性、复杂性呈正相关的，物种越丰富和多样化，生态系统的稳定性就越高。(2) 系统整体功能最优原理。(3) 生态位原理。城市生态是指城市为了满足人类的生存和发展而提供的各种条件的完备程度。人类总是会趋向生态位较高的城市地区，而恰恰是这样的一种心理和行为构成了城市发展的动力。(4) 食物链原理。食物链原理的运用很广，城市资源的利用、产业结构的调整和产业延伸等方面都能够运用食物链原理。食物链原理对人类的重要启示是：人类处于食物链的最顶端，人类自身生产活动对生态环境造成严重污染的后果，最终会通过食物链的作用全部由人类自己承担。(5) 环境承载能力原理。基于城市生态思想的城市管理理论也是按着城市生态学的基本思想来发展，在城市管理的过程中，整个城市被看作一个有机的生态系统，通过有效地协调和疏导维持经济、社会、自然这三个亚系统内部和相互之间的稳定状态，从而支持整个城市生态系统的发展。

二、数字城市管理理论

数字城市由城市数据库和城市信息系统两个部分构成，是信息社会的主要组成部分。数字城市是技术现代性的标志性成就，同时也是社会信息化发展的必然结果，它的兴起代表着城市管理的未来。它把城市的生存空间由单一的物理世界扩展到数字化虚拟世界，这一扩展不仅打破了传统城市社会的固有屏障，而且给既有的行为方式、制度规范、思维方式和价值规范带来了巨大的冲击，对城市政府管理产生了深刻的影响。

数字城市管理可以分为以下三个层次和十个组成部分。

三个层次为：信息基础层、应用层和综合决策层。信息基础层由城市公用信息网络平台、中心骨干网、区域骨干网、通信管线、空间数据和政策技术保障体系等组成；应用层根据其性质分为专业类和区域类应用，专业类应用中包括政府类、企业类和公众类应用；综合决策层是跨行业、跨区域的综合性应用系统，构筑在基础层和应用层之上。

十个组成部分：城市公用信息网络平台和骨干网、空间数据等基础设施、政府类应用、企业类应用、公众类应用、区域类应用、数字门户网站、信息资源管理中心、城市综合决策指挥系统、政策法规规章及管理制度、技术标准及各种应用规范。

实现城市的网络型管理，就要加快城市企业网络、商品生产网络、流通网络、交通运输网络和社区信息网络的形成，促进城镇网络化、基础设施网络化、产业网络化、企业网络化和市场网络化，最终城市网络设施完备，产业内在联系密切，要素流转通畅，组织功能完善，并构成一个维系区域网络系统共生共长的空间系统，从而使城市发展进入良性互动的运行轨道。

三、企业化城市管理理论

企业化城市管理有两层含义，一是城市的“企业化”，用企业的管理办法来管理城市、经营城市；二是政府的“企业化”，将竞争机制引入城市的政府组织，将城市政府的角色定位于企业家。

（一）城市政府组织的企业化

政府的企业化与政府再造理论的观点具有重合之处。主要表现在：其一，将竞争机制引入城市政府和政府服务；其二，大量运用企业化的管理方法如质量管理、成本管理等；其三，政府职能的市场化，即将大量的政府职能转化为城市的非政府组织的职能；其四，政府的成本与效率倾向明显，城市政府的机构设置简单。

（二）将城市看作企业来经营和管理

城市政府的作用和重要活动就是经营城市管理城市，创造良好的城市服务，以吸引投资，发展城市经济；重视城市的市容建设，大搞城市推销，一般存在一个具有魅力的市长或市长群体，他们往往具有企业家的性格或直接由企业家精英担当市长，敢于冒险，善与创新，用企业家经营企业的方式和模式经营城市。城市经营理论突破了传统的管理模式，以市场化的手段而不是沿用过去的行政手段来使城市资源配置达到最优的配置，开辟更加广阔的融资渠道和融资方式，有效地解决了城市建设资金的问题。这种城市管理模式对于中国城市，尤其是沿海及以经济发展为导向的城市，有一定的借鉴意义。

四、城市营销管理理论

科特勒等人在20世纪80年代末和90年代初，系统地提出了“城市营销”的理论。城市营销是指城市营销的主要主体依据城市发展的战略制定城市营销战略规划，从营销战略目标出发，采用各种营销推广战略，向外推销城市产品，通过这种途径来提高城市的形象和知名度，实现城市的可持续发展。

城市营销强调“需求导向”的规划方式，即首先考虑实际与潜在的消费者及目标群体的需求，且在物质规划之前先确定城市的价值观，在此基础上拟定城市未来发展目标，确保目标符合所有“消费者”的需求。

城市营销的思想强调通过整合城市有形和无形资产，满足居民、旅游者和投资者的需要，因此而产生价值。在这一理念基础上，包括城市的土地、城市的基础设施、城市的旅游资源以及依附于城市本身的某种品质、意象和文化，都会被城市营销当作一种产品来推广和营销。对这些产品进行形象和服务的组合设计，大大地提高城市的竞争力。城市营销的对象包括市民、旅游者、现有的及潜在的投资者以及与城市竞争的其他城市，城市营销的目的是留住原有的产业和鼓励原有产业的扩张，并引进新的产业和新的居民。从经济学的角度来看就是，通过引进投资来加强城市的活力，通过引进新的企业和居民来降低城市公共物品的平均成本。

以城市营销为主体的城市管理，会对可以提供给营销对象满足感的各种无形和有形的资源进行包装和整合，从营销的思想出发，发展城市旅游业，吸引外部投资，扩大城市的原有产业规模，丰富城市原有的产业类型，提升城市的整体经济活力，促进城市的快速、健康发展。

五、新公共管理理论

（一）政府改造的理论

“新公共管理”或“管理主义”是西方20世纪70年代兴起的一股思潮，其要义就是把更多的传统上由政府管理或专营的公共事务、公益事业及公共产品的提供，改由私营企业共同参与，或干脆实行“私有化”。“新公共管理”理论突出效率、效能与效益原则，强调管理的“市场化”导向，是政府现代城市管理改革的一个重要方面。①

新公共管理运动其核心内容是对政府的再造。城市政府是城市管理中的重要角色，城市政府改革对城市管理模式创新具有极其重要意义。美国政治学家盖伊·彼得斯在《政府未来的治理模式》一书中，提出了政府创新的四种模式：市场化政府、参与式政府、弹性化政府和解制型政府。②

“市场化政府”就是按企业运营的方式实施政府行政。该模式认为企业的管理方法要优于传统的公共行政部门的管理方法，提高政府组织效率的最佳方法就是用建立在市场基础上的机制代替传统的官僚制。传统的官僚机制缺乏充分的激励机制，这使得行政部门要么不认真负责，甚至“不行政”，要么利用特权将机关预算增加到最大限度以扩大自己的权力，提高个人的收入，从而滋生了腐败行为。而经过企业式改造的政府具备了激励机制和竞争机制，从而使得行政资源获得最优化配置。这一模式还强调应允许私人部门作为竞争者提供公共物品，这样就会刺激官僚机关自觉控制其生产成本以战胜竞争对手。

“参与式政府”模式认为，政府缺乏效率的主要根源在于官僚阶层制。政府成员没有参与感，对其所从事的工作产生距离感，因此也就没有成就感，效率也就上不去。扩大参与程度，让大量有思想、有才华的下级公务员参与决策过程，政府的业绩表现就会更好。“参与式政府”模式认为，传统官僚体制内的决策官员无法获得制定政策所需要的全部和重要信息，甚至往往得不到正确的信息，因此导致许多决策失误。“参与式政府”就可以避免这一缺陷。

“弹性化政府”模式主张政府要有应变能力。要能够有效地回应来自社会的新的挑战。政府行政机关要有能力根据不断变化的客观环境制定相应的对策，而不是用僵化、固定的方式回应新的挑战。

“解制型政府”模式认为，政府行政之所以缺乏效率，是因为公共部门潜在的能力和创造力没有发挥出来，而正是一些约束公共部门的条条框框、限制政府部门的清规戒律，导致了这种政府行政无效的局面。创新的方式就是解除这些无用的条条框框，使公共部门的想象力和创造力发挥出来。

---

① 柴生秦：《新公共管理对中国行政管理改革的借鉴意义》，《西北大学学报》，2000年第2期，第136~141页。
② ［美］盖伊·彼德斯：《政府未来的治理模式》，中国人民大学出版社，2001年版。

（二）治理理论

把治理的理念引入政府管理和政治发展中，源自20世纪90年代初期。1995年由全球治理委员会提出研究报告《我们的全球伙伴关系》中指出，治理是各种公共的或者私人的机构管理它们的共同事务的方式的总和。治理能够调和不同的利益和冲突，并且是一个持续的过程。治理至少包括两个方面，一方面是有权迫使人们服从的正式制度和规则，另一方面是各种人们同意或者以为符合其利益的非正式的制度安排。① 同时，治理被认为是一个动态的过程，而不仅仅是单纯的规则或者行动，治理采取的手段是协调与合作，而非控制，治理涉及的领域既包括公共领域，也牵涉私人领域。

治理理论的基本内涵包括以下几个方面。

首先，社会管理主体的多元化，管理主体的多元化意味着政府不再是唯一的社会管理的权威或权利主体，其他公共的、私人的及公私合作的机构只要公众认可他们行使的权力，那么他们都可以成为社会管理不同层面的权力中心。从这个意义上来说，治理概念的使用范围，没有局限于政府统治，而是比政府统治要宽泛得多。不论是国家、地方甚至乡镇的行政单位，还是现代化的公司、学校及基层社区，就算没有政府统治，但是一定会存在相应层面的治理，治理是无处不在的。越来越多的原本由国家承担的责任，现在正在由各种私人部门和公民自愿团体承担。在社会各主体积极主动地参与到社会管理的这一过程中，产生了公共权力的多中心。

其次，政府角色的重新定位，公共权力和公共事务管理中出现的多中心，使得政府角色必须得到重新定位。治理理论的多中心并不是要忽视或者弱化政府职能，而是说政府不能成为全能政府，包揽一切社会管理事务，而是应该成为有效政府，那些市场和志愿者组织不愿意或能力不及的事情，政府来办，而市场和志愿者组织能管理好的事务尽量交还给社会。在《改革政府》一书中，奥斯本指出，政府要在公共管理中扮演“掌舵”而不是“划桨”的角色。治理理论中还有一个很重要的概念“元治理”，当西方学者在研究怎么解决治理理论失灵时，会用到“元治理”，但是实际上，“元治理”不过是对治理理论重视政府在社会公共管理网络中的重要功能进行的另一种表述，政府在社会公共管理网络中，虽然不具有最高的绝对权威，却承担着建立指导社会组织行为者行动的共同准则和确立有利于稳定主要行为主体的大方向和行为准则的重任。因此，政府在社会管理网络中被看作是“同辈中的长者”。

最后，社会管理过程的互动与合作传统的社会管理方式是政府自上而下的主动性行为，依靠的是国家的强制性的权力，依据法律法规来进行管理。在管理过程中，管理者处于主动状态，而被管理者完全处于被动的状态。但是真正的社会管理要求管理者与被管理者之间进行互动与合作，通过互动，提高管理效率。治理是一个上下互动的管理过程，它主要通过合作、协商、伙伴关系、确立认同和共同的目标等方式实施对公共事务的管理。

① 俞可平：《治理与善治》，北京：社会科学文献出版社，2000年版。

如果治理的对象，也就是被管理者完全处于被动的状态，那只能说管理方式不对，管理不善。治理中的权力应该是多元的和相互的，不应该是单向和自上而下的。

第五节　城镇管理理念与方法

一、城镇管理理念

城镇管理理念就是城镇政府管理机构从事城镇管理与服务时的基本精神、宗旨、价值观和哲学观等的抽象概括。现代城镇管理的创新理念主要包括以下方面。

第一，以人为本。所谓以人为本，主要是指城镇管理放弃不尊重市民需求的观念、真正认识到居民是城镇的主人。在城镇管理中全面贯彻全心全意为市民服务的思想。城镇管理以人为本理念的形成，既是一种思想创新，也是社会发展的必然。

第二，依法治理。依法治理的主要含义是：其一，建立一整套城市管理的法律法规，从源头上杜绝城镇管理职能重叠、权限架构混乱的现象；其二，城镇政府管理中依照法律法规办事、杜绝人治、依靠法治，从根本亡消除“政府万能论”的观念和“政策永远有效”的思维定势。

第三，民主管理。就本质面言，城镇管理民主化是民主政治在城镇公共管理中的实现，它与我们经常提到的“人民城镇人民建，人民城镇人民管”的价值取向是完全一致的。目前，这种管理理念得到越来越多的现实体现，比如，城镇管理官员在社会上招聘的公开化。又比如，在进行城镇管理重大决策，特别是讨论通过事关普通百姓切身利益的政策法规时，能够依法召开由专家、官员、城市居民参加的听证会，等等。

第四，个性化管理。每一个城镇都有自己独特的地理、区位、社会、经济及人文特征。很多城镇的管理者已经意识到这个问题、他们在城镇管理理念、方法、手段等的引进或与国际接轨上，切实注意到与本地的社会发展阶段相适应，既博采众长，又因地制宜。比如，我国的大连和青岛两个城市，其管理风格既有相同的地方又各具特色。

第五，经营城镇。简单地讲，所谓经营城镇，就是利用市场手段对城镇资源进行重新组合和优化配置，从中获得收益。在城镇财力不足，建设和管理资金严重缺乏的情况下，我国很多的城镇政府开始逐步转变观念，在城镇规划、建设和管理的过程中，注重运用市场机制，走上以城养城、以城建城的城镇建设与管理的新路。

二、现代城镇管理方法

现代城镇管理的创新方式与手段主要包括柔性化、数字化和社会化管理三种。[①]

一是柔性化管理。传统的城镇管理更多地表现为家长式的、个人集权的管理，随着生

① 谭善勇主编：《城市管理概论》，北京：经济科学出版社，2003 年版。

产力的发展和科技进步，城镇管理逐步向规范化、制度化发展，从 20 世纪 80 年代开始，城镇管理向柔性化发展，即进入文化管理阶段。文化管理是一种具有人情味的管理，它依靠思想文化的灌输，价值观的认同，感情的互动和良好风气的熏陶，来实现城镇管理的目的。①

二是数字化管理。数字化即信息化、网络化与智能化。数字化管理的出现是数字信息技术高速发展的必然结果，也是城镇管理以人为本的必然要求。市民参与意见的网上传递、市民与城镇官员的网上对话、市民对政府公开文本的网上查阅、监察部门对城镇管理各个环节的网上随机监控或抽查、市民对政府管理的网上投诉等数字化城镇管理活动已经相当普遍。

三是社会化管理。城镇管理的社会化，主要是指在城镇管理中弱化政府机构的力量，充分发挥城镇社会中介组织和城镇居民的作用。20 世纪 90 年代以来，城镇管理中出现了一些不适宜城镇政府出面的管理事务，这种情况下，政府出面组建更多的社会中介组织并发挥它们在城镇管理中的作用，不仅更能体现信息时代城镇管理的新发展，也能很好地提高城镇管理的运营效率，节省城镇管理的成本费用，动员社会力量齐抓共管。

第六节 现代城镇管理发展趋势

随着经济、社会发展和科技水平的日益提高，城镇居民对现代城镇管理提出了新的要求，城镇管理也出现了新的趋势。在城镇管理的科学性和实践性不断增强的基础上，国际范围内的现代城镇管理呈现了以下四个方面的现代化大趋势。

一、城镇管理人文化

城镇是个复杂的大系统。随着城镇化和现代化的发展，城镇作为一个运动的综合社区，其活动频率增加，诸系统要素错综复杂。它要求社会系统、经济系统、空间环境系统，以及工业、商业、金融、交通、邮电通讯等各部门子系统，按照一定方式联系起来，协调运转。传统城镇管理是以技术、生产等物的管理为中心，以行政命令、制度约束为主导的管理。

从 20 世纪 80 年代开始，城镇管理向更加人性化方向发展，即从传统的城镇管治进入现代城镇人文管理突出以人为本的管理思想，人既是管理的出发点，又是管理的落脚点。尊重人、培养人、激励人、开发人的潜能，成为管理的核心内容。现代城镇管理以人的自我控制、自查自律为管理的主要手段，是一种具有现代管理意识和人文精神的管理，人性化的管理，它依靠思想文化的灌输，价值观念的认同，感情的互动和良好风气的熏陶。这种管理实现了高效率与高士气的良性循环，适应知识经济时代城镇居民需要层次的提高。城镇管理人

① 朱铁臻：《城镇现代化研究》，红旗出版社，2002 年版。

文化的另一个特征是从以人、财、物等“硬件”为重点的管治向真正实现现代化的软件管理转变。知识资本由人力资本和结构性资本两部分构成。人力资本主要由知识和学习知识能力、技能、发明创造力，完成任务能力等人力因素构成。结构性资本则表现为：支持人力资本最大化的结构，如所有制结构、设备结构、数据库、信息技术应用程度、品牌、城镇形象等。知识管理、学习管理、创新管理等软件管理将是现代城镇最新颖的管理模式。未来知识型的管理者注重居民的心理状态和道德状态，人的素质提高；注重激发人们的创造力，创造出更先进的工作方式。人文化管理将是现代城镇管理的必然选择。①

二、城镇管理数字化

“信息爆炸”是现代城镇发展中的突出特征。信息技术的发展，大大缩短了各城镇间的空间距离。大量的市场信息、经济信息、技术信息、文化信息，利用电子计算机快速、准确地收集、储存、传递、加工、分析和利用，科学制定发展目标和管理措施，为政府部门决策提供着咨询和参考。发达的现代化信息技术及信息网络，将改变过去收集信息的传统办法和渠道；高效率的信息分析及选择决策方案的科学手段，将提高城镇管理的科学性，也为城镇管理科学化提供了重要条件；信息化也将带来城镇各方面管理的科学化。20 世纪 80 年代以来，发达国家普遍将信息和网络技术作为现代城镇管理的重要手段。中国在这方面起步较晚，但发展也十分迅猛。目前，已有不少城镇开始进行数字化管理工作。现代城镇管理要求管理者、决策者更多地运用数据进行数字化管理，而不再是主观的臆断管理方式。

三、城镇管理民主化

一方面是以国家整体上的民主政治促进城镇管理的民主化进程，另一方面是加强城镇管理自身的民主建设。民主化不在于提多少口号，而在于采取措施，在于制度建设、法制建设。民主制度与法制建设不可分割。市民对城镇管理的参与，有着广泛丰富的内容和深刻的内涵，它包括接受城镇管理的新观念，参与某些重大事项的决策讨论过程，改变自己的观念，建立新的价值取向，以及用现代城镇文明准则规范自己的行为方式等方面。德国的城镇法明确规定，任何一个城镇的规划方案定案前，必须用一个月的时间广告市民，征求意见。

四、城镇管理法制化

以法治城是现代城镇管理的又一重要标志，城镇管理的法制化是必不可少的一环。城镇管理涉及面广，许多内容交织交叉，需要运用法律的手段加以规范，通过制定全国性或地方性的法律、法规和规章，明确城镇管理各部门的职责、权限与范围。由于法制有强制性、规范性和稳定作用，它能起到行政手段、经济方法起不到的特殊作用。随着中国经济社会的发展，一个具有高度法制文明的城镇社会将随着法制化时代的到来而实现。②

---

① 马彦林、刘建平：《现代城市管理学》，北京：科学出版社，2003 年版。

② 马彦林、刘建平：《现代城市管理学》，北京：科学出版社，2003 年版。

第三章

城镇规划管理

第一节　城镇规划管理概述

一、城镇规划管理的目标和对象

（一）城镇规划管理的概念①

城镇规划，是指为了实现一定时期内城镇经济和社会发展目标，确定城镇性质、规模与发展方向，合理利用城镇土地，协调城镇空间布局和各项建设的综合部署和具体安排。城镇规划的基本内容主要包括：确定城镇性质，明确城镇的主要功能及其发展方向，科学地提出城镇人口、土地、生产基础设施控制的规模，对城镇进行合理的空间布局等。城镇规划是城镇建设和管理的基本依据，是保证城镇土地合理利用和开发经营协调进行的前提和基础，是实现城镇经济和社会发展目标的重要手段。国内外实践证明，要把城镇建设好、管理好，首先必须把城镇规划好。在城镇建设与发展过程中，城镇规划处于重要的“龙头”地位。

城镇规划管理，是指按照法定程序编制和批准的城镇规划，依据国家和各级政府颁布的城镇规划管理有关法规和具体规定，采用法制的、社会的、经济的、行政的和科学的管理方法，对城镇的各项用地和建设活动进行统一的安排和控制，引导和调节城市的各项建设事业有计划、有秩序地协调发展，保证城市规划实施。形象地讲，就是通过有效手段安排各项当前建设活动，把城市规划设想落实在土地上，使其现实化，具体化。城镇规划管理的内容，主要包括城镇规划编制审批管理、城镇规划实施管理、城镇规划实施监督检查管理和城镇规划行业管理等几个方面。

（二）城镇规划管理的特征

1．全局性

全局观是战略规划考虑问题、研究问题、解决问题的立足点和出发点。由于中小城市

---

① 秦甫：《现代城市管理》，上海：东华大学生版社，2004 年版。

自身脆弱性，易受到外部环境的影响，其战略规划必须要从整体、全局把握，从区域发展环境预判，增强规划的预见性、创造性和统筹全局的能力。

2. 目标指向性

中小城市由于自身经济规模和财政能力的影响，其目标不能泛泛而谈，要有针对性，集中力量于影响城市发展全局重大核心问题，按部就班，量力而行，分阶段实现发展目标。

3. 路径创新性

路径是实现既定发展目标的道路，路径创新性就是要求制定路径时要从城市发展现状、未来趋势研判等多个层面综合考虑，通过纵横参照对比、自上而下和自下而上结合的方法寻找实现城市目标最佳路径。

4. 建设指导性

战略规划不仅是城市未来发展的蓝图，更是指导城市近、中、远期实施和建设依据，这就要求战略规划要从人口与城镇化、空间发展、产业、交通、环境等各个领域提出分目标、发展重点和发展策略，以统筹指导下个层次各领域规划与建设。

5. 战略可操作性

要从规划体系与管理、规划编制、实施制度与保证、重大行动计划等多个方面保障战略规划科学、合理、符合实际、可操作性。①

（三）城镇规划管理目标

城市规划实施管理的目的在于贯彻实施城市规划，适应经济、社会发展的需要，保证城市中各项物质文明和精神文明建设的协调发展，维护和改善自然生态环境，保护文物古迹和具有历史、艺术、科学价值的建设成果，提高城市环境质量水平，发挥城市综合功能和效益，实现城市现代化。从宏观上讲，就是依照城市环境质量水平，发挥城市综合功能和效益，实现城市现代化。从微观上讲，就是依照城市规划和城市规划法规规定，正确指导城市的土地利用、空间布局和各项建设活动，协调建设活动中的矛盾，处理好生产与生活、近期与远期、局部与整体、需要与可能、城市与乡村、地上与地下等各方面关系，通过综合平衡、协调、控制，既促进当前建设用地和建设工程的实施，又维护社会的公共安全、公共交通、公共卫生，以及安排市政、公用、公共服务等设施，增进市容景观和城市特色，防止个人和集体利益损害公共利益，依法监督检查和处理各种违法占地、违法建设活动，保证城市规划实施。②

一切生产和公共事务的管理，其共同的目标，就是“试图”最有效地运用现有资源来满足一定的预计的需求。城市规划就是一定时期内城市发展目标和计划，是城市的综合布

---

① 陈瑞瑞、赵万民、朱猛：《中小城市发展战略规划实践与探索——以四川省邛崃市为例》，《小城镇建设》，2003 年第 10 期。

② 周建军：《转型期中国城市规划管理职能研究》，同济大学学位论文，2008 年。

置，也是城市管理的重要依据。城市规划的任务，是根据城市发展和建设的方针、经济技术政策、国民经济和社会发展计划，以及城市所在地的自然条件、历史情况，现状特点和建设条件，布置城镇发展，合理地确定城市在规划期内的经济和社会发展目标，确定城市性质、规模和布局，统一规划并合理利用城市土地，综合布置城市文化、公共事业等各项项目，保证城市有秩序、协调发展。而城市规划管理则是城市规划的具体化，是政府保障城市规划实施的行政工作，是动态地、创造性地实现城市规划的宏伟蓝图。没有具体化的城市规划管理，城市规划蓝图只能是空中楼阁。因此，城市规划管理的目标是通过对城市各种建设活动的有效引导、控制，最有效地发展城市综合效益，确保实现城市规划期内确立的各种发展目标，最终实现城市的可持续发展。①

（四）城市规划管理对象

城市规划管理的对象一般意义上讲包括建设用地规划管理（土地使用）、建设工程规划管理（建筑物、构筑物）两大类。其中，建设工程规划管理又可分为建筑管理、工程管线管理。

1. 建设用地规划管理

城市建设用地是城市一切活动的载体，任何单位和个人需要使用城市规划区内的土地进行建设，经城市规划行政主管部审查批准，发给建设用地规划许可证的用地，就称为建设用地。建设用地包括规划的建设用地、二次开发的建设开地和已经使用的建设用地。按照有关规定，城市建设用地应包括城市用地分类中的居住用地、公共设施用地、工业用地、仓储用地、交通用地、绿化用地和特殊用地等。

2. 建设工程规划管理

各项建设工程是指城市规划区内新建、扩建和改建的建筑物、构筑物、道路、管线和其他工程设施。②

二、城市规划管理性质和作用

（一）城市规划管理性质

1. 城市规划社会实践性

城市规划是一项社会实践，一种社会建制，一种社会保障，也是一种社会政策。社会主义市场经济条件下城市规划的性质主要表现在以下方面。

城市规划是一项社会实践。城市规划既不是纯粹的工程学科，也不是纯粹的空间艺术，而是城市中每一分子自觉或不自觉参与的社会活动。

城市规划是一种社会建制。城市规划属于国家制度中的一个组成部分，受到国家经济

① 周建军：《转型期中国城市规划管理职能研究》，同济大学学位论文，2008 年。

② 周建军：《转型期中国城市规划管理职能研究》，同济大学学位论文，2008 年。

制度和政治制度的双重作用。

城市规划是一种社会保障。城市规划通过对土地和环境等城市资源的分配，来平衡城市社会中不同集团和阶层的利益，维护社会的稳定，监督空间资源的合理利用，保障城市健康持续发展。

城市规划是一种社会政策。城市规划的有关法规、技术指标和程序，约束和规范城市中每一个人的行为方式。

2. 城市规划行政管理性

城市规划管理既是城市工作的重要组成部分，也是城市政府行政管理的有机组成部分，属城市地方政府行政管理，因而，它具有行政管理的一般性质，遵循行政管理的一般原则，接受各级政府的集中统一领导。同时，它又受到城市规划本身各种特点的影响和制约，形成了它区别于其他类型行政管理的特点。由于城市规划工作的特点，从而决定了城市规划管理工作除具有综合性、整体性、系统性、时序性、地方性、政策性、技术性、艺术性等诸多特点外，还具有以下特性：城市规划管理具有服务和制约的双重属性（职能特性）；城市规划管理具有宏观管理和微观管理的双重属性（对象特性）；城市规划管理具有专业和综合的双重属性（内容特性）；城市规划管理具有管理阶段性和发展长期性的双重属性（过程特性）；城市规划管理具有规律性和创造性的双重属性（方法特性）。①

（二）城镇规划管理的作用

1. 保证城镇经济、社会和环境在空间上协调、有序、可持续发展

城镇是经济、社会发展的载体，是人类社会存在的空间形式。城镇规划制定的目的是实现各级政府在一定时期经济、社会和环境发展目标，其编制的核心内容是土地使用规划，通过城镇土地资源的优化配置，使各种建筑、公共设施、生态环境等物质要素形成合理的布局结构，以保障经济、社会和环境在城镇空间上协调、有序、可持续发展，为人们创造一个良好的工作、生活环境。

2. 为城镇建设和管理提供基本依据

城镇规划反映了城镇建设和发展的整体和长远利益，各项建设必须符合城镇规划要求。城镇是有机的大系统，为了保证上述各项建设空间上协调配置，时间上可持续发展，必须通过城镇规划的制定对其作出综合部署和具体安排，并以此为依据进行建设和管理。

3. 保障城镇规划及相关法律法规和方针政策的贯彻执行

城镇规划管理的依据是以《城乡规划法》为龙头的一系列有关城镇规划和建设的法律法规和规范性文件。除此之外，各级人民政府为了保证城镇建设协调、有序地进行，适时颁布有关方针政策，使有关法律法规更具体化、便于操作执行。城镇规划管理的目的，就是贯彻城镇规划和建设的法律法规和方针政策，严格依照城镇规划及相关法律法规来进行

① 周建军：《转型期中国城市规划管理职能研究》，同济大学学位论文，2008 年。

城镇规划和建设的行政管理。

4. 保障城镇各项建设纳入城镇规划的轨道，促进城镇规划的实施

城镇规划管理作为一个实践过程，包括编制、审批和实施三个环节。把城镇规划制定出来不等于就能把城镇建设好了，实施过程中还要受到各种因素和条件的制约，需要通过城镇规划管理协调处理好各种各样的问题。由于各种因素的变化，城镇规划实施过程中还需要不断加以补充、优化和完善。城镇规划实施管理，既是城镇规划的具体化，也是城镇规划不断完善的过程。

5. 保障公共利益，维护国家、集体、公民的合法权益

城镇规划所体现的是城镇整体和长远的利益，同时符合国家、集体和公民个人的共同利益。城镇规划实施管理是各级政府城镇规划行政主管部门的一项行政职能，只有严格依法行使这一管理职能，才能体现经济效益、社会效益和环境效益相统一的原则，保障城镇发展的整体和长远利益；同时，对危害或有可能危害公共利益和侵犯相关方面权益的行为予以制约、协调和监督，保证公共利益和相关方面权益不受侵犯，维持稳定的社会秩序，促进经济、社会和环境的协调发展。

三、城市规划管理依据和手段

（一）城市规划管理依据

城市规划管理的依据，主要有计划依据、规划依据、法制依据和经济技术依据，这四个依据贯穿规划实施的全过程。

（1）计划依据主要包括：城市经济社会发展中长期计划；城市经济和社会发展五年计划；城市建设年度计划；建设项目设计任务书或可行性研究报告；批准的计划投资文件；技术改造项目计划批准文件；城市建设综合开发计划批准文件。

（2）规划依据主要包括：城市发展战略研究成果，城镇体系文件与图纸，城市总体规划纲要，经批准的城市总体规划文件与图纸，分区规划文件与图纸，专项规划文件与图纸，近期建设规划文件与图纸，控制性详细规划文件与图纸，修建性详细规划文件与图纸或模型，经城市规划行政主管部门提出的规划设计条件，审批同意的用地红线图、总平面布置图、市政道路设计图、建筑设计图和各种工程管线设计图，城市规划行政主管部门发出的规划设计变更通知文件等。

（3）法制依据主要包括：《中华人民共和国城乡规划法》及其相关法律文件，建设部、国家计委联合发布的《建设项目选址规划管理办法》，建设部发布的《城市规划编制办法》及其他部门规范和批准性管理文件；各省、自治区、直辖市颁布的《城乡规划法实施办法》，地方各级人大和政府自己的权限范围内制定的适合于本地条件的地方法规、地方规章和其他批准性管理文件，城市规划行政主管部门制定的行政制度和工作程序，城市规划行政主管部门核发的各种建设活动许可证，包括选址意见书、建设用地规划许可证、建设工程规划许可证和临时用地许可证、临时建设许可证及其他方面的许可证，城市规划行政主管部门对违法（章）用地和违法（章）建设的处理决定等。

（4）经济技术依据主要包括：《中国城市建设技术政策》，国家在城市规划建设方面的经济技术定额指标和经济技术规范，根据国家的经济技术要求编制的地区性经济技术要求文件，城市规划行政主要部门提出的经济技术要求等。①

（二）城市规划实施管理手段

城市规划管理手段包括社会手段、法制手段、行政手段、经济手段、科学手段。

（1）社会管理手段：就是按照人民城市人民建，人民城市人民管的原则，发动群众，依靠群众，与人民群众一起共同来搞好城市规划管理工作。

（2）法制管理手段：指城市规划管理活动中依靠法律、法令、规章制度和方法工作，调节各社会组织、阶层、个人之间的经济关系、社会关系，以保证城市生产与生活的正常秩序，促进城市规划目标的实现。

（3）行政管理手段：是依靠行政组织系统，通过带有强制性的行政指令直接对管理对象发生作用以实施管理的方法，也就是依靠行政组织，运用行政手段，按照行政方式来进行城市规划管理工作，即要充分发挥城市规划管理部门的积极作用，用必须履行的手续、行政命令和文件制度来管理城市。

（4）经济管理手段：是在城市规划管理活动中按照经济运行规律的要求，以经济措施、经济利益调节管理对象的一种管理方法。就是运用经济手段，按照客观经济规律的要求来进行城市规划管理，这是对行政管理方法的补充、不容忽视。所谓经济手段，是指运用价值、税收、奖金、罚款等经济杠杆来管理城市规划。

（5）科学管理手段：当今时代，为提高规划管理的效率和质量水平，还需要采用当代的先进科学方法、先进技术、先进设备对城市进行规划管理。②

四、现代城市规划管理的观念

现代城市规划管理要求我们在实施具体的城市规划和城市管理过程当中，必须遵循城市的空间发展规律，贯彻以人为本的指导思想，充分运用现代科技手段和社会科学的研究成果，实现城市社会经济与环境资源的协调发展。

为此，在城市规划管理的实践中必须树立如下几个基本观念。

（一）整体与综合观念

城市的空间发展不是单纯指空间物质形态的发展，而是空间形态的质和量的共同发展，是一种有机的增长。整体与综合观念要求在城市功能上，既要满足人的生活需要，也要适应社会经济的发展，实现技术、经济、生态、社会空间、环境等诸方面的有效结合。在空间发展上，要做到国土规划、区域规划、城市规划之间的衔接和统一。避免因各自为

① 周建军：《转型期中国城市规划管理职能研究》，同济大学学位论文，2008 年。
② 周建军：《转型期中国城市规划管理职能研究》，同济大学学位论文，2008 年。

政所造成的畸形发展，真正解决城市的最适规模、空间布局和网络系统的问题；在部门协调上，要整合规划管理部门与其他部门之间的规划和计划，即把各部门的建议和计划在地域的空间规划中联系起来，把近期的空间需求和未来发展联系起来，达到各子系统之间协同发展。

（二）协调与控制观念

城市规划管理要树立一种全新的发展观，即所有的城镇规划都是一个寻求妥善协调、控制各个系统之间关系的连续的动态过程。随着系统内区域和城市条件的变化，城市的空间发展目标应适时作相应的调整；在时间上要远近有别，近期规划要有足够的稳定性，对每一个城市空间要制定出具体的实施蓝图，而远期规划要有足够的弹性，以保证在规划发展循环中不断地修订和完善；在规划方案上要简化有效，重点是强调实现一种目标的过程和时间顺序，而不是详细地描述空间发展的最终状态。

（三）环境与生态观念

随着城市化和科学技术的飞速发展，人类的生存空间受到严重的挑战，人类社会的生态环境战略思想经历了三个阶段：利用环境战略、保护环境战略、与环境共生战略。利用环境战略同狭隘的技术经济观点密切相关，只注重从环境资源获取最大利益而不考虑远期生态和社会后果；保护环境战略，提倡在取得较高的经济效益的同时保护生态平衡；与环境共生战略，其本质是可持续发展，这是当今世界发展的主旋律。与环境共生战略强调，人类与自然界是不可分割的，如果人类的生活空间不能与自然界相融合，人类社会将为此付出巨大的代价。从这个意义来说，城市的空间发展规划必须努力为人类创造一个能与自然界共生的生活环境，使城市化过程适应人类尺度和人类需求。具体的城市空间除了保证城市生态环境系统的良性循环之外，还必须满足人类多方面的需求，如生理方面、社会方面、个体方面和情感方面的需求等。

（四）历史与文化观念

城市物质空间形态具有淀积和体现历史文化的特征。我们必须持历史的观点，把城市空间看成是时刻都在进行新陈代谢的、有生命的机体，看成是一种内生的、在原机体上的生长。对于城市重要的历史文化地段、独特的自然环境及空间要素，如广场、街道、历史性建筑、自然遗产等，应当采取整体特征与风貌保护，使新老空间在同一地区共生为一体。在保护好历史文化的同时，还要注意城市文化特色的更新和提升。城市文化从某种程度上来说是各个历史时期的管理者、规划者和设计者思想的综合反映，它同时受传统文化、现代科技、社会时尚和外来文化的多重影响，体现出多元化的特征。城市文化特色，既不是可以通过复制、变形、组合等方式来套用一些漂亮的形式而产生的，也不是可以通过简单的传统符号延续或环境协调而得到体现的，它应该是特定城市环境延伸的结果。

（五）使用与参与观念

城市规划设计中的公众参与，对满足不同层次的人的空间需求具有重要的意义。20世纪60年代以来，传统的由设计者和决策者决定空间布局形态的方式发生了变化，公众使用者的要求越来越受到重视。根据马斯洛的需要层次分类理论，人除了生理方面的需要外，还有安全的需要、社交的需要、尊敬的需要和自我实现的需要；不同的社群，其需要层次不同，对空间的要求也不一样。城市的规划和设计必须突出社会空间和人群需要的特征，通过寻找不同社群的空间延伸点和联系途径，建立社会网络关系，促进城市亚文化、社区和邻里的交流。公众参与旨在城市规划管理的目标和实践之间建立一种反馈联系，使公众能够充分表达自己的意愿、要求和对现有空间的评价，促进空间设计的合理性，发挥公众潜在的巨大创造力。公众参与对公众本身也是一种教育过程，它要求公众从较大范围的角度考虑自身问题，更多地关心社会利益，这也是解决不同地域与团体之间矛盾的有效方法。

（六）科学与理性观念

现代城市规划管理必须遵循城市的空间发展规律，使城市发展始终处于良性循环状态。城市发展的决策与控制必须自始至终地贯彻科学的指导思想，加强城市的规划、设计、协调、管理等各个环节的科学性，确保城市规划管理的时效性和合理性。城市规划管理既可以运用科学方法来建立城市经济、交通运输、人口统计、城市发展等模型，也可以用科学的决策理论和优先方法来管理、控制和预测城市发展。但是，城市不是科学规律发展的结果，科学并不能取代人在城市发展中的主体性地位，城市的空间规划不可能存在完全无价值倾向的科学方法，人的主观上的干预必然影响到规划管理中的每一个层次和过程。城市毕竟是人类的城市，它既包括人类的生存环境问题，也包括社会伦理秩序问题，既涉及自然科学，也涉及人文领域的美学、社会科学等。选择何种城市发展模式，建立什么样的家园，需要人类自己做出理性的价值判断。①

我国城镇化已进入加速阶段，未来将形成以大城市为依托，以中小城市为重点，逐步形成辐射作用大的城市群，促进大中小城市和小城镇协调发展的城镇化发展格局。随着城镇化的快速推进，大城市及特大城市的集聚与发展趋于饱和，未来城镇化的重点由大城市及特大城市向中小城市转变，中心城市和小城镇将成为未来城镇化的主战场，凸显出“小城镇、大战略”的地位和作用。针对中小城市的战略地位和日益激烈的竞争环境，许多中小城市地方政府开始组织编制战略规划，希望通过战略规划适应快速变化的发展环境，明确城市发展目标，体现政府发展意图，提升城市综合竞争力，引导城市科学合理发展。②

---

① 李旸：《天津城市规划管理发展研究》，天津师范大学学位论文，2008年，第5~8页。

② 陈瑞瑞、赵万民、朱猛：《中小城市发展战略规划实践与探索——以四川省邛崃市为例》，《小城镇建设》，2003年第10期。

第二节 城镇规划管理过程

一、城镇规划管理内容①

城市规划管理内容是由城市规划管理的任务所确定的。《中华人民共和国城乡规划法》相关法律条文已经对城市规划管理活动进行了法律性的概括。这就是核发建设项目选址意见书、核发建设用地规划许可证、核发建设工程规划许可证、监督检查、竣工验收。这些活动贯穿于建设全过程。

（一）城镇总体规划

城镇总体规划应当综合研究和确定城镇的性质、规模和空间发展形态，统筹安排城镇建设用地，合理配置城镇基础设施，并保证城镇不同发展阶段的发展目标、发展措施的优化和布局结构的科学性，引导城镇的合理发展。城镇总体规划包括下列内容。

1. 编制市域城镇体系规划

设市城镇应当编制市域范围内的城镇体系规划。县（自治县、旗）人民政府所在地的镇应当编制县域城镇体系规划。市域和县域城镇体系规划内容包括：分析区域发展条件与制约因素，提出区域城镇发展战略，确定资源开发、产业配置和保护生态环境、历史文化遗产的综合目标；预测区域城镇化水平，调整现有城镇体系的规模结构、职能分工和空间布局，确定重点发展的城区；原则确定区域交通、通讯、能源、供水、排水、防洪等设施的布局；提出实施规划的措施和有关技术经济政策的建议等。

2. 确定城镇性质和发展方向

确定城镇的基本性质和长远发展的基本方向，划定城镇规划区的大范围。

3. 划定城镇规划各区域具体范围

提出规划期内城镇人口及用地发展规模，确定城镇建设与发展用地的空间布局、功能分区，以及市中心、区中心位置，划定城镇规划内各区域的具体范围。

4. 确定城镇内、外交通系统布局

确定城镇对外交通系统布局及车站、铁路枢纽、路口、机场等主要交通设施规模、位置，确定城镇主、次干道系统走向、断面、主要交叉口形式，确定主要广场、停车场位置、容量。

5. 确定城镇基础设施布局

综合协调并确定城镇供水、排水、防洪、供电、通信、燃气、供热、消防、环卫等设施发展目标和总体布局。

---

① 秦甫：《现代城市管理》，上海：东华大学出版社，2004 年版。

6. 确定城镇河湖水系

确定城镇河湖水系治理目标和总体布局，分配沿海、沿江岸线。

7. 确定城镇园林绿地

确定城镇园林绿地系统发展目标及总体布局。

8. 确定城镇环境保护

确定城镇环境保护目标，提出防治污染措施。

9. 提出人防建设、抗震防灾规划

根据城镇防灾要求，提出人防建设、抗震防灾规划目标和总体布局。

10. 保护风景名胜、文物古迹

确定需要保护的风景名胜、文物古迹、传统街区，划定保护和控制范围，提出保护措施。历史文化名城要编制专门的保护规划。

11. 制定旧城改造

确定旧区改建、用地调整原则、方法和步骤，提出改善旧城区生产、生活环境的要求和措施。

12. 综合协调市区与郊区发展

综合协调市区与近郊区村庄、集镇的各项建设，统筹安排近郊区村庄、集镇的居住用地、公共服务设施、乡镇企业、基础设施和菜地、园地、牧草地、副食品基地，划定需要保留和控制的绿色空间。

（二）城镇分区规划

分区规划是在总体规划基础上，对城镇内部各分区的土地利用、人口分布和公共设施、基础设施配置作出进一步的具体规划安排，为详细规划和规划管理提供依据。分区规划主要内容如下：

1. 确定分区内土地、人口和建筑

确定分区内土地使用性质、居住人口分布、建筑用地的容量控制指标。

2. 确定分区公共设施的分布

确定分区公共设施的分布及其用地范围。

3. 确定分区交通分布

确定城镇主次干道的红线位置、断面、控制点坐标与标高，及主要交叉口、广场、停车场的位置和控制范围，对外交通设施。

4. 确定分区具体城建规划

确定绿化系统、河湖水面、供电高压线走廊、风景名胜的用地界限和文物古迹、传统街区的保护范围，提出空间形态的保护要求。

5. 确定分区主要工程设施

确定分区内主要工程干管的位置、走向、管径、服务范围及主要工程设施的位置和用地范围。

（三）城镇体系规划

城镇体系规划是指在一定区域内，确定城镇数量、性质、规模和布局的综合部署，是社会经济发展的空间表现形式，是政府对全国或者一定区域经济社会发展实行宏观调控的重要手段。它主要包括下列内容：

1. 确定一定区域经济社会发展战略

确定一定区域经济社会发展战略，对产业结构变化及城镇化水平进行预测与规划。

2. 规划一定区域城镇规模与分布

根据生产力和区域交通运输网发展，对一定区域内各城镇规模及其分布进行预测与规划。

3. 确定一定区域各中心城镇职能

分析一定区域各级中心城镇的影响范围，并确定各中心城镇的职能及其发展方向。

4. 规划一定区域新设置市镇

在分析一定区域各个城镇历史沿革及其发展条件基础上，规划新设置市镇的数量和方位。

5. 明确一定区域重点发展城镇

提出一定区域近期宜重点发展的城镇，明确其发展方向及人口与用地的规模。

6. 提出一定区域必需的基础设施建设目标

提出一定区域完善的城镇体系所必需的重要基础设施建设目标与布局。

二、城镇规划中的利益主体

城市规划中涉及的利益主体是指直接或间接地参与规划的编制、审批、执行、评估，及监督的个人、团体和组织。利益主体可分为四大类：一是代表国家利益的主体，地方政府的规划、城建、市政等管理部门；二是代表市场利益主体的各类开发商、企业等各种利益团体；三是代表民众利益的市民公众；四是具备规划专业知识发言权的城市规划师，他们各自在现行的规划体制中承担一定的职责。①

城市规划过程主要包括城市规划的制定和实施两个过程，城市规划由城市人民政府组织编制，实行分级审批，并规定在城市规划区内的土地利用和各项建设必须符合城市规划。因此，城市规划过程实际上是对在城市规划区内的土地利用和建设按城市规划要求实施的过程。

由于城市规划制定时并未明确实施的主体，因而难以区别城市规划实施者的利益关

① 周建军：《转型期中国城市规划管理职能研究》，同济大学学位论文，2008 年。

系。多元化利益主体主要体现在城市规划实施过程中，即土地使用者和建设者申办规划行政许可的过程，因此，只有在城市规划实施过程中才能界定多元化利益主体的关系。在传统的计划经济体制下，城市规划是“国民经济计划的深化和具体化”，城市的各项建设取决于国家基本建设投资计划的部署和安排，建设的主体是政府机构及其职能部门、国有企业、利益主体比较单一，在一般意义上都属于公共利益。在市场经济体制下城市的经济和居民生活主要依赖于各种利益集团和个人，城市规划实施的主体及使用土地或建设的主体呈现多元化格局并派生出多元化利益主体关系。

三、城镇规划的编制与审批①

（一）编制城镇规划应具备的基础资料

《城镇规划法》第十七条规定，编制城镇规划应当具备勘察、测量及社会发展、自然环境、资源条件、历史现状等必要的基础资料，这是科学、合理制定城镇规划的基本前提。特别是城镇勘察和城镇测量，是编制城镇规划前期必不可少的基础工作。

编制城镇规划应具备的基础资料主要包括：城镇勘察资料；城镇测量资料；气象资料；水文资料；城镇历史资料；经济与社会发展资料；城镇人口资料；区域自然资源资料；城镇土地利用资料；工矿企事业单位的现状及规划资料；交通运输资料；各类仓储资料；城镇行政、经济、社会、科技、文教、卫生、商业、金融、涉外机构及人民团体的现状和规划资料；建筑物现状资料；工程设施资料；城镇园林、绿地、风景区、文物古迹、优秀近代建筑物等资料；城镇环境资料；发生自然地质灾害的历史资料等。

（二）城镇规划的编制权限和要求

1. 城镇规划的编制权限

国务院城镇规划行政主管部门和省、自治区、直辖区人民政府分别编制全国和省、自治区、直辖市的城镇体系规划。城镇人民政府负责组织编制城镇总体规划。县级人民政府负责编制县级人民政府所在地镇的总体规划，其他建制镇的总体规划由镇人民政府组织编制。县人民政府所在地建制镇的总体规划应当包含县辖区内居民点和基础设施的布局。城镇人民政府的城镇规划行政主管部门负责组织编制分区规划和详细规划，县人民政府负责编制县人民政府所在地镇的详细规划，其他建制镇的详细规划由镇人民政府负责组织编制。国家重点风景名胜区规划由风景名胜区所在地的县级以上地方人民政府组织编制。省、自治区、直辖市内跨行政区的国家重点风景名胜区规划，由其共同的上一级人民政府组织编制；跨省、自治区、直辖市的国家重点风景名胜区规划，由建设部组织有关省、自治区、直辖市编制。

2. 城镇规划的编制要求

编制城镇规划必须严格按照《城乡规划法》规定的编制权限进行，下级人民政府及其

① 秦甫：《现代城市管理》，上海：东华大学出版社，2004 年版。

城镇规划行政主管部门不能超越权限随意规划，不能编制本来应该由上级人民政府及其城镇规划行政主管部门负责编制的各类规划。

无论是编制城镇总体规划还是城镇体系规划或者是详细规划，都应对城镇规划法律法规所要求的规划内容作出综合部署和全面安排。

各级人民政府及其城镇规划行政主管部门在编制城镇规划前，必须备齐编制城镇规划应当具备的所有基础资料。

各级人民政府及城镇规划行政主管部门编制的城镇规划，应当满足城镇防火、防爆、抗震、防洪、防泥石流及治安管理、交通管理和人民防空建设等要求。以保证城镇安全和社会安定。

各级人民政府及其城镇规划行政主管部门在编制城镇规划时必须注意保护和改善城镇生态环境。通过科学合理的城镇规划使经济建设与生态环境相协调，走可持续发展的道路，这是摆在各级人民政府及其城镇规划行政主管部门面前的一项基本任务。

（三）城镇规划的审批

1. 城镇规划的审批权限

《城镇规划法》规定，城镇规划实行分级审批制度。全国和省、自治区、直辖市的城镇体系规划，报国务院审批。直辖市的城镇总体规划，由直辖市人民政府报国务院审批；省和自治区人民政府所在地城镇、城镇人口在100万以上的城镇和国务院指定的其他城镇的总体规划，由省、自治区人民政府审查同意后，报国务院审批；其他设市城镇的总体规划，报省、自治区、直辖市人民政府审批；市管辖的县级人民政府所在地镇的总体规划，报市人民政府审批。城镇的分区规划由城镇人民政府审批。城镇的控制性详细规划由城镇人民政府审批；修建性详细规划，除重要的由城镇人民政府审批外，由城镇人民政府城镇规划行政主管部门审批。

除分级审批规定外，《城乡规划法》还规定了各级人民代表大会对城镇总体规划的审查制度，即城镇和县人民政府在向上级人民政府报请审批城镇总体规划前，必须经同级人民代表大会或其常务委员会审查同意。国家重点风景名胜区总体规划由省、自治区、直辖市人民政府报国务院审批。国家重点风景名胜区的重点保护区、重要景区的详细规划，由省、自治区、直辖市建设（规划）行政主管部门初审，报建设部审批；其他地区的详细规划，由省、自治区、直辖市建设（规划）行政主管部门审批。

2. 城镇规划的审批内容

各级人民政府及其城镇规划行政主管部门在审批城镇规划时应当严格按照规定的程序，依照法律、法规、规章规定和强制性标准进行实质性审查。在具体进行城镇规划审批时，应特别注意审查以下几个方面问题。

必须严格依照法律、法规、规章的规定和强制性标准审查城镇规划中涉及人民群众安全的事项，不符合的不得批准。

应当严格按照规定的程序，组织专家和有关部门对城镇总体规划的防火、防爆、抗震、防洪、防范地质灾害和治安、交通管理、人民防空建设等要求进行审查。

审查城镇规划是否与国土规划、区域规划、江河流域规划、土地利用总体规划相协调。

审查城镇规划是否有利于保护与改善城镇生态环境，是否有利于防止污染和其他公害。

审查城镇规划是否有利于保护历史文化遗产，有利于保持民族与地方特色。

审查城镇规划是否做到了合理节约与集约化利用土地资源、水资源和其他自然资源。

第三节 城镇规划管理职能转型

一、城镇规划管理职能

现代城市规划管理的主要职能是规划引导和规划控制。规划引导是通过立法、政策、政府投资分配等方式，控制建设活动的初始条件，影响城市建设的成果，使之与城市规划的意图和原则一致；规划控制则是通过规划许可证和规划监督的途径，借助法律、行政、经济及社会舆论、团体压力等手段，将建设活动限定在城市规划所能确定的范围之内。因此，城市规划管理与立法、政策、行政有着密切的关系。①

1. 调控

随着城市经济成分多元化、投资渠道多样化、投资行为全方位和多层次、投资方向多变换的态势，城市经济飞速发展，城市建设日新月异，这时保持规划对城市发展的宏观调控是非常重要的，以实现城市的总体利益、长远利益和经济、社会、环境三效益的统一。

2. 引导

通过规划的编制和规划信息的管理，对城市的自然资源进行配置，对自然环境的利用提出要求，对城市基础设施、公共设施建设做出安排，对城市功能进行布局，对城市土地的开发方式作规定，为投资者提供投资的方向和时机，大大减少投资的盲目性。

3. 规范

市场经济活动中心的投资主体是多元化，为了使投资者（尤其是中长期投资者、境外投资者）有安全感，应通过规划编制、审批及监察管理来规范市场投资行为，告诉投资者应该干什么，不应该干什么。

4. 保障

通过规划审批管理和规划的监督管理来保障投资者、建设者和使用者的合法利益，保障城市建设活动有秩序地进行。

5. 高效

追求效率是市场经济的主要特征之一。城市规划管理的高效性，主要通过规划管理过

① 顾朝林等：《经济全球化与中国城市发展》，北京：商务印书馆，1999 年版。

程科学化、程序化及法制化来实现。

二、城镇规划管理的问题

随着我国经济体制的转变，既有的城市规划管理职能已不能适应市场经济发展的需要，我国城市规划管理中特别是小城镇规划管理中存在的问题主要如下。

一是职能不健全、缺乏有效的协调能力和手段，权威性不强。不可否认，城市规划在城市开发建设中所起的作用，但不能不看到现有的城市规划管理确实存在着问题，政府行为强烈地影响着城市规划的编制和实施，干扰着规划的合理性；自上而下的行政管理体制缺乏反馈和调节，使规划难以适应市场千变万化的需求。

二是政府的特殊地位又使规划管理者具有很大的权力，容易导致管理效率低下、政府寻租行为和腐败现象的产生。这些问题相互作用，降低了城市规划调控城市经济社会发展的能力。

三是控制性详细规划的法律效力不够。控制性详细规划作为城市规划管理的重要技术依据，我国虽借用美国区划法的做法，提出有关城市土地利用的指标要求，实现对土地的开发控制。但由于我国经批准的控规仅是“政府规章”，而不是“法”，不能设定违法行为的具体处罚措施，作为行政依据的法律效力也就不强。①

上述问题产生的原因，大致包括以下几个方面。②

1. 管理体制落后

小城镇各级政府之间利益协调机制不健全。各级政府之间实际上都存在着相当的利益冲突，下一级政府往往过分强调局部的地方经济利益。例如，在土地资源利用上，各级建设行为主体不服从规划国土管理部门的集中统一管理，导致城市开发和建设自成体系、自作主张和杂乱无章的局面。

城镇规划建设中短期行为大量存在。城镇政府管理者频繁更换，每任管理者都追求政绩搞达标工程是造成小城镇建设中短期行为的一个主要体制原因。

城镇政府公共财政能力偏弱。首先，许多小城镇政府追求以地生财，追求土地的扩张，其主要原因是小城镇公共基础设施市场投资机制尚未形成，公共基础设施的建设及维护缺乏足够的资金来源，政府只能通过拍卖土地的方式来筹集资金。其次，城镇基础设施主要分为有收益的和公益性两类，即便是一部分经济发展水平较高的小城镇财政收入的绝大部分也要上缴上级政府，留给镇自身财政的部分仅够维持人员开支，无力进行基础设施投入。

规划管理机构经费得不到保障。在原有的有偿服务项目改为无偿服务后，规划管理机构的行政经费一部分由当地财政负担。但还有一部分，如各种规划编制修改等一般采取按项目所需分别申请，由财政审批后下拨。这一方面拉长了规划管理的工作周期，降低了工作效率，另一方面导致规划管理灵活性不足，影响了规划管理工作的有效展开。

2. 土地集体所有制与规划管理规范化的不协调

城镇规划管理的规范化与以村为单位的土地开发模式之间产生矛盾。当小城镇的社会

---

① 谢诚：《城市规划管理体制与管理职能的转型研究》，重庆大学学位论文，2004，第15页。

② 袁辕：《小城镇大作用—珠江三角洲小城镇规划管理机制创新研究》，《北京规建划设》，2005年第9期。

经济发展和城市建设进入了一个新的发展阶段后，如果仍然维持目前这种“八仙过海、各显神通”式的村级无序开发建设的机制会造成土地资源的极大浪费、土地资产的极大流失和自然生态环境的极大破坏。

私宅的无序开发与建设成为小城镇规划管理的难点。村民私宅的规划、建设和管理是村镇规划管理的核心问题，不严格制定和执行可行的村民私宅管理相关政策，就不可能从根本上搞好村镇规划管理。

3. 城镇规划管理机制已不能满足小城镇快速发展的需要

规划起点较低及规划滞后，影响了政府对小城镇发展的宏观协调。由于规划滞后致使小城镇规划缺乏宏观指导和协调，造成城镇体系层次不清性质雷同，区域性基础设施重复，建设产业布局缺乏支撑等。这客观上给小城镇政府进行地区发展的宏观决策带来不便。在不少城镇，规划编制与规划管理相脱节，规划实施的难度加大。

三、城镇规划管理职能转型的措施

(一) 加强城镇规划引导和规划控制

1. 区分商业性用地与非商业性用地

将商业性用地由城市政府进行规模控制，有计划地使用。商业性用地主要指房地产开发用地和社会法人自主投资使用的用地，获得商业用地使用权者可以进行市场转让，但主要以土地的增值作为资本投资的目的之一。包括普通和高级住宅用地，企事业办公用地，商业服务业用地及部分第三产业用地等。对这一类用地，市场需求是决定其规模的主要因素，但由于商业用地在开发中，城市基础设施及城市公共设施建设时空秩序方面出现过分超前或滞后，房地产开发、城市基础设施建设、城市公共设施建设不协调发展，以及市场供需总量失衡等现象，即出现市场失灵。政府在这种情况下将进行干预，通过纠正各项建设时空秩序，调整各项建设比例及在“一书三证”办理中控制商务用地供给总量，从调节房地产市场的总供给，来达到维持市场总量平衡的目的。

非商业性用地主要指需要城市政府在政策上加以支持，财政上加以补贴，或全部由财政来投入的用地，是一般不宜通过产权的转移来实现投资收益的用地。主要包括：廉租住宅用地；政府办公用地；公共文化、教育、卫生、体育用地；公共绿化用地；属于政府鼓励或有财政补贴的生产性用地。这些用地在市场竞争的条件下，投资回报低，周期长，容易被一些高回报率的项目所挤占。非商业用地，事关城市公共利益和市民生存质量，所以城市规划应对这些用地进行严格的规划控制和管理，不能挪作他用。①

2. 对传统文化遗存和历史街区进行保护性开发

传统文化遗存和历史区蕴含着丰富的历史信息，是城市文化的重要组成部分，是重要的城市文化旅游资源，使城市文化的脉络得以延续，让城市的历史有踪迹可寻，是支撑市民精神生活的重要方面。因此，应遵循协调性、延续性、以人为本的可持续发展的保护原则，对传统文化遗存和历史街区进行保护和规划。

---

① 谢诚：《城市规划管理体制与管理职能的转型研究》，重庆大学学位论文，2004。第 32 ~ 36 页。

3. 规划城市主要景点和视觉走廊的控制区范围

城市的主要景点和视觉走廊是形成城市形象反映城市风貌的重要载体，是城市景观的主要轴线，应把传统的城市环境与现代的生活需求结合起来，体现城市发展的脉搏。应依托自然景观及地形特色，强调生态效果，并体现时代特色，创造出自然景观与人文景观相结合的山水景观环境，并凸显有历史和地理意义的参照物，在视觉走廊上形成较强的识别性。在城市规划管理过程中，应对山水景观区域加以严格的控制和保护，应明确划分出城市主要景点和视觉走廊的控制区，在控制区范围内应提出建筑物高度、体量、立面装饰、色彩、风格的要求，以确保城市形象的完整和明确。

4. 划定核心商务区的用地规模和范围

中心商务区（CBD）是在城市中心形成的土地利用高度化，集约化的区域。在城市及区域各个发展阶段，CBD 是城市地域结构和功能系统的核心，是城市及区域繁荣、发展的动力源及标志。因此政府首先必须进行合理而适度的规划布局，必须从整个地区的发展，地区城镇结构发展战略考虑城市 CBD 的规划。城市 CBD 建设如果完全由市场机制运作，必将出现由于利益驱动的盲目建设，城市发展将会付出昂贵的代价，所以城市规划管理在核心商务区的形成上应划定核心商务的用地规模和范围，充分发挥起重要的控制和引导作用，以减少社会资源的浪费。①

（二）完善城镇规划管理机制

1. 规划决策的民主化公开化

一是改进规划决策模式。规划管理部门应树立起全新的城市规划管理思路和现代城市规划管理理念，注重超前管理、法治管理和宏观战略调控管理，提高规划决策的科学性和规划运作的规范性。在程序上，完善项目申请—项目初步选址—项目现场踏勘—办公会集体讨论研究—确定项目选址—写选址意见书—分管市长审核—项目立项—核发建设用地规划许可证—规划方案设计招投标—方案修改完善提交评审—提交市领导审定—详规报批—施工图审核—核发建设工程许可证—建设过程的跟踪服务管理—规划验收等。在此基础上，相应建立完善一系列规划管理制度。

二是建立规划公示制度。一是深入宣传规划，将城市发展目标、方向、规模和规划蓝图公布于众，提高社会知晓率，使公众了解规划、关心规划、支持规划、服从规划。二是推行和逐步建立城市规划的公众参与制度，规划成果及时向公众展示，征询公众意见，形成反馈意见，增加公众对规划的理解和信服，以保证规划的顺利实施。三是审批程序、审批时限、科室职能、收费标准等上墙公布。四是公开决策结果，提高决策透明度，保证规划决策的公正性。②

2. 规划管理的制度化和规范化

规划管理部门应强化依法管理，切实维护城市规划的严肃性和权威性。一是严密规划

---

① 谢诚：《城市规划管理体制与管理职能的转型研究》，重庆大学学位论文，2004。第 36 ~ 40 页。

② 周建军：《转型期中国城市规划管理职能研究》，同济大学学位论文，2008 年。

的制定程序。规划的制定均按规范程序操作，避免规划编制过程中产生漏洞，造成遗憾工程，特别是重要的规划必须经过详尽的调研论证，征询各方意见，规划拿出初步方案后，在专家咨询的基础上，向城镇四套班子领导汇报，变事后更改为事前汇报，取得领导的支持，使领导既要管规划又要服从规划更要支持规划，同时向各部门及社会征询意见，取得社会各界的认同。规划一经制定就不再任意变动，确需变更和调整的也要严格按法定程序办理，从而确保了规划决策的全面性和规划实施的可操作性。①

3. 规划实施的公众化和社会化

城市规划管理作为一个综合性的概念，一种政府行为，代表着城市整体利益和市民公共权益，其最终目的是促进经济、社会和环境的协调与可持续发展。因此，城市规划管理必须从单纯行政控制走向制约与服务并重，突出服务的重要性。城市规划管理部门往往是政府、建设单位和市民三者之间的利益冲突点。一方面，建设单位往往从自身利益出发，试图以最小的代价获取最大的经济效益，这些利益往往与城市规划所提出的指标产生各种各样的冲突。这时，规划仅仅靠行政制约是不够的，规划管理者需要与建设单位寻求对话、寻求平衡、寻求解决问题的有效协调过程，通过经济技术指标的分析和利益平衡进行多方案比较，力求使开发商既获得经济效益最佳，又保持社会效益和环境效益的最优。另一方面，市民的法制观念不断深化，要求维护自身合法权益的呼声不断加大。作为城市规划管理过程中普遍存在的问题，规划管理要切实从转变思想观念、改进工作作风入手，牢固树立服务意识和全局意识，建立起窗口服务制度和来信投诉及时回复制度，完善反馈机制和协调机制。②

---

① 周建军：《转型期中国城市规划管理职能研究》，同济大学学位论文，2008 年。
② 周建军：《转型期中国城市规划管理职能研究》，同济大学学位论文，2008 年。

第四章

城镇市政管理

第一节　城镇基础设施管理

一、城镇基础设施的基本概念①

（一）城镇基础设施的概念

城镇基础设施，是为城镇经济社会文化发展和市民生活便利而提供的各类设施，包括公用事业、公共工程、城镇环境和交通设施等。城镇基础设施是进行物质的、精神的、人本身的社会再生产而创造的一般的、共同的、社会化的物质条件，是为城镇提供公共服务和保障城镇正常发展的基础。

（二）城镇基础设施的共同特点

1. 服务的公共性和两重性

城镇基础设施服务的公共性，表明城镇基础设施不是为个别人、个别家庭、个别单位服务，而是为整个城镇提供社会化服务，它是城镇社会化的产物，是城镇社会化的前提条件，也是城镇发展水平的标志。

城镇基础设施提供的服务具有两重性。从服务对象看，它既为物质生产服务，又为人民生活服务，难以截然分开。如城镇煤气、自来水和电力，既供工业，又供民用；城镇道路和电话，既为生产服务，又为生活服务。

2. 效益的间接性和综合性

城镇基础设施的投资效果和经营管理效果，往往不是表现为自身投资回收期的长短及获取利润的多少，而表现为服务对象效益的提高。如道路和桥梁，在无偿使用的情况下，自身无经济效益，但它为城镇各类设施高效率运转创造了条件。城镇基础设施效益还有综

---

① 秦甫：《现代城市管理》，上海：东华大学出版社，2004 年版。

合性的特点，它不仅产生经济效益，而且产生社会效益和环境效益。如城镇公共交通能缩短人们出行时间；城镇煤气给居民生活带来极大方便，这是社会效益的体现。城镇煤气化、电气化和集中供热，将大大改善城镇大气质量；排水工程和污水处理厂建设，可以减轻对自然水体污染，环境效益十分明显。

3. 运转的系统性和协调性

城镇基础设施是一个有机的综合体，是城镇大系统中的一个子系统。城镇基础范围内的每项设施又自成体系，构成一个有机的整体，不能分割。如水资源的开发、防洪、水源保护、给水排水、污水处理利用，构成一个复杂的水系统。城镇道路、桥梁、公共交通、货物运输和城镇对外交通的车站、港口、民航机场等，构成城镇的交通系统。即使在每一分支系统内部，各项设施也是互相依存、互相制约的。

城镇基础设施作为城镇的一个子系统，要求各项基础设施协调发展，而且能与外界环境之间保持一致。因此客观上要求城镇基础设施数量和质量、空间和时间的分布，必须与城镇发展保持协调，使城镇基础设施与城镇人口规模、人民生活水平、工业生产、商品流通、房屋建设等按比例发展。同时，城镇基础设施各子系统之间也要求协调发展。如城镇道路建设，应与电力、电信、供水、排水、煤气、热力管网埋设需统一规划，协调发展。不协调就会产生道路修了挖、挖了修的不良后果。

4. 建设的超前性和生产的连续性

城镇基础设施建设有超前型、同步型和滞后型之分。一般说来，城镇基础设施工程项目规模大、周期长，应当提前建设，使它走在经济建设的前头，以适应物质生产和人民生活的需要。就具体工程项目而言，有的必须提前建设，如新开发一个住宅区，供水、排水、道路、电力、电信、供热等管线建设应先行，并把场地平整好，做到“七通一平”或“五通一平”，这符合“先地下、后地上”的建设程序。有些城镇基础设施，如邮政通信用房、停车场，防火防震设施等，可与主体工程同步建设，同时交付使用。有些城镇基础设施，则可采用填平补齐、逐步完善的办法，如现代化的交通管理设施、快速轻型有轨交通、地下铁道等。城镇基础设施一旦建成投入生产或使用，在生产和供应上带有连续不断的特点。如给排水、电力、电信、煤气、交通系统，常年生产运行，不能间断。城镇基础设施生产和运行是否正常，对整个城镇至关重要，是人们最关心也是最容易觉察到的“敏感系统”。

5. 经营的集中性和补偿的多样性

城镇是有机的统一体。为了获得城镇最佳的综合经济效益、社会效益和环境效益，城镇的规划和管理都必须高度集中。同样，城镇基础设施在经营上也要统一和集中，在一定地区只有一个或少数几个固定电话运营商等。这就是经营上的集中性。

城镇基础设施在向社会提供服务的过程中，要消耗物化劳动和活劳动，都应得到补偿。各类城镇基础设施补偿形式各不相同，大致可分为三种：即市场补偿、财政补偿和市场财政复合补偿。

所谓市场补偿，就是城镇基础设施的生产企业，把产品供应社会，按照等价交换的原则，制定价格，向用户收取费用。

所谓财政补偿，就是不直接生产产品的城镇基础设施，属于事业单位，本身没有收入，全靠国家财政补贴。

所谓市场财政复合补偿，是经营城镇基础设施的单位不同于一般企业，主要不以经济效益进行考核，而要重视社会效益和环境效益，因而产品价格或服务收费标准较低，入不敷出，需要财政补贴一部分。

上述表明，城镇基础设施同一般工业和其他设施比较，有许多特点。我们应当针对它的特点，进行规划、建设和管理，促进城镇基础设施健康发展，为城镇现代化创造良好的前提条件。

（三）城镇基础设施的地位与作用

城镇基础设施是城镇赖以生存和发展的一般条件，是为物质生产和人民生活提供服务的实体，它是城镇人流、物质流、能源流、信息流的载体，是建设现代化城镇的基本条件、主要内容和标准。加强城镇基础设施建设，是城镇投资环境和生活环境的主要因素，是实行对外开放的需要。只有改善投资环境，为工业、旅游业等建设创造方便条件，才能达到吸引投资的目的。加强城镇基础设施建设，是发挥城镇多种功能和中心作用最基本物质基础的保证。

城镇基础设施的作用，归纳起来有以下几个方面。

1. 直接为生产服务

如自来水，各行各业生产都离不开洁净的水，或以它作原料，或以它作洗涤，或以它作冷却。水供应能力的大小直接制约着工业生产的发展。

2. 间接为生产服务

道路桥梁、排水设施和污水处理工程等，本身不创造社会财富，也不直接参加企业生产，但它为生产部门提供运输的便利，或使工矿企业生产过程中排放的废水得到处理。

3. 保障城镇安全

防洪、排水工程、消防设施等不创造产值，却担负着保障城镇安全的责任。

4. 改善城镇环境

供水和排水设施的普及，有利于提高城镇环境质量。

二、城镇基础设施管理体制

（一）城镇基础设施管理机构

由于城镇基础设施类型多、行业广、内容复杂，所以，城镇基础设施的管理机构也相应地呈现出多样性和复杂性特点。

从城镇政府层面来看，我国基础设施管理机构主要有以下三类。

第一，专业管理机构。根据城镇基础设施的各子系统的职责需要，专门设置政府机构负责城镇基础设施在某行业、某领域或某环节的具体组织实施、管理监督等工作。

第二，综合管理机构。作为城镇政府的职能部门，基础设施综合管理机构既对市政府负责，又以上级机关的身份对城镇基础设施各专业管理机构进行业务指导和综合管理。这些综合管理机构的主要职责是制定相关法规和规划方针，组织实施重大工程设施建设，指导和协调城镇基础设施各方面的管理。

第三，协调机构。城镇基础设施系统性较强，尤其是在城镇基础设施内部各子系统之间需要保持一定的比例关系和协调机构。因此，通过合理地设置一些跨部门、跨行业、跨领域的协调机构，能够促进多方面的工作共同良好开展。①

（二）城镇基础设施管理体制

西方各国经历了由私人部门供给（建设和运营）为主到公共部门供给为主，再到建立公共部门与私人部门伙伴关系的发展历程。

在我国，计划经济体制下，城镇公用事业按行业、地域划分为若干条块，按条块组成企业。与此相对应，政府设立若干管理部门，直接管理企业的人、财、物和生产任务，企业收入全部上缴财政，支出由财政包干供给，企业所有权和经营权全由政府掌握。21 世纪以来，城镇基础设施行业政企分离、政事分离和事业单位的企业化改制进程加快，主要大中城镇的市政公用企业基本实现了由传统的事业制向公司制的转变，基础设施的投资、运营逐步走向多元化，政府逐步由行业管理走向市场管理。但是，受传统经济体制的影响，部分供水、供气、供热企业，特别是园林、环卫等基础设施仍然沿用行政事业管理体制，城镇基础设施行业呈现出行政事业管理和企业化经营管理方式并存的混合管理型模式。

三、城镇基础设施管理策略

（一）城镇基础设施发展思路

第一，通过各种有效的手段改变当前基础设施总量不足的状况。从全局来看，总量不足是目前我国城镇基础设施建设中的突出问题。要提高基础设施对经济发展的贡献率，面对未来城镇化加速发展的压力，必须不断增加城镇基础设施的供给。

第二，加快中西部地区的城镇基础设施建设。中西部地区的城镇基础设施建设不仅严重滞后于东部地区城镇的基础设施建设，而且也严重滞后于本地区的经济社会发展。

第三，正确定位政府职能，推进城镇基础设施管理市场化改革。我国城镇管理中存在基础设施垄断经营、效率低下等问题。因此，重新调整政府与市场的关系应是改善我国城镇基础设施管理的重要内容。在城镇基础设施管理中，政府的主要工作是抓好城镇基础设施的规划、服务标准的制定、质量监管和投资引导。

第四，探索政府与市场有机结合的城镇基础设施管理模式。确立何种城镇基础设施管

① 曹敏晖：《城市基础设施管理中存在的问题及对策》，《管理工程师》，2010 年第 3 期。

理模式，要综合地取决于社会制度、经济制度、经济运行机制、经济增长方式及所有制结构、市场发育情况等综合因素的集成。基础设施管理模式的变迁是一个历史继承、逐步发展和向目标模式过渡的过程。

（二）城镇基础设施管理对策①

1. 建立城镇基础设施正常投入机制

根据联合国为发展中国家推荐的投资比例，发展中国家在城镇基础设施方面投资额度的标准是：

第一，投资额度占国内生产总值的比例应达到3%至5%；

第二，投资额度应占国家固定资产投资10%以上；

第三，投资额度相当于住宅投资额度。

城镇管理维护资金应依据市政基础设施比例和现有设施来确定，同时，对现有城镇维护费进行调整提高，对各类收费进行清理规范，对罚没款收入进行合理分配。

2. 开放市政公用行业市场

鼓励社会资金、外国资本采取独资、合资、合作等多种形式，参与市政公用设施的建设，形成多元化的投资结构。对供水、供气、供热、污水处理、垃圾处理等经营性市政公用设施的建设，应公开向社会招标选择投资主体。

允许跨地区、跨行业参与市政公用企业经营。采取公开向社会招标的形式选择供水、供气、供热、公共交通、污水处理、垃圾处理等市政公用企业的经营单位，由政府授权特许经营。

通过招标发包方式选择市政设施、园林绿化、环境卫生等非经营性设施日常养护作业单位或承包单位。逐步建立和实施以城镇道路为载体的道路养护、绿化养护和环卫保洁综合承包制度，提高养护效率和质量。

市政公用行业的工程设计、施工和监理、设备生产和供应等必须从主业中剥离出来，纳入建设市场统一管理，实行公开招标和投标。

3. 建立市政公用行业特许经营制度

市政公用行业特许经营制度是指在市政公用行业中，由政府授予企业在一定时间和范围对某项市政公用产品或服务进行经营的权利，即特许经营权。政府通过合同协议或其他方式明确政府与获得特许权企业之间的权利和义务。

市政公用行业实行特许经营的范围包括：城镇供水、供气、供热、污水处理、垃圾处理及公共交通等直接关系社会公共利益和涉及有限资源配置的行业。市政公用企业要依法自主经营，应通过合法经营取得合理的投资回报，实现经营利润，同时承担相应的经营风险和法律责任，真正成为自主经营、自负盈亏、自我发展的市场主体。

4. 转变政府管理方式

城镇人民政府负责本行政区域内特许经营权的授予工作。各城镇市政公用行业主管部

---

① 秦甫：《现代城市管理》，上海：东华大学出版社，2004年版。

门由当地政府授权代表城镇政府负责特许经营的具体管理工作。

市政公用行业主管部门要转变管理方式，从直接管理转变为宏观管理，从管行业转变为管市场，从对企业负责转变为对公众负责、对社会负责。

市政公用行业主管部门的主要职责是认真贯彻国家有关法律法规，制定行业发展政策、规划和建设计划；制定市政公用行业的市场规则，创造公开、公平的市场竞争环境；加强市场监管，规范市场行为；对进入市政公用行业的企业资格和市场行为、产品和服务质量、企业履行合同的情况进行监督；对市场行为不规范、产品和服务质量不达标和违反特许经营合同规定的企业进行处罚。

市政公用产品和服务价格由政府审定和监管。应在充分考虑资源的合理配置和保证社会公共利益的前提下，遵循市场经济规律，根据行业平均成本并兼顾企业合理利润来确定市政公用产品或服务的价格（收费）标准。

市政公用企业通过合法经营获得的合理回报应予保障。若为满足社会公众利益需要，企业的产品和服务定价低于成本，或企业承担政府指令性任务，政府应给予相应的补贴。

5. 加强领导，积极稳妥推进市场化进程

加快市政公用行业市场化进程，建立特许经营制度是建立社会主义市场经济体制的必然要求，是市政公用行业的一项重大改革，各城镇要加强领导，积极稳妥地推进。城镇人民政府及其行业主管部门推进市政公用行业市场化进程，制定总体实施方案，落实相关配套政策。从本地实际情况出发，因地制宜、分类指导，切实解决好市场化过程中出现的实际问题。在实施产权制度改革时，按照国家和当地政府的相关政策，妥善解决好职工养老、医疗等社会保险问题。

加快相关立法工作，以法律的形式明确投资者、经营者和管理者的权利、义务和责任，明确政府及其主管部门与投资者、经营者之间的法律关系。有关部门通力协作，积极为推进市政公用行业市场化、建立特许经营制度创造条件，建立起统一开放、竞争有序的市政公用行业市场体系和运行机制。

第二节　城镇环保管理

一、城镇发展与环境保护

（一）环境概念

环境，是指围绕着人群的空间及其中可以直接、间接影响人类生活和发展的各种自然因素的总体。按其组成的要素不同，可以分为自然环境和社会环境。

自然环境是指围绕着人群的空间中可以直接、间接影响到人类生活、生产的一切自然形成的物质、能量的总体。主要包括有空气、水、植物、动物、微生物、土壤、岩石矿物、太阳辐射等，它们都是人类赖以生存的物质基础。

社会环境则是人类利用和改造自然环境而创造出来的高度人工化的生存环境，它包括自然空间、建筑、人口、交通与能源设施等。它是相对城镇居民而言的，是城镇生存、发展的物质基础，其状况决定着城镇生存、发展的质量。人类是在与环境的相互作用中得以生存和发展的，并在生存中不断改造环境。

（二）城镇环境问题的产生

城镇环境问题是由于城镇生态系统被破坏而产生的环境污染，也就是因为某种物质或能量的介入而使环境质量恶化的现象。城镇环境污染也有一个产生、发展的过程。可以说是伴随着工业化和人口城镇化进程产生、发展和加剧的。究其原因，主要有以下几个方面。

第一，人口和经济增长超出了环境承载能力和环境容量。人口的过分集中，导致城镇生活环境恶化、住房紧张、交通困难、建筑物稠密、道路拥挤、物资及能源消耗猛增等所谓城镇病。经济的迅速增长导致城镇工业、建筑、交通、运输、邮政通信、文化娱乐等行业的发展，它又要求有大量物质、能源、信息的输入和输出，从而使城镇中大气、水体、噪声和固体废弃物污染变得相当严重。

第二，资源的利用率低。目前，我国能源利用率仅为35%左右，而发达国家一般都在50%以上。另据统计，我国在国民经济周转中，社会需要的最终商品仅占原材料用量的30%左右，其余70%的资源最终进入环境成为废物。

第三，城镇政府、企事业单位及居民不尊重，甚至违反城镇生态规律地去组织经济、社会生活，不合理地利用空间，进行建筑和工业布局等。

同时，城镇的过度消费，排泄物过多也是环境质量恶化的一个重要因素。

（三）城镇环境污染的主要类型及其危害

1. 大气污染

大气污染是由于人类活动，向大气中排放了过量的某种物质，使该物质在大气中的浓度超过了大气环境质量标准中所允许的浓度，致使大气环境质量下降，并造成各种不利影响的现象。

大气污染的危害是多方面的，可以影响人体健康，使人患多种疾病；可抑制植物生长，甚至造成植物的急性坏死；可影响天气和气候，降低大气能见度，增加降水，形成酸雨，造成城镇“热岛效应”、大气的“温室效应”及臭氧层破坏，等等。

根据造成大气污染的原因，可把大气污染分为如下几种类型：即由煤燃烧引起的煤烟型大气污染；由石油燃烧、冶炼及石化工业生产引起的石油型污染；由上述两种污染混合形成的混合型大气污染；由某种特定物质的排放所引起的特殊型大气污染，如氟污染、氯污染等。我国从总体上看属煤烟型大气污染。对不同类型的污染，应采取不同的防治措施和方法。

2. 水体污染

水体污染是由于物质或能量的介入，使该水体中污染物的含量超过了适用于它的水环境质量标准，影响水的有效利用，危害人体健康和破坏生态环境的水质恶化现象。

水污染后，有的使过多的物质如氮、磷、钾、硫及其化合物进入天然水体，因高营养化而恶化水体质量，破坏生态平衡，影响渔业发展。有的因汞、镉、铅、砷、铬等重金属或有害物质进入天然水体后，通过食物链及其放大作用，进入人体并逐步积累，产生毒性效应。水体的污染还会加剧水荒，影响工农业生产，这在不少城镇已成为突出的问题。

水污染主要来自工业废水，生活污水、工业废渣、矿业开采、农业生产等也对水体造成一定污染。

3. 环境噪声污染

环境噪声污染指环境噪声超过人的生活和生产活动所容许的声环境质量状况而造成的不利影响的现象。

长时间在环境噪声中，会引起人的听力损失，使人的听力迟钝，严重的会引起噪声性耳聋。噪声引起的心理效应，会导致人烦恼、激动、心情不安、易怒，并使工作效率下降。噪声越强，使人工作越容易疲劳。噪声引起的生理效应，会诱发一些疾病，如交感神经兴奋，引起心跳加速、心律紊乱、血管收缩等生理现象。使人出现头昏、头疼、神经衰弱、消化不良等现象，还会导致心血管病。它对神经系统的影响表现为烦躁、精神不集中，在工作中易出工伤事故等。另外，它还影响人的睡眠、休息、干扰正常的谈话。

近年，环境噪声扰民问题，已成为居民反映强烈的环境问题之一。城镇环境噪声污染主要包括工业噪声污染、建筑施工噪声污染、交通运输噪声污染及社会生活噪声污染。

4. 固体废弃物污染

固体废弃物污染是指因不适当地排放、贮存、运输、处理固体废弃物而对环境造成不利影响，导致人类生存和生活环境恶化的现象。

固体废弃物的堆放要占用大量土地，不合理的处治还会淤塞河道、影响市容，还会造成大气、水、土壤等多种环境要素的直接污染或二次污染。这主要是固体废弃物中所含的有害物质通过浸出、挥发、分解、溶解、飘散等方式进入大气层、水体、土壤等，而使环境所含的有害物质超过相应的环境质量标准。固体废弃物主要包括工业固体废弃物、商业固体废弃物和生活垃圾。

除此之外，随着社会经济的发展，像电磁污染、眩光污染、放射性污染等也日益引起人们的关注。它们虽然还没有像上述污染那样已成为公害，但也同样影响着人们的生产、生活和健康，对它们的管理也需要逐步纳入城镇管理的议事日程。

（四）正确认识城镇发展与环境保护的关系

1. 坚持经济、社会、资源与环境协调的可持续发展观

环境与发展是密不可分的，要从根本上解决环境问题，必须要改变发展模式和消费模式。

转换发展模式，就是要由资源型发展模式逐步转变成为技术型发展模式，要依靠科技进步，节约资源与能源，减少废物排放，实施清洁生产和文明消费。要认识并处理好人口、资源、经济与环境的关系，建立经济、社会、资源与环境协调并可持续发展的新模式。

这一思想要求我们在进行一切经济、社会活动时，必须考虑环境承载能力。环境对人类活动的支持能力是有限度的，超越了这一限度，就会造成种种环境问题。它要求人类的发展行为、消费行为必须与环境状态相适应。要求确立环境价值观，环境既有使用价值，也有价值。人类不能再向环境一味地无偿索取和使用，因为环境终究不是“免费的晚餐”。

2. 从城镇生态学的角度把握城镇环境保护

城镇生态系统是人类在自然生态系统的基础上营造起来的人工生态系统。自然生态系统是指在自然界的一定空间中生物与环境构成的统一整体。在良好的自然生态环境下生物之间、生物与环境之间维持着动态平衡。这种相对平衡状态的维持依赖于生态系统本身具有的自动调节能力。一般来说，生态系统的结构愈复杂，则自动调节能力愈强；结构愈简单，则调节能力愈弱。

与自然生态系统相比，城镇生态系统具有明显的特点。首先，城镇生态系统是一个人工生态系统，其所处的生物与非生物环境，都已经被彻底改造，已失去了自然界生态系统自我调节、自我稳定的能力。

其次，城镇生态系统是个不完全的开放系统。系统本身无法完成物质的循环和能量的转换。系统所需要的物质与能量都要从外部输入。它们经过人类的加工和利用后，还要从系统中输出，这里既包括成品输出也包括“三废”的输出。

此外，城镇生态系统具有高密度的物质和能量流动。这不仅因为作为消费者的人口的高度集中，还因为人们从事的各种社会、经济活动的高度集中。这些特点导致了城镇生态系统的脆弱和生态平衡的不稳定。在这里，生态平衡不可能靠自然规律自发地实现，只能通过科学的管理来完成。

3. 从生态和可持续发展观审视人口、资源、环境与发展的关系

如上所述，城镇人口的过分集中，导致城镇的规模越来越大，给城镇环境造成巨大压力，许多环境问题由此引发，而恶化的环境又直接作用于城镇人口。从生态学的角度看，一定的生态环境，其生物容量是有限的，在该限度内系统一般能够保持平衡。但超过这一限度，就要引发环境危机、破坏平衡。所以，控制城镇人口是保护城镇环境的基本措施之一。

发展经济和提高人民生活质量，必须以自然资源和良好的生态环境为依托。要实施可持续发展必须强调对不同属性的资源采取不同的对策：对不可再生资源，要提高其利用率，加强循环利用，尽可能用可再生资源代替；对可再生资源的利用，应限制在其再生产的承载力限度内，同时采用人工措施促进可再生资源的再生产。

资源与环境是密不可分的。环境的各项要素都是资源，环境的整体是资源的总和。人类总是不断地从环境中汲取资源，并把它变成产品。各类环境要素都是社会的自然财富和发展生产力的物质基础，是构成生产力的要素。人们应逐步树立环境就是资源，环境保护的一个基本任务就是在生产过程中，合理开发资源和有效地利用资源，避免因资源不合理地开发而导致资源破坏和环境污染。

4. 城镇环保管理概念

城镇环保管理就是城镇环境保护管理，是指运用行政、经济、法律、技术、教育等手段，保护和改善城镇生态环境，限制人类损害环境质量的活动，促进资源的永久利用，协调环境与发展的关系，达到既发展经济满足人类的基本需要，又不超出环境容许的极限。

二、改革城镇环境保护管理体制的重要意义

环境保护是我国的一项基本国策。进入21世纪以来，党中央、国务院把保护环境摆在更加重要的位置，积极探索环境保护新路，大力推进生态文明建设，环境保护取得了很大成绩。但是，我国环境形势依然严峻，老的环境问题尚未得到解决，新的环境问题又不断出现，呈现明显的结构型、压缩型、复合型特征，环境质量与人民群众期待还有不小差距。① 这需要我们进一步通过改革城镇生态环境保护管理体制来实现城镇生态环境的优化和美化。

（一）改革生态环境保护管理体制是推进生态文明建设的迫切需要

走向生态文明新时代、建设美丽中国，是我们党提高执政能力的重要体现，是实现中华民族伟大复兴中国梦的重要内容。推进生态文明建设，必须树立生态观念、发展生态经济、维护生态安全、优化生态环境、完善生态文明体制，把生态文明建设融入经济建设、政治建设、文化建设、社会建设各方面和全过程，形成有利于节约资源和保护环境的空间格局、产业结构、生产方式、生活方式。生态文明建设是环境保护的灵魂和目标指向，环境保护是生态文明建设的主阵地。然而，现行生态环境保护管理体制的权威性和有效性不够，难以对生态文明建设进行科学合理的顶层设计和整体部署，难以形成生态文明建设合力，迫切需要进行改革。改革生态环境保护管理体制，必将为推进生态文明建设注入强大动力。

（二）改革生态环境保护管理体制是促进经济转型升级的重要抓手

良好的生态环境本身就是生产力，就是发展后劲，就是核心竞争力。我国经济正处于增速换挡、提高质量和效益的新阶段，只有转型升级才能持续健康发展。用生态文明理念分析环境问题，其本质是经济结构、生产方式和消费模式问题。加强生态环境保护，可以倒逼经济转型升级、优化经济发展；提高节能环保标准，淘汰落后产能，可以推进存量结构调整；提高环境准入门槛，引领新兴产业发展，可以实现增量结构优化。从现行环境监管体制看，政出多门、权责脱节、监管力量分散等问题明显存在，影响行政效能，削弱监管合力，环保引导和倒逼机制作用尚未充分传导到经济转型升级上来。改革生态环境保护管理体制，坚持在保护中发展、在发展中保护，有利于促进传统产业生态化改造升级，推动节能环保等战略性新兴产业发展，实现环境效益、经济效益和社会效益多赢。

---

① 周生贤：《改革生态环境保护管理体制》，《人民日报》，2014年2月7日第7版。

（三）改革生态环境保护管理体制是加快低碳发展的重要支撑

大力推进以低能耗、低污染、低排放为主要特征的低碳发展，是世界可持续发展的新趋向，也是积极应对气候变化的根本出路。我国要实现到2020年单位国内生产总值二氧化碳排放比2005年下降40%～45%、非化石能源占一次能源消费比重达到15%左右的目标，必须加快转变能源资源生产和利用方式，进一步提高能源资源利用效率，形成绿色低碳的生活方式和消费模式，逐步降低经济社会发展的碳排放强度。这在客观上要求改革生态环境保护管理体制，全面强化资源节约和环境保护，为加快低碳发展提供支撑。

（四）改革生态环境保护管理体制是解决损害群众健康的突出环境问题的有力举措

良好的生态环境是最公平的公共产品，是最普惠的民生福祉。蓝天白云、绿水青山是民生之基、民心所向。2013年以来，我国部分地区雾霾天气等污染问题集中爆发，人民群众反映强烈。在现行环境监管体制下，生态环境保护管理体制执法主体和监测力量分散，缺乏对地方政府和相关部门进行环境执法监督的职能配置，环境监管难以到位，这导致解决突出环境问题的政策措施打了折扣。推进环境管理战略转型，以改善生态环境质量为目标导向，集中力量解决细颗粒物（$PM_{2.5}$）、重金属、化学品、危险废物和持久性有机污染物等关系民生的突出环境问题，需要改革生态环境保护管理体制。

（五）改革生态环境保护管理体制是转变政府职能的必然要求

转变政府职能是深化行政体制改革的核心。转变职能不仅要把该放的权坚决放开放到位，而且要加强和改善政府管理，把该管的事管住、管好。

环境保护是各级政府的重要职责，是必须提供的一项基本公共服务。环境保护不欠新账、多还旧账，需要进一步加强监管。目前，国家层面生态环境保护部门职能分散交叉较为突出，存在权力下放不够和监管不到位等问题，难以形成严格监管的强大合力；基层环保部门被赋予的职能和担负的任务不匹配，存在“小马拉大车”的现象。转变政府职能，深化行政体制改革，包括改革生态环境保护管理体制。①

三、城镇环保管理机构与内容

1. 城镇环境保护管理的机构

我国城镇政府的环境保护局对城镇的环境保护和管理工作实施统一的监督管理，是城镇人民政府环境保护的行政主管部门。各级城镇人民政府的其他履行城镇环境管理职责的有关政府机构、社会组织，是执行社会内部分工、综合管理环境的公共机构，如园林管理局、环境卫生管理局以及环保协会等。

---

① 周生贤：《改革生态环境保护管理体制》，《人民日报》，2014年2月7日第7版。

2. 城镇环境保护管理机构的职责

执行国家环境保护的法律和标准，拟订本市的法规、规章、标准和规范性文件，制定适合本市市情的环境政策和措施。

组织制定本城镇环境保护和管理的规划和计划及环境统计和预测工作，参与制定城镇规划、城镇经济和社会发展规划。

制定、修订城镇环境质量标准体系和污染物排放标准及其相应的基础方法标准，确定环境污染总量控制的区域和指标，组织落实各级环境目标责任制，协调城镇环境综合整治和定量考核工作。

监督检查各单位、各部门和下级政府执行国家环境保护与管理的方针政策、法律法规的情况，将执行情况存在的问题向上级人民政府报告，并提出改善城镇环境管理的对策和建议。

直接监督重大的建设项目，审批开发建设项目、技术改造项目及新建工业区的环境影响报告书，监督检查建设项目中防治污染的措施与主体工程同时设计、同时施工、同时投产使用执行情况，参加选址和工程竣工的验收，组织实施环境管理的各项制度。

管理城镇的环境监测网络，发布环境状况公报，协调环境污染纠纷。

3. 城镇环保管理的内容

城镇环境保护管理一般包括城镇园林绿化管理、城镇环境卫生管理及城镇市容管理三大方面的内容。

（1）城镇园林绿化管理。

所谓城镇园林绿化管理，是指城镇政府的行政主管部门依法对城镇的各种绿地、林地、公园、风景游览区和苗圃等的建设、养护与管理。

第一，城镇园林绿化管理的单位及职责。

绿化委员会，负责绿化宣传、组织、推动全民义务植树运动和群众性绿化工作；市园林局，是城镇园林绿化的行政主管部门；市林业局，是城镇林业生产和乡村绿化的行政主管部门；城镇各级政府有关部门有职责配合和协助园林或林业管理部门，加强城镇的园林绿化管理；政府统一领导城镇植树造林的绿化工作，制订绿化分解责任指标和年度实施计划，实行植树造林绿化任期目标责任制；公共绿地、风景林地、防护绿地，由城镇政府的绿化行政主管部门管理。

第二，城镇园林绿化管理的内容。①

园林绿化的规划管理。城镇政府应当把绿化建设纳入国民经济和社会发展计划，城镇政府应当组织规划行政主管部门和绿化行政主管部门等共同编制城镇绿化规划，并纳入城镇总体规划。

园林绿化的建设管理。建设单位在申请领取建设工程规划许可证之前，应将绿化工程设计方案报送园林局或林业局审核。建设工程竣工后，要经园林或林业局验收。城镇政府每年应在城镇建设资金中安排保证公共绿地建设的经费；并按照绿化养护数量，从城镇维

① 马彦琳、刘建平主编：《现代城市管理学》，北京：科学出版社，2005 年版。

护事业费中核拨养护经费。

城镇绿化工程的建设和施工，应当委托持有相应资格证书的设计或施工单位承担。

园林绿化的产权管理。任何单位和个人不得擅自占用城镇绿化用地，不得损坏城镇树木花草和绿化设施。不准将国有林木的所有权划给集体所有的单位；也不准将集体林木的所有权划给个人。

园林绿化的监督管理。除了城镇居民在住宅的庭院内自费种植的树木，以及苗木生产单位进行生产性移栽和出圃作业外，其他的迁移、砍伐、采伐树木或变更绿地、林地，都必须办理审批手续，领取许可证。

城镇公园的管理。公园内的建筑面积不宜过大。禁止开展有损公园性质和功能的其他活动。

城镇古树名木的管理。对城镇古树名木实行统一管理、分别养护。市政府的绿化主管部门应当建立古树名木的档案和标志，划定保护范围，加强养护管理。在单位管界内或私人庭院内的古树名木，由该单位或居民负责养护，市政府的绿化主管部门负责监督和技术指导。严禁砍伐或迁移古树名木。

（2）城镇环境卫生管理。

第一，我国城镇环境卫生管理单位及职责。

城镇环境卫生管理，是在城镇政府领导下，城镇卫生行政主管部门依法对道路、公共场所、垃圾、各单位和家庭等方面的卫生状况进行管理，为城镇的生产和生活创造一个整洁、文明环境的活动。

城镇环境卫生管理局，是城镇环境卫生管理的主管部门。城镇各级政府的规划、环境保护、房地产、市政、园林、公安、财政、工商行政、教育、卫生、水利和港航监督等部门，有职责协同环卫部门，做好环卫管理工作。各级环卫部门下设环境卫生监察队伍，行使环境卫生执法监察权。各单位负责单位内部的环境卫生，维护公共场所的环境卫生，并在一定情况下负责单位周围的环境卫生。

第二，城镇环境卫生管理的主要内容。①

环境卫生管理规划的制订和实施。城镇政府应制订城镇环境卫生发展规划，并纳入城镇规划、城镇经济和社会发展计划。

环境卫生作业的资金管理。环境卫生作业所需经费，由政府按任务量拨付；环境卫生作业单位受委托清运，处理垃圾粪便时，实行有偿服务。

环境卫生作业单位管理。城镇环卫部门领导各自的环境卫生作业单位，负责清扫道路和公共场所，清运、处理垃圾和粪便。有条件的城镇，可以利用市场机制，试行承包制或外包制，但要注意承包或外包单位的管理。

环境卫生设施管理。带有经营性公共场所性质的单位，如火车站、影剧院、商店、宾馆和医院等，应自行设置环境卫生公共设施；建设居住区、工业区等，应配套建设环卫设施，资金由建设单位负责，市环卫局应参与环卫设施的规划，设计审核和竣工验收。

---

① 马彦琳、刘建平主编：《现代城市管理学》，北京：科学出版社，2005 年版。

环境卫生监督管理。环卫部门的环境卫生监察队伍监督检查各单位分工责任范围内的环境卫生，有权对违反环卫法规的行为予以处罚。

城镇垃圾管理。城镇环卫部门应引导市民分类倾倒垃圾，努力实现垃圾的收集、运输和处理的科学化。

第三，城镇环境卫生管理的要求。

城镇环境卫生管理的具体要求包括：城镇街道、公共场所保持整洁，无烟头、纸屑；不乱倒垃圾、污水、污物；公共场所不随地吐痰、乱扔废弃物；不任意焚烧落叶、枯草等废弃物；市区道路与广场定时清扫、洒水、保洁，降雪后及时清扫、集运；市区河流、湖泊等水域不得倾倒垃圾和超标排放污水；商店门前，不存放货物、箱筐等杂物，所产垃圾及时清除，保持场地洁净；集贸市场、小商品市场、夜（早）市等，在不影响市容和交通前提下，应统筹安排、定点经营，保持摊位的整洁；各种流动售货车、售摊应随产随收废弃物；垃圾集运站、各种垃圾容器等公共卫生设施，经常保持完好洁净。

(3) 城镇市容管理。

第一，城镇市容管理的对象与内容。

城镇市容管理主要是对影响城镇容貌和城镇形象的各种因素进行的综合管理。一般说，市容管理包括的主要内容有：城镇道路、建筑物、公共设施、园林绿地、公共场所、交通工具、广告设置、集贸市场、临街景观等。由于环境卫生与市容是紧密联系的，所以，环境卫生也是市容管理的重要方面。市容管理覆盖城镇的立面景观和平面环境，立面景观，泛指立面物体，如建筑物外形、广告、牌匾、园林绿地等。环境卫生则泛指平面景观，如道路清扫、残渣废土清运、垃圾收集运输等。

第二，市容管理机构。

我国城镇市容管理的政府部门，在一些大城镇是专设的市政管理委员会、市容管理办公室；在另外一些城镇，则是环境卫生行政主管部门等。市容行政部门下设市容监察大队行使市容执法监察权。

第三，市容管理工作的目标和要求。

建筑物景观方面，要求新建、扩建、改建的一切建筑物要讲究建筑艺术，注意美学造型，装饰等要与环境协调。临街建筑物的阳台、窗外不得堆放、吊挂有碍市容的物品。

公共设施方面，城镇道路要经常保持平坦、完好、畅通，出现坑洼、路面破坏等现象应限期修复好。不在街道两侧公共场所私自堆放物料和搭建建筑物。路面设置的各种井盖要保持齐备完好。路面因施工挖掘在工程结束后，要及时恢复路面的完好。

交通工具方面，要求各种机动车辆保持车体完好、车容整洁、标志齐全醒目。市区运送货物的货车，要采取措施有效防止运送的液体或散装货物遗洒和散落飞扬。城镇公共汽车要保持车容整洁美观。

建筑工地要加强管理。施工现场材料、施工机具应堆放整齐，渣土及时清运。临时工地应设立护栏、围布遮挡。施工产生的废水、泥浆不流出场外。易起灰尘的原料，应常洒水降尘。工程完毕，平整现场，清理残土废料。

广告标志管理方面，要求设置的户外广告、标志牌、画廊、读报栏、招贴栏等内容健康、外形美观，并与街景相协调；节日标语采用悬挂形式，节后及时撤除；街面建筑物墙壁、树木、电线杆上，禁止乱写乱画、乱贴乱挂；各商店名称、广告等要求用语准确、文字规范。

各公共场所应保持秩序良好、文明礼貌。各种车辆按规地点存放，停放整齐。

四、城镇环保管理制度措施

（一）“预防为主、防治结合”

该政策即通过采取各种防范措施，不产生或少产生对环境的污染破坏，同时对已有的污染和破坏积极进行治理。实践证明，坚持预防为主，比在环境问题产生后，再被迫治理要好得多。不仅对人体损伤和经济的损害可大为减轻，而且，环境保护的投资也可大为节省。

（二）“三同时”制度

“三同时”制度旨在使防治污染设施能在项目建设过程中，同步建成投入使用，克服以往那种先污染后治理的状况。所谓“三同时”，是指建设项目中的防治污染和其他公害的设施及综合利用设施必须与主体工程同时设计、同时施工、同时投产使用的制度。这是我国环境管理的基本制度之一。对环境有影响的新建、扩建、改建项目、技改项目、区域开发项目等都适用。该项制度对预防新污染源的产生具有积极作用。坚持预防为主、防治结合的政策，就要把环境保护纳入国民经济和社会发展的规划和计划，就要实行“三同时”的制度和环境影响评价制度。

（三）“环境影响评价”制度

该制度要求在从事开发或建设活动之前，对该开发或建设项目的选址、设计、施工和建成后将对周围环境产生的影响进行调查、预测和估计。对环境有影响的一切基本建设项目、技术改造项目及区域开发建设项目都适用这一制度。不少国家都已把它作为一项法律制度在立法上肯定下来。该制度的实施，可以防止一些建设项目对环境产生严重不良影响。

（四）建立统一监管所有污染物排放的环境保护管理制度，独立进行环境监管和行政执法①

保护生态环境，应以解决环境污染问题为重点，以改善环境质量为出发点和落脚点。优先解决损害人民群众健康的大气、水、土壤等突出环境污染问题。要建立统一监管所有污染物排放的环境保护管理制度，对工业点源、农业面源、交通移动源等全部污染源排放的所有污染物，对大气、土壤、地表水、地下水和海洋等所有纳污介质，加强统一监管。

① 周生贤：《改革生态环境保护管理体制》，《人民日报》，2014 年 2 月 7 日第 7 版。

坚持将环境保护要求体现在工业、农业、服务业等各领域，贯穿于生产、流通、分配、消费各环节，落实到政府机关、学校、科研院所、社区、家庭等各方面，严格环境法规、政策标准，进行综合管理，实现要素综合、职能综合、手段综合，实现污染治理全防全控。协调处理好污染治理、总量减排、环境质量改善的关系，把环境质量反降级作为刚性约束条件，确保区域流域海域的环境质量不降低、生态服务功能不下降。

（五）实行独立而统一的环境监管

健全"统一监管、分工负责"和"国家监察、地方监管、单位负责"的监管体系，有序整合不同领域、不同部门、不同层次的监管力量，有效进行环境监管和行政执法。加强对有关部门和地方政府执行国家环境法律、法规和政策的监督，纠正其执行不到位的行为，特别是纠正地方政府对环境保护的不当干预行为。加强环境监察队伍建设，强化环境监督执法，推进联合执法、区域执法、交叉执法等执法机制创新，严厉打击企业违法排污行为。在污染防治、生态保护、核与辐射安全以及环境影响评价、环境执法、环境监测预警等领域和方面，制定科学规范的制度，为实行统一监管和提升执法效能提供保障。

（六）完善环境信息公布制度，健全举报制度

环境保护人人有责，必须充分调动一切因素，动员全社会力量共同参与。要广泛深入地宣传生态文明理念和环境保护知识，使其上课本、进社区、入工厂，提高全民环境意识。强化环境信息公开，扩大公开范围，完善公开方式，保障公众环境知情权、参与权和监督权。对涉及民生、社会关注度高的环境质量监测、建设项目环评审批、企业污染物排放等信息及环境状况、重要政策措施和突发环境事件，要及时公开，主动向社会通报。对涉及群众利益的重大决策和建设项目，要广泛听取公众意见和建议。要引导企业进一步增强社会责任感，真实客观地公开环境信息，监督企业按规定公开污染物排放自行监测信息。健全举报制度，鼓励公民、法人和其他社会组织就生态环境问题进行举报，切实保护举报人合法权益。全面实施环保举报投诉热线畅通工程，精心做好环境权益被侵害群众来信来访工作，加大受理督办落实力度。发挥好公众、新闻媒体和社会组织的监督作用，构建全民参与的社会行动体系，推行绿色健康文明的生活方式。

（七）加强舆论引导，积极主动回应公众关心的环境问题

完善污染物排放许可制，实行企事业单位污染物排放总量控制制度。排污许可是一项国际通用的环境管理制度。我国《大气污染防治法》《水污染防治法》等法律对实行排污许可有原则性规定。要完善污染物排放许可制度，规范污染物排放许可行为，禁止无证排污和超标准、超总量排污。实行企业污染物排放总量控制制度，推进行业性和区域性污染物总量控制，使污染减排与行业优化调整、区域环境质量改善紧密衔接，做到增产不增污或增产减污。在总结排污权交易试点经验的基础上，加快实施各类排污指标的有偿使用和交易，加强排污权交易的组织机构和监管能力建设。

（八）实行生态环境损害赔偿和责任追究制度

强化生态环境损害赔偿和责任追究，既是保护公民环境权益、维护社会公平正义的重要措施，也是提高企业违法成本、震慑企业违法排污行为的根本对策。要完善生态环境损害赔偿制度，将生态环境损害与公民损害列入赔偿范围。建立环境损害鉴定评估机制，合理鉴定、测算生态环境损害范围和程度，为落实环境责任提供有力支撑。加强行政执法与司法部门的衔接，推动环境公益诉讼。对排放污染物造成严重后果的，要依法追究刑事责任。①

第三节　城镇交通管理

一、城镇道路管理②

城市道路是城市基础设施的重要组成部分，在城市生产、流通、消费过程中起着联结纽带的作用。没有现代化的道路交通，就不可能成为现代化的城市。

1. 城市道路系统规划

城市道路是城市交通运输的基础。道路与交通的关系，就像人的血管与血液的关系。没有道路也就无交通运输可言。城市道路网的布局形式、密度，道路宽度、横断面布置及交叉口的处理等，都直接关系到交通通畅程度。城市道路网是城市总体布局的骨架，既要满足城市交通的需要，又要适应各方面的要求，便利城市的生产和生活。于是规划好道路网就成为健全城市道路系统的先决条件。道路网规划的编制，应考虑以下几项因素。

第一，城市道路网的规模和分布范围，应根据城市的大小而确定。道路网的规模定得合理，能以较小的工程费用获得较大的综合效益。规划过大会造成建设资金和用地的浪费；反之，不能适应城市交通的要求。

第二，城市有中心区、商业区、工业区、居住区、文化活动区等之分，编制道路网规划时，应依据城市土地利用规划中的功能分区，合理配置道路系统，满足各功能区的需要。

第三，规划道路系统时，先定出道路的干道系统，再制定整个城市的道路网。城市道路系统有方格式、对角线式、放射环形式等基本形式，各有优缺点，应因地制宜进行选择。

第四，对城市主要人流的方向、流量及在全市人流总数中的比重进行预测、估算，并据以进行规划，使所有道路主流分明，分工明确，组成一个合理的道路系统。在满足人流的同时，还要满足货物运输的需要，特别是对铁路货站、水运码头、大型工业区、物资仓库等大量集散货物的地点，要考虑有便利的货运道路。

① 周生贤：《改革生态环境保护管理体制》，《人民日报》，2014 年 2 月 7 日第 7 版。

② 秦甫：《现代城市管理》，上海：东华大学出版社，2004 年版。

第五，道路系统的规划尽可能整齐醒目，以便城市公共汽车、无轨电车等公共交通系统进行组织和管理。

第六，城市道路网要有适当的宽度和密度，使道路的间隔、用地面积经济合理。一般来说，道路干线之间的距离为700～1 100米。

第七，城市有给水、排水、煤气、通信电缆等管线沿道路铺设，道路网规划应充分考虑各种市政管线的特点和要求。

第八，道路网规划，要充分利用地形，便于地面水的排除和减少工程量；要注意道路经过地段的地质条件；道路走向要有利于通风，使两侧建筑物有良好的日光照射，有益于居民卫生和健康。

第九，城市道路规划应注意艺术要求，与道路两侧建筑物和街坊性质及绿地、照明设施、交通标志等配合得体，以构成优美、清洁卫生的环境。

第十，要规划道路系统与铁路车站、水运码头、机场及周围城镇的联系，保证城市对外客货运输任务的完成。注意城市道路与铁路的交叉形式问题，城市桥梁的数量和位置问题。

2. 城市道路的设计

在设计城市道路时要考虑以下因素：

(1) 城市道路的功能，除供市内交通运输、排泄地面水、铺设和架设多种地下地上管线、布置沿街绿化等用途外，对市内通风、日照及城市建筑艺术都起一定作用。

(2) 城市道路由车行道、人行道、道路中的临时停车场和公共交通车辆停车站台、分车带和方向岛、沿街绿化地带（行道树、小片绿地、林荫道）、道路照明、架空线路杆柱、消火栓和清洁箱、道路排水设施、交通管理标志等组成。城市道路可分过境道路、主干道、次干道、工业区道路、居住区道路、街坊内道路和公园道路等。

(3) 城市道路的立体交叉，只有在下列情况下方可考虑采用：一是交叉口通过的车辆频繁，平面交叉不能解决交通问题；二是城市高速干道与其他道路相交；三是城市干道与铁路相交，且铁路和干道的行车密度均较大；四是地形适合布置立体交叉。由于立体交叉占地面积大、造价昂贵，修建立体交叉必须慎重。

(4) 城市广场不仅是车辆和行人交通的集中点，往往还是城市政治、文化活动的场所。根据它的特征和所处的位置，可分为中心广场（市中心和区中心）、交通广场（交通枢纽处和桥头处）、集散广场（车站前、运动场前、大型公共建筑物前和大型工厂区前）。广场在城市道路系统中占有重要地位，应认真做好规划设计。

二、城镇公共交通设施①

城市公共交通主要指公共汽车、轻型轨道交通、地下铁道和市郊铁路等。它们各有自己的体系，彼此又互相联系。在布局时应统筹安排，以便按照各自分工组织联运、转运，充分发挥其作用。

① 秦甫：《现代城市管理》，上海：东华大学出版社，2004年版。

(一) 公共汽（电）车

在城市交通中，公共汽车交通单位时间客运量，大大超过小汽车和自行车的客运量。例如，道路上 3.5 米宽的车行线，每小时通过的客运量，公共汽车可达到 1 万人，小汽车为 1 000 多人，自行车为 2 500 ~ 3 000 人。国际上都提倡发展公共交通工具，给以若干优惠条件。

(二) 轻型轨道交通

公共汽车有行驶灵便、不需要一定轨道、线路网布置能因地制宜等优点，但也有运量小、速度慢的缺点，大城市只靠公共汽车作为主要交通工具，仍不能满足需要。因此，许多国家都发展运量大、成本低、工程量较小的轻型轨道交通。在我国，城市公共交通以公共汽车为主，有些城市辅以无轨电车。要解决交通拥挤问题，大城市应适度发展轻型轨道交通。

(三) 地下铁道

1863 年英国伦敦建成第一条地下铁道。目前世界上已有许多城市修建了地下铁道。不少大城市地下铁道客运量接近甚至超过了该城市公共汽车的客运量。修建地下铁道投资很大，在今后相当长一段时期内，我国城市公共交通仍以公共汽车为主。但是，从长远看，在大城市，分期分批地发展地下铁道是十分必要的。

(四) 市郊铁路

大城市都有广大的郊区，郊区一般有卫星城镇、工业区、风景游览区等，许多职工市区居住，郊区上班，客流量很大。为方便职工上下班和旅客乘车的需要，除修建快速公路、增辟公共汽车线路外，尚需铺设市郊铁路。

除了公共交通以外，还有私人交通。我国目前私人交通工具主要由轿车、摩托车、电动车、自行车等。自行车优点很多，缺点在于占用道路面积大，六辆自行车行驶所占的道路面积相当于一辆公共汽车所占的面积。自行车交通膨胀，使公共汽车行速降低、交通事故增多。摩托车污染大，交通事故多，在大城市中不宜发展摩托车。

一般地，不应通过压缩私人交通来发展公共交通；相反，应拟大力改善和发展公共交通来减少私人交通所占的比例。

三、城镇交通规划

(一) 城市交通规划的含义与内容

1. 城市交通规划

城市交通规划就是对城市范围内（包括市区和郊区镇）各种交通作出长期的全面合理安排的计划。城市交通规划同城市布局形式、城市功能分区、城市土地利用、城市道路系统等有密切关系。城市交通规划既是城市总体规划的组成部分，又是制定城市规划布局方案的依据。广义的城市交通规划还包括交通政策的制定，交通方式的选择和交通管理体系方案的拟订等。

2. 现代城市交通的内容

城市中的交通流有人流和车流。人流即行人交通。车流分客流和货流，客流是居民出行利用交通工具而形成的交通流；货流是交通工具运输货物而形成的交通流。客流交通一般分为城市公共交通和私人交通。

在城市规划中，一般把城市交通分为城市对外交通和市内交通，通常所说的城市交通是指市内交通。城市交通的主要设施有：城市道路、城市铁路（包括地下铁道）、其他的轨道交通线路、市内航道及相应的附属设施。城市的交通设施因城市职能、规模、自然地理等条件的不同而有差异。有些城市还有高架道路、高架铁路、地下或水下隧道、索道及航空运输等交通设施。城市交通设施是城市的基础设施，是城市建设和发展必不可少的条件。

（二）城市交通规划的制定

1. 城市交通问题的对策

各国解决城市交通问题都是根据本国的经济、技术发展水平和城市具体情况采取对策。归纳起来，大致可以分为两个方面。

一方面，从城市规划着手。城市规模、布局、道路网形式、人口分布和密度、功能分区、土地利用等因素对城市交通（包括交通强度、流向、流量分布等）有重大影响。在城市规划中控制人口和用地规模，合理确定（对新城市）或调整（对旧城市）城市的布局结构和功能分区，是解决城市交通问题的治本之道。许多国家的经验表明，中小城市的交通问题远比大城市容易解决。几十年来，各国为改造现有大城市布局结构形式提出多种规划对策，如疏散人口和工业，建设卫星城镇或新城；弱化高度集中的中心区，设置副中心；改变过分机械的功能分区，建设工作岗位和居住设施相对平衡的综合区；在城市中心地带建设步行街等。这些对策均有助于缓解城市交通问题。

另一方面，从交通本身着手。一般是改善城市道路系统（包括要有适当的道路宽度、路网密度和能满足一定通过能力的道路交叉口等）。必要时可建设高架的快速道路或地下通道（一般是局部性的或穿越江河的）。在交通方式上，鼓励和提倡公共交通，控制私人交通工具的发展。在大城市积极发展快速、运量大的轨道交通（包括地下的、半地下即路堑式的和地上的城市铁路等）。在交通运输网络上，使各种交通工具在发挥各自优势的基础上协调配合。车站、码头、机场之间有方便的联系和衔接；城市内部的主要人流集散点设置综合性、立体化、多层次的联运和换乘中心；尽量采用先进的技术装备交通管理设施等。各国普遍重视严格的交通管理制度，用一些强制性的行政和经济手段来控制和疏导交通，如限制车辆在市中心地区停放时间并征收高额停车费，开辟单行道，严格执行各种交通法令和规则等。

2. 城市交通规划的制定

城市交通规划的制定分为交通调查、交通预测和规划编制几个步骤。

(1) 交通调查。交通调查就是调查城市交通现状，取得大量基础数据，掌握城市各种交通流在时间、空间上的分布特点，为编制交通规划提供依据。调查内容一般包括：城市居民出行调查、货物流动调查、车辆起讫点调查。调查各种交通流从开始发生到结束的全过程，可以获得交通流量、流向的全面资料。

(2) 交通预测。交通预测就是根据城市人口增加和用地扩大情况、经济发展水平等因素来推算规划期（近期和远期）内的交通量的增长情况。交通预测的内容一般包括以下四个方面。

第一，出行产生。出行发生量取决于将来的城市人口数量、土地使用情况和社会经济发展水平等。常用的预测方法是回归分析法。

第二，出行分布。出行量在各区的分布，常用的预测方法有增长系数法、引力模型法和随机模型法。增长系数法是假定将来的出行产生的模式与现状基本相同，只是出行量随着发生区和吸引区的发展而增加。引力模型法的基本设想是各吸引区吸引各出发区来的出行量的多少，与出发区的出发总量和吸引区的吸引总量成正比，与两区之间的距离或所需的交通时间成反比。随机模型法是将概率用于出行分布的计算模型。

第三，交通方式划分。把预测的出行总量按一定比例分配给不同的交通方式，计算出各种交通方式所承担的交通流量。分配原则要考虑到城市交通的特点、服务水平和发展方针等，以便确定交通方式的合理构成。

第四，交通分配。交通流总量在道路网络中的分配，方法有两种：一是 0－1 分配法，将交通流量全部分配给交通时间最短的道路，分配给其他道路的交通流量为 0；二是多路线随机分配法，分配步骤是先确定合理交通时间的路线，计算各路段的交通量分配权数，计算各路段的交通流量，最后将全市各区之间的交通流量全部分配给路段后，汇总各路段的交通流量，就成为全市道路网上的双向交通流量图。

(3) 规划编制。主要是根据预测的流量流向图编制完整的道路交通规划方案。规划的内容包括城市道路网规划（见城市道路系统）、客运规划和货运规划。

(4) 客运规划。根据城市客运量增长情况，选择客运交通工具的类型和数量，制定公共交通系统的路线规划、站点和车场的设置规划等。如用电气化交通工具，要有供电系统规划。

(5) 货运规划。根据预测得到的货运流量流向图，计算货运车数；安排货运交通路线，选定货运车场。货运车数取决于货运的组织方式、货运量和货运周转量。城市货运的货物种类复杂，各种吨位的车辆要相互搭配，充分发挥车辆的运力。一般情况下，城市应根据主要货流的走向开辟货运干道，并避免穿越生活居住区。①

四、城镇公共交通的综合管理

为了搞好城市交通，特别是城市公共交通，从我国实际情况出发，应当采取综合治理

① 徐循初：《城市道路与交通规划》，中国建筑工业出版社，2005 年版。

的措施，实行有效的管理。

（一）在城市规划上合理调整布局，形成“多中心”的城市

为方便职工生活，减少客流量，减轻对市中心的交通压力，居住区尽可能靠近工业区修建，使职工就近上班，减少交通量。同时，搞好道路系统的规划，为城市交通运输创造良好条件。

（二）在计划上应把城市交通设施的建设和公共交通的营运纳入国民经济和社会发展计划

城市交通设施主要是指城市道路、桥梁、隧道、地下铁道、停车场地、交通车辆及其保养场所、交通标志和交通自动控制系统等。这些设施的数量、质量如何是决定城市交通能否畅通的前提条件。这些设施的建设投资较大，光靠城市维护和建设税是不可能解决的，一些大中型基建项目应列入国家固定资产投资计划，按照城市交通规划要求，分期分批进行修建。

城市交通运输是全国交通运输的重要组成部分，是全国交通系统的枢纽，城市公共交通客运周转量占全国铁路、公路、航运、民航总客运周转量的五分之一，因此，对城市交通应当与铁路、公路、航运、民航的建设一视同仁，作为国家能源、交通重点建设来安排。城市公共交通的运营应有计划，国家和地方对城市公共交通的客运量、客运周转量、城市居民出行时间的控制指标等应有计划要求，并对计划执行情况进行考核。

（三）健全公共交通法制，完善公共交通政策

对城市公共交通应实行统一管理，避免各自为政。行政管理要集中，经营可以分散，允许在统一票价、统一税收、统一安排线路的前提下，实行多家经营，合理竞争，互相促进，把客运搞活。城市公共交通贯彻“安全、迅速、方便、舒适”的方针，为社会提供服务，以获得最佳的社会效益。

对公交企业的考核，既不能当成福利事业和公益事业，又不能沿用一般工业企业的政策，应按微利服务行业对待。国家应采取优惠扶持政策，在资金上给予补贴，在税收上予以减免，承认公交行业的亏损属政策性亏损，应得到合理的补偿。由于公共交通行业创造的价值转移到了城市社会产品中，因此，向社会取得相应的交换价值，是合理的。世界上许多国家都这样做。

（四）加强管理，减少交通量，提高通行能力

修建交通设施是解决“行车难”的关键，但要花大量的投资，短期内难以奏效。比较现实的办法是加强管理，做好组织调度工作，减少不必要的人流和物流，缓解城市交通拥挤状况。

推行汽车货运的送货制。在取货人多、取货量小的地方推行由运输公司包送的办法，可以大大减少出车数量。

发展公用货运，控制自备卡车。从城市整体经济效益出发，优先发展公用货运事业，严格控制社会各单位自备卡车。

调整车型结构，采用大型车辆。在城市，矿石、建筑材料、煤炭、土石方等货物运量占的比重很大，用大型车辆运输，可大大减少货车流量。

扩大夜间运输，减少白天货流。对货运实行夜间（20:00—24:00）运输，对分解白天交通流量有明显作用，应普遍推行。

采取有效措施，减少城市垃圾。现在，城市既要运进大量建筑材料，同时又要运出大量建筑垃圾；每天运进大量蔬菜，同时又要运出大量菜帮烂叶。可以通过对建筑垃圾进行综合利用，倡导菜农对蔬菜进行精选等措施，减少运输量。

严格限制过境车辆，合理组织市区货运。修建过境公路，使长途运输车辆不进市区。市区的货运要周密组织，减少货车数目，减少行车里程，避开高峰时间。有条件的城市，还可考虑近郊建立货物流通中心，凡外地来的货车在这里卸货、编组，再运往市区各地，以减少外地进城的车流。

大力发展第三产业，合理分布商业服务业网点，使居民就近购买货物，方便生活，减少客流。例如，铁路、公路、航运、民航部门开展网络订票、电话订票，避免大量的人员去买票，从而减少了交通量。

私家车限号运行，减少车流量；错开上下班时间，减少高峰时间的客流量；错开假日公休时间，平衡每天的客运量。

改善城市道路系统。新铺设道路尽可能采用“三块板”形式，使机动车与非机动车分流；也可采取快慢车双向分流的“二块板”形式。拓宽现有道路上的“瓶颈”“蜂腰”，打通墙头卡口，使道路畅通。封闭一些与主干道相交的小街小巷，以减少与主干道交叉的路口，提高行车速度。繁华的商业街辟为步行街，禁止车辆行驶，等等。都可以达到提高车速、提高运输效率，减少交通事故的目的。

采用先进技术，完善管理设施，完善交通标志体系，建立城市交通控制系统。

（五）明确城市交通的发展方向

现在世界上交通的发展趋势是现代化和立体化。我国是发展中国家，解决城市交通问题，仍应以地面交通为主，客运则主要依靠公共交通。城市交通工具要大中小相结合，主要交通干线车辆要大型化、舒适化、高速化，货车要柴油化。流量小的线路配备中小型车辆。城区应发展无轨电车，郊区应发展轻型有轨电车。同时，大力发展城市轨道交通，兴建地铁、轻轨等基础设施项目。

第四节　城镇应急管理

一、城镇应急管理类型

所谓城镇应急管理，主要是指政府对城镇行政区域内发生的涉及范围较广，危害性较大的突发事件的应急性管理。其目的是增强对紧急事件的反应能力与处理能力，提高解决突发事件的效率，减小或尽量避免损失，以保护国家财产和市民的生命与财产的安全。

城镇突发性事件有很多，如交通事故、工程事故、流行疾病、火灾、地震、饮用水源污染，有毒有害物质泄漏，大范围的停水停电等。但需要进行城镇应急管理的事件则主要集中在以下四大类，即：城镇公共卫生事件、城镇地震灾害事件、城镇恐怖威胁事件及城镇环境污染事件。城镇应急管理也主要是对这四大类突发事件的管理。

（一）城镇公共卫生事件应急管理

根据国务院2003年5月颁发的《突发公共卫生事件应急条例》的规定，所谓突发公共卫生事件，是指突然发生，造成或者可能造成社会公众健康严重损害的重大传染病疫情、群体性不明原因疾病、重大食物和职业中毒以及其他严重影响公众健康的事件。2003年春SARS（严重急性呼吸道综合症）疫情的暴发，使人们意识到公共卫生事件应急管理的重要性。随着城镇的发展，城镇人口密度增大，特别是医院、商场等公共场所人口密集，是暴发传染性疾病的首发场所。因此，加强对公共卫生事件的应急管理非常重要。

（二）城镇地震灾害应急管理

随着经济的飞速发展和社会财富的迅速增加，特别是城镇现代化步伐的加快，使人们对生命线工程、信息、通信的依赖也越来越大。一旦遭受地震灾害，经济损失及人口伤亡都可能成倍增加。2008年5月发生在我国汶川的8级大地震以及1994年元月发生在美国洛杉矶的7.0级地震和2011年3月日本强震导致福岛核泄漏事件，就是这方面的典型例证。因此，加强城镇地震灾害应急管理十分重要。地震灾害应急管理是指为应付突发性地震事件而采取的震前应急准备、临震应急防范、震时应急指挥和震后应急救援等应急反应行动，是为减轻地震灾害而采取的不同于正常工作程序的紧急防灾和抢险行动。地震应急的根本目的，一是在临震前采取有效的避震和紧急防护措施，保护人民的生命安全，保护重要设施（如生命线系统）不受或少受损失；二是在灾害发生后迅速开展应急抢险救援活动并采取措施减少损失和防止灾害的扩大，迅速恢复社会秩序。

（三）城镇恐怖事件应急管理

所谓恐怖主义（Terrorism），一般是指一连串企图在人群中散播恐怖、惊慌与破坏的活动。这类活动可由个人或团体进行，其暴力的程度通常不一。非政府行为的恐怖主义是国际恐怖主义活动的一个大类，其表现形式较为复杂，比较活跃、影响比较大的有以下几种：奉行民族分裂主义的恐怖主义、新法西斯主义的恐怖主义、国际贩毒集团搞的恐怖主义、极端宗教主义及邪教性质的恐怖主义。美国纽约“9·11”事件后，如何应对恐怖主义行动已经引起了世界各国的高度关注。另外，为了应对恐怖主义事件，各个城镇都在探索怎样进行城镇恐怖事件的应急管理，以有效地打击恐怖主义分子和保护人民的生命财产安全。

（四）城镇环境污染事故应急管理

突发环境污染事故是指社会生产和生活中使用的危险品在其生产、运输、使用和消亡的整个生命周期过程中，人为地疏忽或错误操作，造成泄漏，引起环境污染和人体健康受到危害。由于突发性环境污染事故没有固定的排放方式和排放途径，事故发生的时间、地点、环境具有很大的不确定性，发生突然、来势凶猛，在瞬时或短时间内大量的排出污染物质，能对环境造成严重污染和破坏，给国家和人民财产造成重大损失。突发环境污染事故在我国是屡见不鲜的，如近年来发生的重庆天原化工厂氯气泄漏事件、四川沱江水污染事件、哈尔滨松花江水污染事件、兰州水污染事件，等等。

二、城镇应急管理体制

（一）应急管理体制的内涵和特征

1. 应急管理体制内涵

应急管理体制是指为保障公共安全，有效预防和应对突发事件，避免、减少和减缓突发事件造成的危害，消除其对社会产生的负面影响，而建立起来的以政府为核心，其他社会组织和公众共同参与的有机体系。它与单纯的工作方式、方法有所不同。

第一，应急管理体制是经过应急管理实践检验并证明行之有效的、较为固定的方法。任何组织的工作机制，不因组织负责人的变动而随意变动，而单纯的工作方式、方法是可以根据个人主观意识而改变的。

第二，应急管理体制本身含有制度因素，并且要求所有相关人员严格遵守，而单纯的工作方式、方法往往体现为个人做事的一种偏好或经验。例如，监督机制，不仅指人人必须遵守的制度，而且应该包括各种监督的手段和方法。

第三，应急管理体制是比一般制度更具有刚性的“制度”。制度虽然要求所有人都应当遵守，但它仍保留有一定的自由裁量空间，或者说，制度在执行过程中具有一定弹性。但是，应急管理体制则是一种带强制性的制度。

第四，应急管理体制是在各种方式方法基础上总结和提炼出来的，并经过加工使之系统化、科学化的方法。而单纯的工作方式方法则因人而异，并不要求上升到理论高度。

第五，应急管理体制一般是依靠多种方式方法共同作用来运作的，而一般方式方法可以是单一起作用的。例如：建立起各种工作机制的同时，还应有相应的激励机制、动力机制、制衡机制和监督机制来保证工作的落实、推动、纠错、评价等。①

2. 应急管理体制特征

应急管理作为政府的社会管理和公共服务职能，具有与其他组织管理职能相同的特征，又有不一样的特征。②

---

① 王瑶：《我国突发事件应急管理体制研究》，东北师范大学学位论文，2008 年。

② 米切尔·K. 林德尔：《应急管理概论》，中国人民大学出版社出版，2011 年。

组织集权化。突发事件的不确定性、破坏性和扩散性，决定了应急管理的主体行使处置权力必须快速、高效，因而要求整个组织严格按照一体化集权方式管理和运行，上下关系分明，职权明确，有令必行，有禁必止，奖罚分明。强调统一领导、统一指挥、统一行动的一体化集权管理。

职责双重性。在各国现阶段的应急管理实践中，除了部分应急管理人员从事专业应急管理工作，大多数应急管理参与主体来自不同的社会领域和工作部门，在正常的情况下，他们从事于社会的其他工作，只有在应急管理工作需要时，才参与应急管理活动，担负应急管理方面的职责。

结构模块化。应急管理组织中每个单元体都有类似的内部结构和相似的外部功能，是一个独立的功能体系，由不同单元体系组成的功能体系也具有相似的结构和功能，具有模块化的组织结构。遇有不同类型、不同级别和不同区域的突发事件时，可通过灵活快速的单元体组合，形成相应的应急处置体系。①

（二）城镇应急管理体制的构成要素

1. 机构设置

建立健全的机构设置可以使政府各部门发展均衡，增强个别应急职能机构的自身功能，减少机构建设条块分割，降低对政府本身的依赖。②

2. 法制建设

建立起独立的、综合性的应急管理法规标准体系。制定应对各种突发事件或者紧急突发事件的配套法规。

3. 技术支撑

应急管理的技术支撑体系是应急管理者作出决策的依据来源，同时也是能够顺利实现应急响应联动的保障。根据应急管理所需发挥的职能，应急管理的技术支撑体系主要包括几个方面：信息化的应急联动响应系统、应急过程中的事态检测系统、事故后果预测与模拟系统和应急响应专家系统。

4. 预案体系

应急管理体制预案是针对各种突发事件类型而事先制订的一套能迅速、有效、有序解决问题的行动计划或方案，旨在使得政府应急管理更为程序化、制度化，做到有法可依、有据可查。它是在辨识和评估潜在的重大危险、事故类型、发生的可能性、发生过程、事故后果及影响严重程度的基础上，对应急管理机构与职责、人员、技术、装备、设施（备）、物资、救援行动及其指挥与协调等方面预先做出的具体安排。

5. 评估体系

突发事件应对工作实行预防与应急相结合的原则。国家建立重大突发事件风险评估体

---

① 米切尔·K. 林德尔：《应急管理概论》，中国人民大学出版社出版，2011 年。

② 王瑶：《我国突发事件应急管理体制研究》，东北师范大学学位论文，2008 年。

系，对可能发生的突发事件进行综合性评估，采取有效措施，减少重大突发事件的发生，最大限度地减轻重大突发事件的影响。

6. 运行程序

国家应急管理机构应设立应急指挥中心。各个应急指挥中心都应设有固定的办公场所，为应急工作所涉及的各个部门和单位常设固定的职位，配备相应的办公、通信设施。一旦发生突发事件或进入紧急状态，各有关方面代表迅速集中到应急指挥中心，进入各自的代表席位，进入工作状态。应急指挥中心根据应急工作的需要，实行集中统一指挥协调，联合办公，以确保应急工作反应敏捷、运行高效。

7. 资金保障

各级财政部门应该设立一定额度的应急准备金，专门用于突发事件的应急支出。同时，我国政府部门还应设立日常应急管理费用，专门处理突发事件应急管理机制的日常保障运行，并且为建立网络信息维护系统、应急预案等提供经费保障。同时，各级财政部门在一段时间内应该对突发事件财政应急保障资金使用情况进行定期审核。①

（三）城镇应急管理体制的基本原则

应急管理体制的确立涉及一个国家或地区的政治、经济、自然、社会等多方面因素，而且随着人类社会进步和应对突发事件能力提高而不断变化和调整。其设立和调整要把握好以下几项基本原则。②

1. 统一指挥

突发事件应对处置工作，必须成立应急指挥机构统一指挥。有关各方都要在应急指挥机构的领导下，依照法律、行政法规和有关规范性文件的规定，展开各项应对处置工作。突发事件应急管理体制，从纵向看包括组织自上而下的组织管理体制，实行垂直领导，下级服从上级的关系；从横向看同级组织有关部门，形成互相配合，协调应对，共同服务于指挥中枢的关系。

2. 综合协调

在突发事件应对过程中，参与主体是多样的，既有政府及其政府部门，也有社会组织、企事业单位、基层自治组织、公民个人甚至还有国际援助力量，要实现反应灵敏、协调有序、运转高效的应急机制，必须加强在统一领导下的综合协调能力建设。综合协调人力、物力、财力、技术、信息等保障力量，形成统一的突发事件信息系统、统一的应急指挥系统、统一的救援队伍系统、统一的物资储备系统等，以整合各类行政应急资源，最后形成各部门协同配合、社会参与的联动工作局面。

3. 分类管理

由于突发事件有不同的类型，因此，在集中统一的指挥体制下还应该实行分类管理。

① 王瑶：《我国突发事件应急管理体制研究》，东北师范大学学位论文，2008 年。

② 米切尔 · K. 林德尔：《应急管理概论》，中国人民大学出版社出版，2011 年。

从管理的角度看，每一大类的突发事件，应由相应的部门实行管理，建立一定形式的统一指挥体制，如在具体制定预案时，就明确了各专项应急部门收集、分析、报告信息，为专业应急决策机构提供有价值的咨询和建议，按各自职责开展处置工作。但是重大决策必须由组织主要领导作出，这样便于统一指挥，协调各种不同的管理主体。

4. 分级负责

对于突发事件的处置，不同级别的突发事件需要动用的人力和物力是不同的。无论是哪一种级别的突发事件，各级政府及其所属相关部门都有义务和责任做好预警和监测工作，地方政府平时应当做好信息的收集、分析工作，定期向上级机关报告相关信息，对可能出现的突发事件作出预测和预警，编制突发事件应急预案，组织应急预案的演练和对公务员及社会大众进行应急意识和相关知识的教育及培训工作。分级负责明确了各级政府在应对突发事件中的责任。如果在突发事件处置中发生了重大问题，造成了严重损失，必须追究有关政府和部门主要领导和当事人的责任。对于在突发事件应对工作中不履行职责，行政不作为，或者不按照法定程序和规定采取措施应对、处置突发事件的，要对其进行批评教育，直至对其进行必要的行政或法律责任追究。

5. 属地管理为主

强调属地管理为主，是由于突发事件的发生地政府的迅速反应和正确、有效应对，是有效遏止突发事件发生、发展的关键。大量的事故灾难类突发事件统计表明，80%死亡人员发生在事发最初2小时内，是否在第一时间实施有效救援，决定着突发事件应对的关键。因此，必须明确地方政府是发现突发事件苗头、预防发生、先行应对、防止扩散（引发、衍生新的突发事件）的第一责任人，赋予其统一实施应急处置的权力。出现重大突发事件，地方政府必须及时、如实向上级报告，必要时可以越级报告。实行属地管理为主，让地方政府能迅速反应、及时处理，是适应反应灵敏的应急管理机制的必然要求。当然，属地管理为主并不排斥上级政府及其有关部门对其应对工作的指导，也不能免除发生地其他部门和单位的协同义务。①

三、城镇应急联动管理

（一）城镇应急联动系统

简称城镇应急联动系统，即综合各种城镇应急服务资源，统一指挥、联合行动，为市民提供相应的紧急救援服务，为城镇的公共安全提供强有力的保障。在发达国家的许多城镇中，城镇应急联动系统已经变成人民日常生活中一个不可或缺的组成部分，甚至成为显示城镇管理水平的标志性工程。

城镇应急联动系统工程需要建立一个统一的城镇应急联动中心，包括集成的信息网络和通信系统，以统一的接警中心和处警平台，将治安、消防、急救等联动单位统一在一套完整的智能化信息处理与通信方案之中。在社会应急联动系统建成后，市民的任何报警、

① 米切尔·K. 林德尔：《应急管理概论》，中国人民大学出版社出版，2011年。

急救、求助只需简单拨打同一个号码，在城镇应急联动中心实现统一接警后，通过集成的计算机辅助调度系统根据实际情况调度相应的警力。由于建立统一的指挥调度平台，所以大大加强了不同警种及联动单位之间的配合和协调，从而对一些特殊、突发、应急和重要事件能做出有序、快速而高效的反应。另外，也方便城镇政府在发生这些事件的时候，能及时获取第一手资料，帮助政府改进对重大突发事件的快速反应能力和科学决策水平。

（二）城镇应急管理对策

针对我国城镇应急管理的不足及其原因，在完善我国城镇应急管理过程中，可以采取以下主要对策。

1. 加强危机教育，强化危机意识

我们应该把危机管理意识灌输到全社会，要把危机管理上升到一个国家战略的高度来认识，把这作为政府的使命和责任之一。在城镇应急管理中，对广大市民进行危机教育、公民道德教育，组织法律法规学习、自救互救培训，让群众了解国情市情，并对存在危机和影响拥有一定的知情权。通过对城镇居民的教育，全面提高人民群众的危机意识和防范意识，同时训练民众的识别能力和应变处理能力。2004 年 7 月，英国在全国发行《应急指导手册》，每个家庭一册，介绍如何应对恐怖事件、突发事件。现在我国不少城镇政府的相关部门也向市民家庭发放防范危机的小册子，具体讲解如何应对火灾、爆炸、交通事故等突发事件，对广大市民进行防范危机教育。

2. 成立城镇统一的应急管理中心

在我国，由于受计划经济体制的影响，城镇一直采用分部门、分灾种的单一城镇灾害管理模式。该模式的运作虽然表面看起来各司其职，但城镇却缺乏统一有力的应急管理指挥系统，在面对群灾齐发的复杂局面时，就出现了既不能形成应对极端事件的统一力量，也不能及时有效配置分散在各个部门的救灾资源的弊端。因此，很有必要成立城镇应急管理中心。城镇应急管理中心的职责包括：城镇危机信息的收集；制定反危机战略的规划并列入政府日程；判断各种危机发生的可能性并评估其损害和风险；危机防范；监督危机管理日程的实施；进行危机管理教育和训练；危机发生时，协调各级政府、各个部门进行反危机行动。

3. 加强城镇政府应对突发事件的机制建设

城镇政府应急机制主要包括以下方面。

突发事件的预警机制。发现苗头，应立即发出警报，同时提出有预见的建议，以及科学、合理的指导意见和防治方案。

公共卫生的应急机制。主要是控制人口流动，对疫情严重的地区及单位，采取有效的隔离措施，建设全国公共卫生的危机管理制度，保证指挥的统一性和高效率。

信息披露机制。公开信息，特别是对那些涉及重大公益的灾难性信息，就更应该及时，准确地提供给公众。

干部问责与纠错机制。改革干部考核和任命只对上负责，不能对人民的生命财产安全负责的僵化体制；惩处对危机扩散负有直接重大责任的政府官员、临阵逃脱者及其他责任人员；政府因措施不力而造成的失误，应向受害者和公众及时认错。

财政资源的动员机制。在组织有效的预防活动的同时，政府应依法拨出充足的专项资金并及时提供必要的药物以及医疗条件。

社会力量的动员与参与机制。建立城镇社区自治制度，分担防疫工作的社会职能。

国际沟通与协作机制。必要时可以邀请相关国际组织或专家为防疫总顾问，主动寻求国际援助，实现疫情防治和治疗的信息共享。

4. 加快城镇应急系统的信息化建设

政府要在紧急事件信息处理的枢纽——政府值班室、市长热线电话、信访办等部门建立应急反应系统，在第一时间将紧急事件信息传递给合适的人员；保证接收人员可以快速反馈处理意见和结果；领导决策可以快速下达；各种决策支持的知识可以在线或离线进行检索；可以迅速找到相关专家；为各相关人员（比如领导、专家）提供沟通交流的环境，如视频会议等。同时，在电子政务中要整合所有与紧急事务相关的资源，把包括医院、公安局、交通指挥中心、消防队等部门，都要纳入高效沟通管理系统范畴，运用电子政务平台进行沟通连接，提高多部门、多机构间的协作速度。

5. 建立危机管理的财政保障体系

建立城镇危机管理的财政保障体系包括：一要注意把危机管理经费纳入国家预算体系；二要建立国家反危机基金；三要把社会保险、社会救助等同危机管理结合起来。另外，为保证突发事件发生后的物资以及资金的充足，还需要设立城镇应急专项经费，保证应急资金的供应，并应做好应急物资的储备、管理、调配。同时，还要加强对市场物质的流通监管，坚决打击扰乱市场的违法行为。

第五章

城镇经济管理

第一节 城镇经济管理概述

一、城镇经济管理的目标和内容

（一）城市经济管理的内容

经济管理是城市管理的重中之重，这是城市管理者和研究者的共识。当然，政府对城市的经济管理应该站在更高的角度，从宏观上间接地、综合地进行调控、监督管理。城市经济管理的内容主要包括城市宏观经济、城市产业发展、城市市场秩序与物价、城市财政与税收、城市建设项目及城市国有资产管理等各个方面。

（二）城市经济管理的目标

为搞好以上城市经济管理内容的管理，城市政府必须拟定自己的管理目标。城市政府经济管理的目标是城市管理目标体系中的重要组成部分，一般来说，城市政府经济管理的目标主要包括如下内容：在平抑和消除宏观经济周期性波动影响的同时，实现城市经济的长期稳定发展；合理配置公共资源，实现城市经济的协调发展；促进城市科技发展，提高城市经济竞争力；保障充分就业，实现收入公平分配；调节市场供求，维护市场规则，保证市场配置资源的作用得到充分发挥。

二、城镇经济管理的主要职能①

市场调节是“看不见的手”，政府调控是“看得见的手”。城市政府经济管理的职能主要是弥补市场的缺陷，和市场调节作用结合在一起，以便发挥“看不见的手”和“看得见的手”的双重作用。具体来看，城市政府经济管理的职能可以概括为以下几个方面。

（一）制定和实施城市经济发展战略等方面的职能

制定城市经济发展战略、计划、方针和政策是城市政府宏观经济管理的基础职能。从

① 谭善勇主编：《城市管理概论》，北京：经济科学出版社，2003 年版。

城市经济运行方式看，它是以市场机制配置资源为特征的，但从经济运行状态的要求看，它又必须是按比例协调发展的。这就要求城市政府必须承担起该方面的职能，根据国民经济发展的总体战略要求，结合当地的具体情况和条件，如资源条件，经济发展状况，经济发展的潜力，经济技术优势和劣势，以及城市在区域经济中的地位和作用等，科学地做出城市经济发展的战略规划并编制相关的配套政策，以便从宏观上把握和控制好城市经济发展的轨迹。

（二）建立和维护城市市场秩序的职能

调控市场供求，促进市场发育，规范市场发展，建立和维护市场秩序是城市政府经济管理的重要职能。我国的市场经济体制虽然已经建立多年，但因为受计划经济的影响太深，市场经济的模式至今没有完全融入城市经济运行中去。而且，由于我国市场经济相关的配套措施不完善，人们对市场经济的理解不全面，观念上存在一定的偏差，使得市场上的不正当竞争、欺骗消费者及出售假冒伪劣产品等行为时有发生。因此，城市政府还必须对城市市场体系的发育和发展进行必要的干预和调控，通过各种经济与法律的手段调控市场供求，促进市场发育，规范和监督各类商品生产者和经营者，保护它们的合法权益，取缔各种非法经营活动，打击经济犯罪，调节和仲裁各方面的经济利益关系，维护市场秩序，实现城市经济运行的目标。

（三）提供公共产品和服务的职能

自由市场制度是建立在等价交换的原则之上的。因此，只有那些可以用来交换的私人产品和服务才能进行市场交易，而公共产品和服务由于具有“非排他性”和“非竞争性”的特性，所以不能发生交易行为，消费者与供给者之间的联系会由此中断。为弥补市场的这个缺陷，城市政府必须提供公共产品和服务，参与公共部门的经济活动，为市场经济发展提供必要的、有效的和良好的基础设施条件等公共产品，以及经济和法律咨询服务、信息沟通、网络交流服务等公共服务，以降低企业外在成本，提高城市福利水平。

从世界范围来看，城市政府提供公共产品与服务的基本方式有两种，一种是城市政府直接生产，另一种是城市政府间接生产。一般来讲，对于纯公共产品和服务及自然垄断程度很高的准公共产品，如保健事业、医院、图书馆、中小学教育等，应该采取城市政府直接提供的方式；对于一些基础设施行业，如道路、邮电通讯等则可以采取城市政府间接进行生产的方式，如采取政府授权经营、政府参股、政府与私人企业签订合同等形式由企业来提供。

（四）监督管理城市国有资产的职能

国有资产是城市资产的重要组成部分，如何使城市国有资产保值增值是城市政府经济管理中非常重要的职能。城市政府通过对城市国有资产的监督与管理，保证国有资产所有权的行使与实现，在很大程度上也能促进城市经济的健康发展，增强城市经济实力，确保城市政府提供公共产品与服务的足够资金支持。为了监督和管理好国有资产，城市政府必须注意建立适合市场经济要求的城市国有资产管理体制。具体来看，适合市场经济要求的城市国有资产管理体制主要由三个系统构成。

其一，国有资产管理系统，行使国有资产管理职能的，具有相对独立性的行政机构。

其二，国有资产营运系统，它包括国有资产产权经营层，它由各种形式的投资控股公司、资产经营公司及垄断经营的特殊企业或部门所构成的企业生产经营管理层。

其三，国有资产监督系统，其职责是监督城市国有资产的管理和营运是否符合国有资产保值增值的目的。监督的主要内容有国有企业的营运行为和行为效果，以及日常管理中的疏漏、失误、渎职与越权行为等。

三、城镇经济管理部门与职责①

（一）城市经济综合管理部门及其职责

政府城市经济综合管理部门是代表城市政府对城市整体经济活动进行综合协调、全面安排的政府机构。我国政府城市经济综合管理部门在各个城市的设置原来是大致相同的，近来由于机构改革的时间安排不太一致，使得各城市的机构设置出现了差异。

城市经济综合管理部门的主要职责如下：综合研究拟定经济和社会发展政策，指导经济体制改革；根据国家和市场提供的社会需求和趋势预测，规划产业结构、行业结构、产品结构，统筹生产力布局。搞好财政的收支平衡、信贷平衡、外汇平衡和主要物质的平衡，制定实现上述平衡和比例的经济杠杆的综合运用方案；提出地方全社会固定资产投资总规模、投资结构、资金来源和资金平衡方案，规划重大项目的布局；安排政府财政性建设资金、政策性贷款的使用；审批和上报政府投资建设项目和其他固定资产投资项目；参与编制建设项目土地开发利用计划；研究提出本市利用外资的发展战略、目标和政策；组织制订重要商品市场和要素市场的建设发展规划、布局和政策；做好重要商品的供求和进出口的总量平衡及重要农产品进出口计划；指导、监督重要商品的政府订货、储备、轮换和政府投放；解决处理工业经济运行中的重大问题；制订并组织实施工业领域利用外资规划，负责指导本市工业企业利用外资工作；制订和实施发展高新技术产业及用高新技术改造传统产业的规划、政策和措施；指导本市资源节约和综合利用工作，组织协调工业环境保护；负责本市工业行业管理；联系工业领域社会中介组织并指导其工作；综合管理全市安全生产工作，对安全生产行使国家监督职权等。

（二）城市专业经济管理部门及其职责

城市专业经济管理部门是按照上下对口的要求设立的，专门进行专业经济管理的政府职能部门，主要承担政府行政管理职能、行业管理职能和行政执法职能。

市场经济体制下，各个专业经济管理部门主要以中观协调作为基本职能，对企业主要实行行业管理，通常不再直接参与企业的生产经营。具体来说，城市政府的专业经济管理

① 谭善勇主编：《城市管理概论》，北京：经济科学出版社，2003年版。

部门的主要职责包括：根据全国同行业及本城市经济发展战略和规划的要求，结合本城市、本行业的特点，制订本行业的中长期发展规划与计划；建立健全信息网络，对专业企业进行导向；积极参与本城市行业经济、技术政策的制定，通过信息交流和工作沟通对经济杠杆部门运用经济调节手段进行综合协调；对微观经济活动进行行业性的监督；通过行业协会等方式，协调行业、企业间的关系，组织指导资源、技术、市场、智力等方面的开发，开展各种咨询服务等。

（三）城市经济监督管理部门及其职责

城市经济监督，是指城市政府依据国家的法规、计划、指令、政策及制度中规定的各项标准和限额，对社会再生产过程的各个环节进行的全面监督和督导，城市的经济监督是保证城市经济正常运转的必不可少的管理环节。城市经济监督具体包括如下内容。

审计监督。城市政府审计管理部门的职责主要是：制订有关规章制度并监督执行；依法对本级预算执行情况和其他财政收支等直接进行审计；组织实施行业审计、专项审计和审计调查；组织实施对有关领导干部的任期经济责任审计；组织实施对内部审计的指导和监督；监督检查社会审计的业务质量；依法审计中央在京单位的财务收支情况。

工商行政管理监督。城市工商行政管理部门是主管本市市场监督管理和行政执法工作的市政府直属机构。其主要职责如下：组织开展工商行政管理执法监督工作；审定、批准、颁发管辖范围内的单位及个人的证照；审批、颁发广告经营单位广告经营许可证；发布企业法人登记公告；负责研究拟订企业、个体私营经济监督管理办法；负责相关企业的年检和监督检查工作；负责对商品交易行为进行监督；依法监督管理各类市场交易行为，组织查处违法违章行为；组织实施合同行政监督管理；组织监督管理拍卖行为；负责对商标的印制、代理、使用与评估机构的监督管理；负责拟订广告监督管理办法并组织实施；受理、移送消费者的投诉、对经济违法行为和对工商行政管理部门及工作人员违法违纪行为的举报，并对落实情况进行协调、督导、检查；组织查处商品消费和服务领域中侵害消费者合法权益的案件；组织查处市场中的各种违法违章行为；组织查处特殊交易中的经济违法、违章案件等。

物价监督。城市政府物价管理部门的主要职责是：监督有关部门执行国家价格政策和法律、法规；研究提出本市政府指导价和政府定价目录；组织召开价格听证会；负责本市行政事业性收费标准的管理和监督；负责地方社会事业建设费的征收工作；负责价格监测、预测和综合分析工作；负责本市价格监督检查工作；对价格违法行为实施行政处罚；受理有关价格方面的举报和行政复议，协调处理价格纠纷；指导群众物价监督组织开展工作；负责价格事务机构的资质认定和价格鉴定人员的资格认定，并指导、监督其业务工作。

质量技术监督。城市质量技术监督部门的主要职责是：负责质量技术监督综合管理和行政执法工作；受理对产品质量问题的举报和投诉，调解质量纠纷；管理产品质量仲裁的检验、鉴定；负责产品质量监督检验机构的设置和管理；负责工业产品生产许可证工作；负责本市标准化工作的监督管理；组织、监督国家标准、行业标准和地方标准的贯彻实施；受理企业标准备案和工业产品标准登记，监督标准的实施；对计量器具的制造、修理、销售、进口、使用、检定进行监督管理；对计量检定机构、产品质量监督检验机构和为社会提供公正数据的实验室进行计量认证和监督管理；规范和监督商品的计量行为；监督管理质量认证机构的业务活动；指导企业按照国际惯例建立健全质量管理和质量保证体系；综合管理锅炉、压力容器、电梯、防爆电器等特种设备的安全监察监督工作负责对锅炉、压力容器进出口实施监督检查；组织协调行业和专业的质量技术监督工作。

财政监督。城市财政局是城市市政府综合经济调控部门，负责管理本市财政性资金收支，其主要职责如下：综合管理本市预算内、外资金，按照收支统管原则审核批准各部门、单位预算，管理财政专户，并对执行情况进行监督检查；负责国有资产产权登记、资产评估、国有资本产权收益管理、处理产权纠纷；负责管理本市政府债务；受市政府委托，管理社会集团购买力和政府采购工作；负责对区县财政和国有资产管理工作进行指导。

第二节 城镇产业结构管理

一、城镇产业结构分类与特征

产业结构是指各产业的构成及各产业之间的联系和比例关系。各产业部门的构成及相互之间的联系、比例关系不尽相同，对经济增长的贡献大小也不同。因此，把包括产业的构成、各产业之间的相互关系在内的结构特征概括为产业结构。

产业结构包括：产业结构本身，以及技术结构，产业布局，产业组织，产业链五个要素。

（一）城市产业结构的分类

城市产业结构的分类标准很多，但一般有以下几类。

1. 第一、二、三次产业分类法

三次产业概念是由新西兰经济学界费希尔在 1953 年首先提出的，他认为人类生产活动的初级阶段以农业和畜牧业为主，第二阶段以大规模的工业为主，第三阶段以大量的服务性行业为主，于此相适应形成了人类的第一、二、三次产业。参照国际普遍标准，结合我国城市经济的实际情况，第一产业包括农业、畜牧业、林业和渔业。第二产业主要包括采掘业、制造业、建筑业。第三产业则包含三个层次：第一层次为流通部门，涵盖交通、邮电通讯、商业、物资供应和仓储；第二层次是为生产和生活部门服务的部门，包括金融、保险、信息咨询、房地产、旅游、饮食业，居民服务和各类中介的技术服务；第三层次主要是为提高科学文化水平和居民素质服务的部门，其中包括教育、文化、广电、卫生、社会福利等。

2. 主导产业与辅助产业分类法

主导产业与辅助产业是从产业在城市经济结构中的作用来划分的。

主导产业是能够较多地吸引先进技术、保持较高的增长速度并对其他产业的发展具有较强的带动作用的产业部门，是产业结构的核心内容和产业结构演化的主角。主导产业之外的产业为辅助产业，是为主导产业服务的。主导产业由于出于产业链中的关键环节，与其他产业具有很强的直接经济技术联系，其发展往往能带动一大批产业的形成与发展，因此，选择并扶持和优先发展主导产业是城市发展战略的主要内容。

3. 资源密集程度分类法

这种产业分类方法是按照各产业所投入的、占主要地位的资源的不同为标准来划分的。根据劳动力、资本和技术三种生产要素在各产业中的相对密集度，把产业划分为劳动密集型、资本密集型和技术密集型产业。

劳动密集型产业。指进行生产主要依靠大量使用劳动力，而对技术和设备的依赖程度低的产业。其衡量的标准是在生产成本中工资与设备折旧和研究开发支出相比所占比重较大。一般来说，目前劳动密集型产业主要指农业、林业及纺织、服装、玩具、皮革、家具等制造业。随着技术进步和新工艺设备的应用，发达国家劳动密集型产业的技术、资本密集度也在提高，并逐步从劳动密集型产业中分化出去。例如，食品业在发达国家就被划入资本密集型产业。

资本密集型产业。指在单位产品成本中，资本成本与劳动成本相比所占比重较大，每个劳动者所占用的固定资本和流动资本金额较高的产业。当前，资本密集型产业主要指钢铁业、一般电子与通信设备制造业、运输设备制造业、石油化工、重型机械工业、电力工业等。资本密集型工业主要分布在基础工业和重加工业，一般被看作是发展国民经济、实现工业化的重要基础。

技术密集型产业。指在生产过程中，对技术和智力要素依赖大大超过对其他生产要素依赖的产业。目前技术密集型产业包括：微电子与信息产品制造业、航空航天工业、原子能工业、现代制药工业、新材料工业等。当前以微电子、信息产品制造业为代表的技术密集型产业正迅猛发展，成为带动发达国家经济增长的主导产业。因此可以说，技术密集型产业的发展水平将决定一个国家的竞争力和经济增长的前景。

（二）城市产业结构的特征

目前，我国城市产业结构的特征主要表现为以下三个方面。

1. 集约化与分散化并存

城市人口和经济活动越是集中，聚集经济效益越是明显，产业结构的集约化程度就越高。但是，过度集中会带来城区地租增高、交通拥挤、环境恶化等负面效应，由此引发产业的郊区化分布，带来城市产业结构的集约化与分散化并存的现象。

2. 多元化与专业化统一

经济活动内容的丰富使得城市产业结构的发展呈现出多元化的趋势，许多城市不仅是工业生产基地，而且是贸易中心、金融中心、交通枢纽、信息中心，有的城市还是教育和科学的中心，产业结构非常齐全。

同时，随着生产力的发展，在中心城市产业结构不断走向多元化的同时，一些城市的产业结构的专业化趋向也十分明显。一大批专业性港口城市、商贸城市、科技城市、旅游城市、能源城市不断兴起，特色产业在城市总产值中占有很高的比例。

3. 第三产业逐渐繁荣

根据国际经验，随着社会生产力的提高，第一产业的比重将逐渐缩小；第二产业的比重先是增加而后持平，而后渐有减缩；第三产业的比重则将逐步增加。城市产业结构随着城市经济的不断发展，也具有相同的演变规律，但第三产业的逐渐繁荣是当代城市产业结构演变的鲜明特点。

二、产业结构影响因素及变化趋势

（一）产业结构影响因素

1. 知识与技术创新

知识创新、技术创新和技术进步是经济增长的主要推动力量，也是产业结构变迁的动力。科学技术发展是影响产业结构变化的最主要因素，具体表现在以下几个方面。

技术革命催生新产业。技术革命、技术创新和技术扩散都对产业结构的升级产生影响，特别是技术革命，往往导致一些新的产业部门的诞生。按照一般的划分，人类社会经历了四次技术革命。第一次技术革命的主要标志是纺织机器的发明和蒸汽机的广泛使用，机器工业代替以手工劳动为基础的工厂手工业，促进了人类社会从农业社会向工业社会的转变。纺织工业、运输业（轮船和火车）、钢铁和机械工业的崛起都是第一次技术革命的成果。第二次技术革命始于19世纪70年代，其主要标志是电力的广泛使用，发电机和电动机的发明，使生产力再次跃升。在内燃机技术基础上建立了汽车工业和航空工业；电力工业崛起（发电、输电、配电系统），“弱电”工业产生（“弱电”技术出现，相应产生了电信业、广播业等）。在第二次技术革命时期，工业生产进一步集中化，垄断企业不断涌现，企业内部管理出现了“泰勒制”，形成了生产流水线等。第三次技术革命始于20世纪50年代，以原子能的利用、电子计算机的诞生和发展、高分子合成技术及空间技术等为标志。原子能技术出现，带动一大批生产和应用原子能工业的崛起，其中有与原子能相关的机械设备、材料、燃料等工业。高分子合成技术引致塑料、橡胶、纤维、合成材料工业的发展。计算机技术发展和计算机广泛使用，使社会管理和企业管理的信息系统得以普遍建立，信息产业逐渐成了主导产业。第四次技术革命发端于20世纪80年代，通常也称为新技术革命，以生物工程技术、信息网络技术、软件技术、新材料技术（如纳米技术）等为主要标志，这次新技术革命仍在开展之中，对其具体内容目前仍然说法不一。近20年来，高新技术的涌现和高新技术产业的崛起，对产业结构升级产生了重大影响，也为知识经济的兴起和发展提供了技术基础。特别值得注意的是信息网络技术和以生命科学为基础的生物技术、基因技术将对各次产业的发展起到日益重要的作用。技术革命促成产业由劳动密集型向资本和技术密集型转变。第一次技术革命中的纺织工业基本上是属于劳动密集型产业，而第二次技术革命中发展起来的汽车、化工、钢铁等产业群则具有资本密集的特征，在第三次技术革命和第四次技术革命中诞生的新产业，如计算机工业、宇航工业等属于知识技术密集或资本密集型产业。新技术革命不仅促成了各个时期主导产业的变化，使各产业在产业结构中的地位发生变动，而且促进劳动力就业结构的调整。

技术创新促进产业发展。科学技术要成为推动经济增长的主要力量，必须从知识形态转化为物质形态，从潜在的生产力转化为现实生产力，而这一转化正是在技术创新这一环节实现的。技术创新是一个不间断的过程，从动态角度看，技术创新过程是由科学研究形成新的发明，新产品开发、试制和生产，试产营销等环节构成的。技术创新是产业成长和发展的推动力量。

2. 自然资源禀赋

自然资源是社会生产过程所依赖的外界自然条件。一国自然资源的禀赋状况（包括地理位置、土地状况、矿藏总量及分布、水资源、气候等）对一国产业结构和经济发展有重要影响。当今许多发达国家的自然资源条件优越，印证了自然资源的重要性。自然条件的好坏直接影响一国农业的发展。而地下资源状况，直接影响采掘工业、燃料动力工业的结构。“石油输出国组织”（OPEC）成员国的产业结构与澳大利亚、新西兰、巴西等国家在产业结构转换的过程中，确实受惠于其国内的自然资源禀赋。

但自然资源禀赋绝不是决定性因素，自然资源条件好的国家可能经济发展差别很大。因而，自然资源的拥有状况往往并不被一些经济学家视作为一国工业化发展与结构转换的道路，如日本、新加坡、中国香港特别行政区等。特别是日本这样自然资源奇缺的国家却在30年时间里跻身于世界经济强国前列。20世纪初开始，阿根廷跻身于高收入国家，其生活水平当时远远高于意大利，而在第二次世界大战后更是如此。尽管阿根廷拥有世界上高产的土地和大量矿产，但近年来阿根廷的危机导致经济衰退，从一个侧面说明拥有大量自然资源并不能保证持续发展。自然资源状况对产业结构的影响是相对的，随着科学技术的进步，将使许多原来难以采掘的资源得到开发，并能开展综合利用和节约代用天然原料；通过国际贸易可以弥补国内资源的短缺，缓解自然资源对一国或一地区产业结构的制约。从纵向发展过程看，对于大部分国家而言，作为工业化发展与经济增长的初始条件或先决条件，自然资源禀赋在一国产业结构转换过程中的不同阶段，其作用与影响是不同的。越是在初、中期阶段，其影响与作用可能越大。当初级产品生产的比较优势被制造业所取代，从而完成了起飞与初期阶段向中期阶段过渡时，它的作用与影响会趋于减小。

3. 需求结构

需求是在某一时期内每一种价格时消费者愿意而且能够购买的某种商品量或劳动量或劳务，需求是购买欲望和购买能力的统一，缺少哪一个都不能成为需求。而总需求是一定时期内一个经济中各部门所愿意支出的总量，包括消费者、企业和政府支出的总和，也可以分解为消费、投资、政府购买和净出口（出口减进口）。从影响产业结构变动的角度看，个人消费结构、中间需求和最终需求的比例、消费和投资的比例、投资结构、净出口等因素的变动均对产业发展产生不同程度的影响。值得指出的是，在短缺经济条件下与过剩经济条件下，需求结构对产业结构和供给结构的影响存在明显差异；居民收入水平与收入分配决定消费规模和消费结构层次，决定是否会产生排浪式消费，进而影响产业结构。

4. 人口规模与结构

人口规模具有数量与质量两个方面的规定。人口数量是指一国某一时点上人口总量，质量指的是在既定的人口总量中不同的构成。在自然资源、资本数量与可利用技术既定的条件下，经济增长的速度或一定时期国民产出的增加取决于可资利用的劳动数量。劳动力数量增加来源于人口自然增长、劳动参工率提高（尤其是妇女劳动参工率提高）、移民和劳动时间延长。在经济发展初期，人口增长迅速，经济中劳动的作用主要表现为劳动力数量的增加。发达国家在工业化初期推动其产业结构转换的起始阶段，曾经受到了劳动力供给不足的制约。在经济发展到一定阶段后，劳动力质量（主要指科学文化素质）起主要作用，而劳动力质量的提高主要源于人力资本投资。现实经济生活中，产业结构的变动或某个地区的兴衰都会迫使劳动力流动，引起摩擦性事业，一方面衰退行业劳动力需求减少引起大量失业（充分就业并不等于工作年龄人口中人人都有工作，一般认为自然失业率就是充分就业时的失业率），另一方面，一些新兴行业由于缺乏合格的劳动力而存在岗位空缺。

5. 国际贸易

国际贸易是在开放条件下来自外部的影响产业结构变动的因素，它对产业结构的影响，主要是通过国际比较利益机制实现的。一般来说，各国间产品生产的相对优势的变动，随着时间的推移会引起进出口结构的变动，进而带动国内产业结构、消费结构和贸易结构的变动。国际贸易的发展和经济全球化的推进，促进了产业的国际转移。在封闭经济中，产业结构的调整和产业结构升级并不伴随着对外产业转移，而是在一国范围内由发达地区向欠发达地区转移。国际产业转移是开放经济的产物，也是国际竞争日趋激烈的必然结果。

6. 其他因素

除上述因素外，一国资本的积累程度、国际投资规模（包括本国资金的流出和国外资金的流入）、经济体制（计划经济或市场经济，计划命令型的产业发展模式与市场竞争型的产业结构发展模式）、产业政策、历史条件、战争与和平环境等，都会不同程度地影响一国的产业结构。

上述种种决定和影响产业结构的因素都不是孤立存在的。这些因素可能互相促进、互相制约，以致互相抵触，综合地影响和决定着现有产业结构及它的变化规律。

（二）三次产业之间的结构变化趋势

第一，工业革命以来，第一产业的增加值和就业人数在国民生产总值和全部劳动力中的比重，在大多数国家呈不断下降的趋势。直至 20 世纪 70 年代，在一些发达国家，如英国和美国，第一产业增加值和劳动力所占比重下降的趋势开始减弱。

第二，第二产业的增加值和就业人数占的国民生产总值和全部劳动力的比重，在 20 世纪 60 年代以前，大多数国家都是上升的，但进入 60 年代以后，美、英等发达国家工业部门增加值和就业人数在国民生产总值和全部劳动力中的比重开始下降，其中传统工业的下降趋势更为明显。

第三，工业革命以来，同第二产业一样，第三产业的增加值和就业人数占国民生产总值和全部劳动力的比重各国都呈上升趋势。20 世纪 60 年代以后，发达国家的第三产业发展更为迅速，所占比重都超过了 60%。

从三次产业比重的变化趋势中可以看出，世界各国在工业化阶段，工业一直是国民经济发展的主导部门。发达国家在完成工业化之后逐步向“后工业化”阶段过渡，高技术产业和服务业日益成为国民经济发展的主导部门。

三、产业优化升级

（一）普遍规律

产业结构优化升级是产业结构合理化和高度化的有机统一。英国古典经济学创始人威廉·配第（Willian Petty，1623—1687）最先研究了产业结构理论。英国经济学家克拉克（Colin Clark，1905—1989）揭示了以第一次产业为主向以第二次产业为主、继而向以第三次产业为主转变，人均收入变化引起劳动力流动，进而导致产业结构演进的规律。美国经济学家西蒙·库兹涅茨（Simon Kuznets，1901—1985）对产业结构的演进规律作了进一步探讨，阐明了劳动力和国民收入在产业间分布变化的一般规律。

产业优化包括：结构优化，技术先进，清洁安全，附加值高，就业能力强五个特征。

国民经济的各产业部门都要保持一定的比例关系，则是马克思社会资本再生产理论揭示的社会化大生产的客观必然性，是产业结构变动的普遍规律之一。包括三方面内容：

第一，产业结构合理化，即在现有技术基础上所实现的产业之间的协调。涉及产业间各种关系的协调，如各产业间在生产规模上比例关系的协调、产业间关联程度的提高等，还包括产值结构的协调、技术结构的协调、资产结构的协调和中间要素结构的协调。

第二，产业结构高度化，即产业结构根据经济发展的历史和逻辑序列从低级水平向高级水平的发展。包括在整个产业结构中由第一产业占优势比重逐级向第二、第三产业占优势比重演进；由劳动密集型产业占优势比重逐级向资金密集型产业、技术知识密集型产业占优势比重演进；由制造初级产品的产业占优势比重逐级向制造中间产品、最终产品的产业占优势比重演进。

第三，产业结构合理化和高度化的统一。产业结构合理化是产业结构高度化的基础；产业结构高度化是产业结构合理化的必然结果。推进产业结构优化升级是我国经济社会发展进程中的一项长期任务。

（二）产业结构优化升级的目标任务

1. 产业结构优化升级的目标

促进一、二、三次产业健康协调发展，逐步形成农业为基础、高新技术产业为先导、基础产业和制造业为支撑、服务业全面发展的产业格局，坚持节约发展、清洁发展、安全发展，实现可持续发展。

2. 产业结构调整要坚持的原则

第一，坚持市场调节和政府引导相结合。充分发挥市场配置资源的基础性作用，加强国家产业政策的合理引导，实现资源优化配置。

第二，以自主创新提升产业技术水平。把增强自主创新能力作为调整产业结构的关键环节，建立以企业为主体、市场为导向、产学研相结合的技术创新体系，大力提高原始创新能力、集成创新能力和引进消化吸收再创新能力，提升产业整体技术水平。

第三，要坚持走中国特色新型工业化道路，推进信息化与工业化融合。以信息化带动工业化，以工业化促进信息化，走科技含量高、经济效益好、资源消耗低、环境污染少、安全有保障、人力资源优势得到充分发挥的发展道路，努力推进经济发展方式的根本转变。

第四，促进产业协调健康发展。发展先进制造业，提高服务业比重和水平，加强基础设施建设，优化城乡区域产业结构和布局，优化对外贸易和利用外资结构，努力扩大就业，推进经济社会协调发展。

3. 推进产业结构优化升级的主要任务

促进产业由高消耗向高效率转变，由粗加工向深加工转变，由低端产品向高端产品转变，促进产业做大做强。一要巩固加强农业的基础地位，确保国家粮食安全，加快推进现代农业建设，促进第一产业由薄弱转为稳固；二要着力振兴装备制造业，大力发展高新技术产业，调整原材料工业结构，加强矿产资源勘察、开发和保护，加强能源、交通、水利、信息基础设施建设，促进第二产业由大变强；三要坚持市场化、产业化、社会化方向，完善促进服务业发展的政策措施，全面发展服务业特别是现代服务业，促进第三产业更快更好地发展。

（三）城镇产业结构合理化的标准

城市产业合理化的标准，概括起来主要有以下四个方面。

1. 有利于城市经济的可持续发展

优化的产业结构可以带来不以牺牲环境为代价的经济增长，这是城市经济持续发展的最重要因素。20 世纪下半叶以来，以微电子、生物工程和宇航技术为主的新的产业革命的到来，标志着人类社会已向后工业化时代转变，知识经济成为城市经济的主体，传统的资源、资本等退居次要地位。从三次产业结构看，以提供服务为主的第三产业在城市经济中所占的比重越来越大，资源消耗大的第一、第二产业的地位相对消退，这也为城市经济的可持续发展提供了基本条件。

2. 有利于城市内部产业之间协调发展

城市内各产业之间协调发展程度决定了能否取得最大的聚集经济效益，它是衡量产业结构是否合理的重要标志。产业协调是指各产业之间有较强的相互转化能力并在生产、分配、消费各个环节之间能和谐地运动，它是由产业结构的整体性决定的。各产业在质上存在相互依存，相互制约的关系；在量上是按一定比例组成的有机体。合理的产业结构可以发挥产业结构的整体效益，使各个产业之间在发展中相互创造条件，形成良性的经济互补关系。

3. 有利于城市及区域之间的分工与协作

城市产业结构与区域产业结构有着密切的关系，城市产业结构不但取决于城市内部条件，也要受到城市经济所依存的区域条件的限制。因此，城市产业结构的配置要与区域产业结构的配置合理分工，充分考虑区域的客观条件以及需求和发展前景。只有这样，才能实现产业结构的合理化。

4. 有利于充分发挥城市的综合优势

合理的产业结构应该能够充分有效地利用城市的人力、物力、技术和自然资源，发挥优势，扬长避短，真正发挥自己的综合优势。综合优势不是指某一项有利条件，而是多项有利因素的有机结合。如果某个城市技术加工条件比较好，但资源保障并不好；或者拥有的资源相当丰富，而技术加工条件并不好；或者技术加工、资源保障等条件都比较好，而经营管理水平太差；高昂的生产费用会影响产品的价格和竞争力，那么，这项产品或产业也不可能成为这个城市的优势。

四、城镇主导产业的选择[①]

（一）主导产业选择的理论依据

1. 比较优势理论

在亚当·斯密"绝对优势"理论的基础上，西方一些经济学家进一步提出了静态比较优势理论和动态比较优势理论。该理论认为，一个地区应该优先发展那些在劳动生产率上具有相对优势的产业，这些产业就是该地区的主导产业，代表了该地区经济发展的趋向，成为主要的经济力量。

瑞典经济学家赫克歇尔和俄林从生产要素的角度进行分析，认为各个地区再生产不同产品时所具有的比较优势是由于各地区生产要素丰裕程度的不同造成的，一个地区应优先发展那些能充分利用本地区相对丰富的生产要素或资源的产业，并同其他地区进行产品贸易或交换。该理论的核心仍然是比较优势，它是比较优势的继承和发展。

2. 赫尔曼产业关联理论

美国发展经济学家赫尔曼在其著名的《经济发展战略》一书中认为，任何一个产业部门都不是孤立存在的，而是透过供需关系与其他部门相互联系、相互依赖，形成产业链，彼此之间存在密切的关联效应。产业关联度越大，该产业在国民经济中的地位就越高，对经济增长的作用就越大。据此，赫希曼首次提出了依据产业关联度确定主导产业的准则，即优先考虑那些对较多产业有带动和促进作用的产业。对资本相对不足、国内市场相对狭

① 谭善勇主编：《城市管理概论》，北京：经济科学出版社，2003 年版。

小的发展中国家来说，尤其要发展后向关联度较高的最终产品业。

3. 罗斯托经济增长理论

罗斯托是最早研究主导产业的学者之一，他在《经济增长的阶段》一书中指出，在任何特定时期，国民经济不同部门的增长率存在广泛的差异，这时，整个经济的增长率在一定意义上是某些关键部门的迅速增长所产生的直接或间接的效果。他把这些关键部门称为驱动部门或主导部门。随着社会生产力发展，特别是科技进步和社会分工日益演化，带动整个经济发展的已不是单个主导产业，而是几个产业共同起作用，罗斯托称为“主导部门综合体”。

罗斯托对主导产业部门的带动作用做了较为全面的分析，他把这种带动作用称为“扩散效应”，包括前向效应、后向效应和旁侧效应三个方面。主导产业正是通过这几个方面带动其他产业部门的发展，并促进社会经济结构的变化，为经济进一步增长创造条件。

4. 筱原三代平准则

日本经济学家筱原三代平对战后日本实现赶超型经济发展战略在理论上做出了突出贡献。他在规划日本产业结构时提出了两个著名的准则，即：“需求收入弹性准则”和“生产率上升率准则”。

所谓需求收入弹性是指某种产品的需求增长率与人均收入增长率之比。只有需求收入弹性大的产业，在未来的发展中才能占有较高的市场份额，获得较高的利润。

生产率上升率准则是指选择生产率上升快、技术水平高的产业部门为主导产业。在一定时期，各产业部门生产率上升幅度是不同的，生产率上升快的产业，相应地，生产成本下降也快，经济效益好，加快发展这些产业就能提高整个社会的经济效益。

（二）主导产业选择的指标体系

主导产业选择需要通过一定的指标体系进行测度，而评价指标的选择和量化直接决定着评价结果的优劣。

1. 指标选择原则

第一，科学性，即所选指标能够科学地、全面地反映主导产业的内涵。

第二，动态性和前瞻性。因为主导产业是不断成长、发展和更替的，也许目前它在国民经济中不占较高的地位，但它对未来经济发展具有全面性、长远性影响，因此，要有战略性、前瞻性观点。

第三，可操作性。即指标的数据必须是易于收集和计算的，以减少主观臆断的误差。

第四，层次性。由于主导产业涉及面广，按照其层次性的高低和作用的大小可以不断细分，各自形成一个子系统。

2. 主导产业测度指标

第一，产业规模。包括产值、销售总收入、年平均职工人数、产业份额等指标。

第二，产业经济效益。包括利税贡献率、资金利税率、产值利税率、固定资产产值率、全员劳动生产率、全要素生产率等。

第三，产业发展前景。包括扩张速度、需求收入弹性、行业国民经济增长弹性等。

第四，技术进步优势。常用指标有技术进步速度、技术进步对产值增长贡献率、百名职工中的技术人员数、固定资产装备系数等。

第五，区际比较优势。包括市场占有率、比较劳动生产率、比较资金利税率、比较产值利税率、比较全员要素生产率等。

第六，产业关联效应。包括感应程度、影响程度、感应力系数、影响力系数等。

第七，环境效应。包括单位产值能耗、资源消耗强度、单位产值“三废”排放量等。

（三）主导产业选择策略

第一，着力发展高新技术产业。努力掌握核心技术和关键技术，大力开发对经济社会发展具有重大带动作用的高新技术，支持开发重大产业技术，制定重要技术标准，构建自主创新的技术基础，加快高技术产业从加工装配为主向自主研发制造延伸。加快推进第三代移动通信、地面数字电视国家标准、下一代互联网等重大成果的推广应用，继续组织实施新型显示器、宽带通信与网络、生物医药、新材料等一批重大高技术产业化专项。注意充分发挥各级高新技术开发区的集聚、引领和辐射作用。

第二，大力振兴装备制造业。要继续依托重点建设工程，通过自主创新、引进技术、合作开发、联合制造等方式，提高重大技术装备国产化水平。围绕大型清洁高效发电装备、高档数控机床和基础制造设备等关键领域，推进重大装备、关键零部件及元器件自主研发和国产化。

第三，改造和提升传统产业。鼓励运用高技术和先进适用技术改造提升制造业，提高自主知识产权、自主品牌和高端产品比重。引导和推动钢铁、水泥、造纸、装备制造业等领域企业的兼并重组。

第四，加快发展服务业特别是现代服务业。坚持市场化、产业化、社会化的方向，加强分类指导和有效监管，进一步创新、完善服务业发展的体制和机制，建立公开、平等、规范的行业准入制度。发展竞争力较强的大型服务企业集团，大城市要把发展服务业放在优先地位，有条件的要逐步形成服务经济为主的产业结构。大力发展金融、保险、物流、信息和法律服务、会计、知识产权、技术、设计、咨询服务等现代服务业，积极发展文化、旅游、社区服务等需求潜力大的产业，加快教育培训、养老服务、医疗保健等领域的改革和发展。出台加快服务业发展政策措施的实施意见。对国家鼓励类服务业实行与工业用电、用水、用热基本同价。组织开展服务业综合改革试点和城市服务业发展试点。编制服务业发展引导资金示范工程专项规划，用好服务业发展引导资金。

第五，积极发展现代化能源原材料产业和综合运输体系。以大型高效机组为重点优化发展煤电，在生态保护基础上有序开发水电，积极发展核电，加强电网建设，优化电网结构。加快调整改造中小煤矿，坚决淘汰不具备安全生产条件和浪费破坏资源的小煤矿。根据能源、资源条件和环境容量，着力调整原材料工业的产品结构、企业组织结构和产业布局，提高产品质量和技术含量。积极推进交通运输由传统产业向现代服务业转型，继续实施交通发展长远规划、区域规划和专项规划，大力建设现代化水上安全监管体系。加快发展铁路、城市轨道交通，重点建设客运专线、运煤通道、区域通道。基本建成城镇公路网，推进农村公路建养管运一体化发展。

第三节　中小城镇融入经济圈一体化进程的路径选择

改革开放以来，以中心城市为核心的经济圈的发展越来越成为中国经济发展的主战场，不断涌现、日益成熟的各类经济圈目前已经遍布全国各地。当经济圈发展到工业化社会中后期时，必然产生以协调发展为核心的一体化发展的客观需求。当前我国众多经济圈一体化发展的条件日益成熟，已经初步形成了一体化发展大势所趋的态势。如长三角经济圈、珠三角经济圈、京津冀经济圈、环渤海经济圈、长株潭经济圈、成渝经济圈等。对于地处经济圈中非中心城市的一般中小城镇来讲，要想在经济圈的整体协调发展中谋求自身的理想定位，乃至借助于一体化发展超越现有地位，提升经济社会发展档次，则必须主动顺应一体化发展趋势，在以下诸方面自觉地、积极地融入一体化发展进程之中。

一、培育统一要素市场

要素市场的统一规划与建设是推进都市经济圈一体化进程的首要前提。必须要有了统一的市场，实施区域内各类市场的对接与配套，建立一个不被行政关系和垄断力量扭曲的区域共同要素市场，有限的资源和要素才能得到有效配置与合理使用。经济圈中的一般中小城镇在培育区域统一要素市场，实现与统一要素市场的对接和配套方面，要做好如下工作。

（一）加快大市场建设

根据市场一体化发展要求，按照工业化后期市场发展规律，一般中小城镇要加快市场布局的结构调整，优化整合市场资源，重点建设好一批主题型、规模型、特色型突出，同时连接经济圈、全国及国际的大市场，积极推进市场集聚区建设，提高市场的核心竞争力和对外辐射力。

（二）注重培育产权市场

一般中小城镇要主动顺应经济圈内的现代企业制度改革进程，加快产权市场建设。要大力鼓励在共同市场中进行跨地区的企业兼并、收购、联合与重组，积极培育和发展一批区域性的、走向国际化经营的大型企业集团，通过经营规模化、功能多元化、管理科学化、营运国际化，实现资本扩张和市场扩张。这是实现经济圈一体化最有效的微观基础和制度平台。

（三）加强城镇间市场服务环境建设

一般中小城镇在与圈内的市场对接与配套建设中，要通过区域互动合作来加强城镇间市场服务环境建设，开展与圈内其他大中城市的互动与合作，扩大城镇间市场服务的交流与协作，通过错位发展，形成优势互补、合作共赢的互动发展局面。在市场对接与配套中，重点要积极承接中心城市的市场服务业发展辐射，在生产资料市场、生活资料市场、资本市场、人才交流市场、劳动力市场、信息流通市场、金融市场、房地产市场、转口贸易市场、中介服务市场及会展旅游、现代物流、商贸流通等领域与首位中心城市对接、配套、联手互动。

二、对接产业分工与协作

产业发展的分工与协作是以协调发展为核心的经济一体化的重要基础与关键内容。一般中小城镇切入经济圈一体化的重要措施即构建产业链和产业集团，通过产业链和产业集团的形式来实现同区域产业分工与协作的对接。

（一）构建产业链条

构建产业链是创建产业分工与协作机制的重要形式。产业链即从一种或几种资源通过若干产业层次不断向下游产业转移直至到达消费者的路径。目前产业链的构建状况已经成为投资环境的最重要组成部分，国家与国家、地区与地区之间产业链的竞争已处于经济增长的核心地位，成为一个地区核心竞争能力的集中体现。

一般中小城镇各产业部门要积极主动汇入经济圈的各种产业发展链条当中去，成为链条中的重要环节，在资源开发、产供销经营、上下游产品衔接、零部件配套、物流对接乃至企业管理等诸多领域展开合作，通过构建产业发展链条来实质性的参与和推进经济圈产业一体化、经济一体化进程。

（二）发展产业集群

在经济圈经济一体化、市场一体化进程中，要大力鼓励以强势产业或强势园区的联动为纽带，成立专业联合体，成立产业集群，经济圈的总体结构可以是松散型的，但企业之间的合作应当是非常密切的。产业集群是企业之间紧密合作的重要形式。

产业集群的特点是从整体出发挖掘特定区域的竞争优势。产业集群突破了企业和单一产业的边界，着眼于一个特定区域中，具有竞争和合作关系的企业、相关机构、政府、民间组织等的互动。这样使他们能够从一个区域整体来系统思考经济、社会的协调发展，来考察可能构成特定区域竞争优势的产业集团，考虑临近地区间的竞争与合作，而不仅仅局限于考虑一些个别产业和狭小地理空间的利益。因此大力发展产业集群十分有利于区域经济一体化。

一般中小城镇发展产业集群可从两方面来努力。

一是依据本地优势，按照世界产业发展规律和市场规律，大力构建地方产业集群及组建区域产业集群，通过地方产业集群的发展来参与区域分工体系，促进本地经济的转型和产业升级，如长三角经济圈中张家港的沙钢集团、江阴的海澜集团、宜兴的远东集团等。同时推动地方政府在经济增长中的角色转变，使政府专注于消除妨碍生产力成长的障碍，为不断拓展市场，繁荣地方经济创设良好环境和氛围。

二是积极参与经济圈区域产业集群，特别是要主动投入关联性强、专业化突出、市场占有面广、行业地位高、区域影响力大、发展前途好的大型产业集群中去。通过参与区域性乃至国际性的大型产业集群来防止本地同圈内其他城市间产业结构的趋同现象。促进区域产业分工体系的合理化，加强区域内的竞合，充分发挥自身特长，促进不同地区不同产业集群的叠加和融合，在提升整个区域竞争力的同时，也进一步提升自身的产业竞争力。

（三）呼应中心城市，错位发展特色产业

在产业链和产业群的发展中，一般中小城镇可重点发展自身独具的特色产业。通过打造特色产业基地来踊跃参与经济圈经济一体化进程，并以此来获得自身在经济圈一体化动态进程中的产业定位。

从一体化的角度出发，一般中小城镇特色产业基地的创建应该坚定不移的对接中心城市，增强与中心城市的产业互溶性和互补性。对接有两个方面，一是连接与互溶；二是错位与互补。

一方面，一般中小城镇要加强与中心城市的产业连接，承接中心城市的产业转移，同时连接中心城市的资本市场、技术市场、人才市场和服务市场，与中心城市的产业发展及市场发展融为一体，为自身的特色产业基地建设提供重要支撑，打下坚实基础。

另一方面，一般中小城市的发展与中心城市及其他城市的发展，既要遥相呼应，又要错位发展，实施各种要素和各类产业多领域、多形式的对接互补。在优势互补、利益共享、差别化、特色化发展中，通过信息、交通的互通，市场、环境的共建，产业、企业的互联，形成自身的专业特长和比较优势。

三、融入经济圈快速交通圈

按照世界经济圈发展规律和惯例，经济圈首先是以交通联系和交通系统的尺度来表述的：以单一城市为核心的“一小时日常经济圈”半径在100千米左右；而以多个中心城市为核心的“多核心经济圈”，其内部可能有若干个“日常经济圈”，半径可达300千米左右。可见交通圈在经济圈建设中占据着重要地位，起着重要作用，交通圈实际上是经济圈的先导。

目前，长三角经济圈内的上海、江苏、浙江对圈内的空间发展模式已进行了较详尽的探讨，强调了建立以综合交通为先导的整体发展模式，提出了建设核心交通都市经济圈的建议，如3小时都市经济圈、2小时都市经济圈乃至1小时都市经济圈等。

在此背景下，一般中小城镇一定要主动汇入经济圈的核心交通圈。一个城市的交通是否便捷，是否同它所处的经济交通圈联在了一起，成为了经济交通圈的有机组成部分，往往直接影响着该城市在经济圈内的经济发展水平和档次。

比如在长三角的空间发展模式中，最核心的是上海一小时都市经济圈，它占区域总面积的20%，人口占30%，GDP占区域总量的45%，是长三角经济强度最高的区域。其次，由于传统联系和地域相邻，长三角实际上还存在着一个二小时经济紧密联系圈，包括苏

州、无锡、常州、杭州、嘉兴、湖州、绍兴、宁波和南通等。最后，就是连接圈内其他所有城市的3小时都市经济圈。①

一般中小城镇要在一体化发展中受益，则一定要想方设法发挥区域性的交通优势，紧紧抓住圈内快速交通网建设的机遇，如高速公路、高速铁路、轻轨、磁悬浮及跨江大桥、跨海大桥等，主动挤进以中心城市为核心的3小时交通圈、2小时交通圈乃至1小时交通圈。进了核心交通圈，就意味着进入了经济圈的经济强度核心圈，发展机遇将会大大增加，发展条件将会大为改善，发展基础将会大为优越，同经济圈各级中心城市的联系将会更加紧密，也会更多的接受中心城市的辐射和聚集，自身的经济社会发展地位也才会更加巩固和得以提升。

四、打造通用信息平台

信息化建设既是经济圈一体化发展的基础，也是推动一体化发展的强大动力。从信息化切入一体化是一般中小城镇汇入经济圈一体化进程的必经之路。

（一）加快信息港建设

一般中小城镇要以拓展集约化管线、建设高性能宽带信息网络和关键性应用项目为重点，推进信息港基础设施建设。通过构建高档次的通用信息平台，创造区域发展的良好环境，增强对外的吸引力，实现优势互补，促进城市间经济合作与协调发展。同时可以使一般中小城市在更高的层次上，提高市场资源配置的效率，呈现出更强的竞争力。

（二）创设经济圈经济社会发展统一网站

经济圈作为经济发展最富活力的地区，圈内的信息化建设已取得相当进展。但也要看到，经济圈内各地的信息化建设仍然存在着不同程度的“诸侯割据”现象，与网络经济的统一性、开放性、交互性和规模性要求相去甚远，严重影响着信息一体化与经济一体化的进程。

经济圈信息一体化首先必须依靠组织制度的保障。一般中小城镇要同中心城市一道，共同探索建立超越部门利益乃至单一行政区域利益的信息一体化协调机构，以破除人为设置的条块壁垒，最大程度地发挥各方优势，不断优化网络资源，应该尽快建设经济圈经济社会发展统一网站，实现全内各城市的政治、经济、科技、文化、教育等信息共享。

（三）圈内的移动通信、固定电话等可实行同城待遇或同区间待遇

为充分发挥信息化推动区域经济一体化发展的强大动力作用，经济圈范围内的移动通讯、固定电话、互联网络等信息服务工具可以实行同城待遇或同区间待遇，以降低市场运营成本，推动市场的开放性、统一性，更好地实现联动发展，互利共赢。为此要积极争取国家政策层面和行业政策层面的支持，为经济圈通信合作提供更多的政策支持，以推动机

① 莫建备、徐之顺等：《长江三角洲区域协调发展研究》，上海人民出版社，2005年版，第124~129页。

制、体制创新，进一步优化信息化一体化发展的环境。

（四）通过资源整合，促进信息平台建设

一是产业整合，从整体上考虑经济圈的通信产业发展，把各自的优势更好地组合起来，形成区域间完整的产业链；二是信息整合，加快建设经济圈的信息平台，尽快实现区域城际间宽带网络对接，提升区域信息一体化层次；三是人才整合，经济圈科教资源丰厚、信息人才密集，要进一步整合圈内各地的信息人才资源，推动高层次的信息人才联合培训，开展技术协作和联合攻关，实现信息人才资源和信息科技成果共享。

五、遵循区域发展总体规划来实施城镇体系发展战略规划

区域发展总体规划在区域经济一体化进程中居于统率地位。一般中小城镇在融入经济圈一体化的进程中，必须遵循区域发展总体规划的要求和特点来实施各自的城镇体系发展战略规划。

（一）一般中小城镇的城镇体系发展战略规划要与经济圈区域发展总体规划相一致

根据经济圈城市间的经济联系和地理位置，从城市和城镇的空间布局来看，经济圈一般是由若干个二级经济圈所构成，如长三角经济圈是由苏锡常经济圈、杭嘉湖经济圈、宁台温经济带等构成，是具有多核结构的大都市经济圈。因此，一般城镇在实施城镇体系发展战略规划时，一是要考虑地处二级经济圈的特点，要针对二级经济圈的发展规划来做好本地的城镇发展战略规划；二是要考虑地处大都市经济圈的特点，要针对大都市经济圈区域发展的总体规划来做好各自的城镇发展战略规划，要力求与大都市经济圈区域发展总体规划相一致。

一般中小城镇的城镇体系与区域发展战略规划只能是经济圈城市一体化体系中的一个有机组成部分，要充分顾及个体和整体的有机联系，这样才能保证一般中小城镇同经济圈的一体化同步发展，保证一般中小城镇发展平台永远处在一个较高档次。

（二）一般中小城镇城镇体系发展战略规划要充分反映中心城市的重要地位

在一般中小城镇城镇体系发展战略规划中，要特别注意与经济圈各中心城市体系规划的对应，因为中心城市在区域总体的城镇体系规划中处于最突出的重要地位，是整个区域城市群的核心。由此需要依靠经济圈内所有城市的整体力量，全力打造中心城市，支持中心城市作为经济圈的核心来带动全区域的发展；当然中心城市也必须充分认识到，没有广阔经济腹地，也不可能建成真正强大的经济中心，没有广大一般中小城镇的支撑和传递，中心城市也难以成为区域经济发展的龙头。

（三）一般中小城镇城镇体系发展战略规划要建立在经济圈产业发展互动的基础之上

经济圈城镇体系规划同圈内产业带的形成与变动密切相关，一般中小城镇的城镇体系发展战略规划一定要建立在与经济圈产业发展互动的基础之上，城镇体系规划要与一定产业发展相互依存、相互促进。

目前在长三角经济圈，已呈现出明显的现代制造业的产业特征和空间布局，沿江、沿海、沿湾、沿路形成了许多各具特色的产业带、群、圈等；由这些产业带、群、圈为基础，又构成了新的经济圈城镇体系。如江苏长江沿岸、浙江杭州湾及上海、宁波沿海地区的化工、造船、冶金、能源等基础原料工业带；沪宁、沪杭铁路、高速公路，沪杭甬、苏嘉杭高速公路沿线的以 IT 业为主的高新技术产业带，都开发了和奠定了新的长三角城镇体系。遍布长三角各城市郊区的开发区和小城镇的工业园区又构成了新的城镇载体。[①]

六、交流与共享人才资源

人才资源在区域内合理的、自由的流动，是构建经济圈一体化运行机制的重要条件。经济圈一般中小城镇要加强与圈内其他城市在人事人才资源方面共同开发的力度，不断拓宽合作发展的空间和领域，在开发、交流、配置、管理等方面形成共同合作的基础。一般中小城镇可采取以下方式主动进入经济圈人事人才合作交流的一体化进程。

（一）开展人才机构的合作交流

一般中小城镇的人才中介机构要主动与圈内各城市的人才中介机构开展合作，支持对方人才中介机构在本地设立分支机构，为开展业务提供支持；各方人才服务中心可开展网上招聘合作，定期举办网上联合招聘会；可引导各方人才中介机构在人才派遣、猎头等方面开展合作，实施相互间的异地委托代理。

（二）推行城市职业资格和水平认证的互认

开展一般中小城镇同圈内各中心城市职业资格和水平认证的互认工作。同各主要城市合作进行适合本地实际情况的职业资格考试和职业水平认证考试，实施各地职业资格和职业水平认证互认制度。

（三）互派公务员挂职锻炼

经济圈各城市可互派公务员挂职锻炼。通过走出去的途径，拓宽公务员的视野，了解圈内各城市在一体化中的具体运作机制，以使本地公务员增加知识面，提高一体化的理论

① 莫建备、徐之顺、增骅等：《区域一体化发展：拓展和深化》，上海人民出版社，2007 年版。

政策水平和工作能力，尽快在本地构建起与经济圈一体化相适应、相配套的运作模式。

（四）共同建立人才诚信档案

一般中小城镇同圈内各城市可共建人才诚信档案，确定人才诚信档案系统建档标准；共同开发、完善、使用人才诚信档案系统及其信息查询系统，推广人才诚信服务产品应用；各方实现人才诚信报告互认，信息贯通，相互应用。

（五）联合招收培养博士和博士后

一般中小城镇要重点加强与主要中心城市的科研院所和重点高等院校的合作，同圈内主要城市可相互利用科技教育资源，有条件的企业、公司、研究院所可与中心城市联合招收培养博士和博士后，联合建设博士后流动站，以推动科学技术研究和高层次人才培养。

七、创新政府公共协调制度

经济圈一体化的经济发展必然要求建立与之相适应的政府公共协调制度。一般中小城镇政府对此应有清醒认识和主动应对。

（一）公共协调管理的现实紧迫性

近年来，各地经济圈的经济社会发展取得了举世瞩目的成就，成了中国经济发展的主战场。但是区域发展中也暴露出一些突出问题。如基础设施建设缺少统筹规划，区域性空港、海港、河港的布局不尽合理，与快速交通干道不衔接；过度竞争、盲目投资，低水平重复建设严重；产业结构趋同，第三产业发展滞后；水、土、矿产资源瓶颈制约作用明显；耕地锐减、能源紧张、生态环境局部恶化，等等。为此，有必要从全局的角度，科学合理地确定区域整体定位和发展战略，明确各地区的功能分工，打破地区行政分割，统筹考虑区域未来发展面临的重大问题，充分发挥市场配置资源的基础性作用，以此加快推进区域一体化进程。而要做到这些，经济圈各地政府的公共协调管理则显得尤为重要。

（二）组建区域性权威协调机构

早在全国“十一五”规划中，中央就专门论述了区域协调发展问题，明确提出：健全市场机制，打破行政区划的局限，促进生产要素在区域间自由流动，引导产业转移；珠江三角洲、长江三角洲、环渤海地区，要继续发挥对内地经济发展的带动和辐射作用，加强区内城市的分工协作和优势互补，增强城市群的整体竞争力。当前，国民经济发展进入了第十二个五年规划时期，经济圈的一体化进程也进入了整合的关键阶段，已然超越了单纯的政府拉动或单纯的市场推动，显现为政府和市场两个轮子相互滚动、相互补充的新特征。今后经济圈各地政府的角色应主要体现在区域规划、产业引导、协调利益、平衡矛盾、合作发展等方面。经济圈今后的发展很大程度上取决于各地政府协调合作的广度和深度及协调合作方式的创新上。

如在长三角地区，在“十二五”期间，从政府层面的整合功能来看，关键是要构建长三角地区上海、江苏、浙江“两省一市”层面上的协调、合作、与整合平台，设立区域性的权威协调机构，该机构不仅具有论坛、沟通功能，还必须赋予其规划、协调和执行功能。其成员可考虑包括国务院及相关部委和长三角经济圈区域的省级、市级成员。地点可以设置在长三角经济圈的首位中心城市上海，在其职能定位上具有长三角经济圈公共行政管理权力协调机构的性质，对于涉及共同利益的一些地方重大决策具有规划、协调、建议、执行和否决权。

（三）逐步创新一般城镇各级政府公共管理协调制度

一般中小城镇汇入经济圈一体化进程的发展目标是追求整个经济圈利益最大化进而追求自身城市利益的最大化。由于经济圈是跨行政区而建，为了消除局部利益对整体利益的侵蚀，为了在保障区域发展整体利益的基础上实现一般中小城镇的自身利益，一般中小城镇的各级政府必须在分立的行政区基础上，随着一体化的进程，及时地、相应地逐步创建起适应一体化进程要求的公共行政管理的内在机制，通过公共行政管理的制度创新，制定出适合经济圈区域协调发展的共同政策和制度规范，最终实现经济圈组织体系内的超越行政区的协调和管理。

经济圈一体化内的分工与合作的生命力归根结底在于其能增进各有关方的利益。各级政府之所以干预经济圈经济关系的目的，应该是保障与实现整个经济圈的协调发展。而区域协调发展的关键是能否实现区域利益的帕累托改进——在至少不降低区域内任何相关方利益的前提下的区域利益增进。然而，并不是任何条件下的区域利益的帕累托改进都能导致区域经济合作，比如长三角经济圈发展到今天，帕累托改进的机会已经使用一部分了，再要改进可能要损害一些地区或既得利益集团的利益，进一步的改革就要面临许多新的困难，特别是面临行政区划的困难，从而使得区域经济协调难度加大。帕累托改进能否实现在很大程度上与各级政府干预区域经济的目标、强度、方式及区域经济政策的作用条件紧密相关。

按照系统论的要求，只有把经济圈一体化视为一个大系统，突破行政区划界限，立足于经济圈整体考虑问题，主动改变地方割据，全面创新和完善协调机制及管理制度，才能形成统一的经济圈发展规划，才能有效地保障和促进经济圈的一体化进程，达到系统论所要求的整体大于各部分的简单相加。经济圈内的一般中小城镇的各级政府和公共管理部门对此一定要有充分的认识，要随着经济圈一体化进程的推进，及时地从“一体化理念”的角度和思路来思考地方问题，制定地方政策，为各自城镇参与经济圈一体化进程奠定制度基础，提供制度保障，这样才能在经济圈一体化的整体发展进程中得到自身城镇的应有利益乃至超额利益。

第四节 城镇建设项目管理

一、城镇建设项目的内涵与特征①

城市建设项目是为整个城市的生产、生活和发展提供共同的、一般的基本服务的各种公用事业和基础设施项目。城市建设项目主要包括：给排水项目、城市道路桥涵和公共交通项目、邮电通讯信息项目、能源动力供应项目、环卫环保项目及城市防洪、抗震、公共消防和人防工程项目等，其建筑规模大，投资额高，成本回收期长，受益面广。

城市建设项目同其他项目相比，具有以下特点：

第一，项目所需资金量大。城市建设项目，如路桥、管网、污水处理厂、自来水厂、机场、港口、地铁等，项目规模一般都比较大，所需资金少则几千万元，多则几亿、几十亿元，有的甚至上百亿元。

第二，建设周期长。短、平、快的项目较少，多是需要一年、几年的时间才能建成的项目，投资的回收期也相对较长。

第三，多具非竞争性和公益色彩。这些项目多属于自然垄断的公用事业，竞争程度不像其他行业那样激烈。既具有受到政府的直接控制的非市场性，又具有受到政府保护的非竞争性。城市建设项目的投资回报率一般比较稳定，有稳定的现金流入，投资风险较小，收益也不会太高。

第四，政府和企业都发挥重要的作用。城市规划和城市建设是政府的主要职能之一。随着市场经济体制的建立，城市建设中有投资收益的项目不断地从政府投资中分离出来，企业（包括私营企业）逐步成为城市建设的投资主体。

二、城镇建设项目管理的程序②

在我国城市建设的实践中，城市建设项目的具体管理程序主要有以下几个方面。

（一）编制城市建设项目建议书

拟订和规划城市建设项目时，首先应由主管部门根据国民经济和社会发展的长远规划，部门和行业发展规划及地区和城市发展规划，提出和编制项目建议书。

城市建设项目建议书的内容包括：投资项目提出的目的、必要性和依据；对拟建规模、新建的选点和改造方案的初步设想；对建设条件和协作关系的初步分析；投资估算和资金筹措设想及引进外资的可能性；建设进度的初步安排；综合社会经济效益的初步分析。

城市建设项目建议书由主管部门按照隶属关系和投资渠道，呈报计划部门，经审查平

① 谭善勇主编：《城市管理概论》，北京：科学出版社，2003 年版。

② 叶南客，李芸著：《城市管理系统操作新论》，东南大学出版社，2000 年版。

衡后分别纳入国家、部门、城市前期工作计划。列入前期工作的大中型项目要由专人负责，并确定项目经理，让其负责组织可行性报告的论证、设计任务书和初步设计的编制。

（二）进行可行性研究和方案论证

对列入前期计划的项目，按隶属关系由项目负责人，中央、地方的主管部门、单位采取招标、委托或指定有资质的咨询、设计单位进行可行性研究。

城市可行性研究阶段的任务是对拟建或改建的项目在技术、财务、经济、社会等方面是否合理和可行进行全面的分析和论证，为项目的决策提供可靠的依据。城市项目的主管部门、建设单位要为承担可行性研究任务的单位客观、公正地进行研究工作创造条件，并保证所需的工作时间。

多方案的可行性研究报告编制完成后，应按隶属关系由国务院主管部门或城市计划委员会负责对各方案进行全面审查、论证，经审查合格，选择最佳方案编制设计任务书。经审查证明没有必要进行建设的项目，审查单位可决定取消，并撤销前期工作计划。

（三）编制设计任务书，做出投资决策

设计任务书是项目决策的依据，也是编制设计的主要依据。城市项目设计任务书的主要内容一般包括：项目提出的背景和依据；建设规模；技术工艺、主要设备、建设标准；原材料、燃料及公用设施的落实情况；选址方案；项目构成、设计方案及配套工程；建设工期和实施进度；投资估算、资金筹措方式和偿还能力；综合社会经济效益等。对一些生产性项目，还要考虑企业组织、劳动定员和人员培训等。

城市项目的决策机关应根据国民经济和社会发展规划及国家人力、财力、物力的可能条件，在进行综合平衡、比较投资效果的基础上，对报送的设计任务书进行决策。一般规定，大投资额的项目由国务院审批，小投资额的项目则可由城市政府自行审批。

（四）编制设计，确定投资的概预算

建设单位或主管部门在得到批准下达的设计任务书后，就可通过招标或委托有关设计单位编制设计文件。

项目设计是从技术和经济上对投资项目进行全面规划和具体设想的文件，它是组织施工和设备订货的主要依据。项目的设计工作一般是分阶段进行的。大中型城市项目大都分两阶段设计，即初步设计和施工图设计。重大项目和特殊项目可根据具体情况增加技术设计阶段。

城市项目的设计文件经批准后，不得随意修改变更。凡涉及项目平面图布置、主要工艺过程、主要设备、建筑面积、建筑结构、总概算的修改等，均须经原审批机构批准。

（五）建设准备和设备订货

城市项目的设计文件经批准后，就具备了投资项目从预备阶段转入正式计划的现实条件，这时，建设单位就要做好建设准备。

建设准备工作包括：征地与拆迁工作，组建项目的指挥机构；确定工程建设的组织方式，初步落实施工单位；落实施工用水、电、路等外部协作条件；组织设备和材料订货；组织设计文件的会审和技术资料的供应交底；编制和上报有关计划、财务文件等。

（六）编制当年实施计划，列入年度正式项目计划

城市项目有了批准的初步设计总概算，并列入预备项目计划后，建设单位应根据项目建设年限编报当年实施计划，并呈报建设准备情况，经综合平衡后列入年度正式项目计划。

建设单位根据列入的正式年度固定资产投资计划即可向银行办理申请贷款手续，并正式进行施工招标和签订施工承包合同。施工企业根据施工图和技术交底分析编制施工组织设计，为施工和全面进行建设做好准备。

（七）组织施工

在施工准备工作基本就绪后，建设单位和施工企业共同提出申请开工报告，城建和环保等部门根据建设单位的建设准备和进度安排及施工企业的施工计划，经认真审查并予以批准后，就可破土动工。

在施工过程中，设计单位要派出代表进入工地，以协助施工单位处理施工中遇到的技术问题，监督施工单位按图施工，保证工程质量。

（八）生产准备

生产准备的内容主要包括：组织准备，筹建强有力的生产指挥机构；人员准备，招收和培训生产技术管理人员和操作工人；生产技术文件准备，如技术条件、工艺要求等；工具准备，外购、委托制造和购置必需的工器具；建立固定的协作关系，保证生产的需要；做好试生产的准备等。

（九）竣工验收和项目交付使用

在单项工程竣工后应立即组织初步验收，发现问题及时纠正。如果已竣工验收的单项工程能单独发挥使用效益的，应尽早投入使用。当城市项目全部竣工后，就要进行整体验收。在验收过程中，如发现项目无法达到设计要求，就不能办理验收和移交手续。对已符合设计要求、能够正常使用的项目要及时办理验收和交付使用手续。

三、城镇建设项目的经济来源[①]

传统的城市建设项目资金主要通过税收、城建系统预算外收入（如公园门票收入）、国家和地方财政拨款、向银行及其他金融机构贷款等方式来筹集。当然，这些方式筹集的资金数量很有限，难以满足城市建设项目的资金需求。所以，需要广开财源，多方筹集资

① 谭善勇主编：《城市管理概论》，北京：科学出版社，2003 年版。

金。目前来看，可以采用的城市建设项目资金筹集方式主要还有以下几种。

（一）发行市政债券

市政债券是由地方政府或其授权代理机构发行的有价证券，筹集的资金用于城市基础设施的建设。按照偿付资金来源和担保形式，市政债券可分为三大类。

1. 一般责任债券

政府对债券提供全面的信誉和信用支持，除非受到某种限制，政府将把所有的收入来源作为偿还债券的基础。这种市政债券资信等级最高，大部分市政债券都属于这一类，并且这种债券的利息收入基本都是免税的。

2. 特定税收债券

当发行债券的政府机构用于支持债券发行的税收能力受到某种限制，政府将某一具体税项用于偿还债券。这种债券的资信等级要低于一般责任债券。

3. 收益债券

发行此类债券的目的是对具有一定收入产出的城市基础设施项目进行融资，除非第三方提供担保，此类债券一般由项目的收入独立担保。由于这种债券的偿还不是由政府而是由项目收益来保证的，其投资风险比一般责任债券要大，利率也较高。目前，我国市政建设债券市场发展缓慢，尚未成为我国债券市场中一个独立的券种，只有一些大城市的城建投资公司发行了城市建设证券，如上海浦东发展建设债券、重庆城建重点债券、大连市政建设债券等。

（二）发展基础设施投资基金

基础设施投资基金属于产业投资基金的范畴，产业投资基金是指一种给未上市企业直接提供资本支持，同时从事资本经营与监督的集合投资制度。产业投资基金通过向定向投资者发行基金份额，并在一定时间内实行封闭管理而设立基金公司或基金合伙公司。同时产业投资基金由基金公司或基金合伙公司自任基金管理人或另行委托基金管理人管理基金资产，委托基金托管人托管基金资产，投资收益按出资者的出资份额共享，投资风险由投资者共担。

产业投资基金一般可分为三类，即创业投资基金、企业重组投资基金和基础设施投资基金。基础设施投资基金在现阶段仅仅是通过定向募集的封闭式基金，因此在一定时间内它不会成为其他金融工具再投资的对象。基础设施投资基金的投资是由投资专家具体负责，投资人通过投资基金的机构间接投资，这与投资人自己直接投资股票、债券等不同。

（三）利用股票融资

城建项目中的交通运输、自来水工程、污水处理厂、机场、港口等都可以通过发行股票筹集资金。发行股票是城建融资的重要方式，它具有以下特点：

第一，股票融资没有固定的利息负担。

第二，股票没有固定的到期日，不用偿还本金。

第三，发行股票能提高公司的声誉。

第四，企业的股份制改造有利于城建类公司转换机制，建立现代企业制度，提高管理水平和效益。

第五，可利用证券市场配股、增发等方式进行后续筹资。

第六，利用证券市场进行资产重组，优化配置资源，增加对城建项目的投入。

(四) BOT 方式融资

BOT 方式是 Build（建设）—Operate（运营）—Transfer（转让）三个英文单词的缩写，是指政府通过签订特许权协议方式，把通常由国有单位或政府部门承担的为某重大项目设计、施工、融资、经营和维修的责任交给某一家国内或国外公司，在建成此项目后的协议期内，通过经营该项目，获得投资回报。协议期满后，项目无偿转让给所在国政府。城建项目中可考虑在高速公路、大型桥梁、供水工程等现金流较大且稳定的项目采取 BOT 方式。

(五) ABS 方式融资

ABS 是英文 Asset—Backed—Securities 的缩写，即资产证券化融资，是指以目标项目所拥有的资产为基础，以该项目资产的未来预期收益为保证，通过在国际资本市场发行高档债券来筹集资金的一种项目融资方式。这种资产证券化是将一个非流通的产生现金流量的资产组合转换成可销售给投资者的 ABS。除此之外，还可以对政府投资形成的城市设施存量资产进行价格评估后，实施资本运营，存量折股、增量参股，将一部分市政公用设施存量资产通过产权转让、入股、拍卖、使用权出让、经营权转让等方式，广泛吸纳社会资金，用于城市建设。

第六章

城镇社区管理

第一节　城镇社区概述①

一、社区的基本概念

社区是指具有某种互动关系和共同文化维系力的人类群体进行特定社会活动的区域。我国目前所称社区，在城市一般指街道或居委会所在的区域，在农村则指乡、镇或自然村。

社区是社会、经济发展的必然结果，是城市化的产物。随着市场经济体制不断完善和社会不断发展，社区的作用越来越明显，社区的职责范围不断扩大。社区的建设和发展，对整个社会的稳定和发展具有十分重要的意义。

二、社区的基本要素

（一）地域要素

社区是地域性的社会，必须占有一定地域，它是人们从事社会活动的区域。没有地域要素，社区就不可能存在。

（二）人口要素

社区人口要素包括三方面的内容，即社区人口的数量、构成和分布。社区人口的数量指社区内人口的多少。社区人口的构成指社区内不同类型人口的特点，社区人口的分布指社区人口密度分布及他们的活动在社区范围内的空间分布。

（三）区位要素

社区中人口及其活动空间的分布，具有某种内在的区位规律性。要重视社区活动的时

① 秦甫：《现代城市管理》，上海：东华大学出版社，2004 年版。

间和空间因素，注重时间利用形式和空间利用形式的不同。

（四）结构要素

社区结构是指社区内各种社会群体和组织相互之间的关系。随着社区职能和机构、社区单位、群众团体的增加，它们之间的关系越来越复杂，使社区结构要素变得更加复杂。

（五）社会心理要素

社会心理要素一方面指社区性质、规模和结构对社区成员心理和行为产生不同的影响；另一方面，指社区成员对社区的归属感。

（六）约束要素

社区内群体、组织众多，性质各异，必须要有一套规章制度、行为准则等约束要素，像社区环境卫生、治安管理、社区意识和公德培养等。

（七）物质要素

社区活动必须要有各种物质要素的支持，比如办公用房、办公设备和办公用品，通信设备等。

三、社区的功能

（一）政治功能

随着社区发展，社区地位增强，社区的政治功能不断被强化。社区政治功能的发挥能够将政企、政事、政社初步分离，由社区充当政府和个人家庭之间的中介，具体管理社区事务。由于社区的存在，使社会和政府之间建立了一个可靠的缓冲带，政府和居民之间能及时、有效地沟通信息，加强理解，减少矛盾冲突，有利于政治安定、社会稳定的局面的形成。

（二）教育功能

社区教育功能就是充分利用社区内外的教育资源，为社区居民提供各类教育服务，改善知识结构，掌握各类技能，提高思想政治素质和文化素质。

（三）服务功能

社区服务功能的基本要求是通过基础性保障和福利性照顾，满足社区居民的日常生活需求。社区服务内容涉及生活服务、社会弱势群体服务、优抚服务、家庭服务、治安服务、就业服务、文化服务等许多方面。充分利用社区内的人力资源优势，发挥社区内部分居民技术专长，有效地帮助居民解决生活中的困难和问题。

(四) 帮扶功能

社区通过组织社会福利机构与居民互助体系，发动组织本社区的力量，为社区成员解决困难及提供各种福利保障和及时的帮助。守望相助、邻里相帮是我国社区居民的一个优良传统，许多生活中的困难，往往消化在邻里的互助之中。因此，和睦邻里、相助帮扶成为社区建设的一项重要功能。

(五) 娱乐功能

随着物质生活水平提高，社区成员对精神生活越来越重视。社区娱乐功能就是广大居民充分利用现有各种娱乐设施，开展以文体活动为主的各类娱乐活动，强健体格、陶冶情操，促进身心健康。

第二节　社 区 管 理

一、社区管理及原则

(一) 社区管理的含义

社区管理是指一定的内部各种组织，为了维护社区的正常秩序，满足社区居民物质生活、精神生活等特定需要而进行的一系列的自我管理和行政管理的活动。社区管理是为了最佳综合利用社区的各种资源，满足社区居民物质与精神各方面的需求，促进社区居民的生活质量提高，扩大基层民主，全面促进社区协调与可持续发展。

(二) 社区管理的原则

1. 全面规划原则

社区管理的对象是全体社区成员，内容涉及物质和精神方方面面，服务人员有专业和非专业、志愿者和职业者、个人与单位的不同，方法有专业性的心理疏导和实际帮困的区分，因此，对于社区服务这样一项复杂的系统工程，必须进行全面的综合规划。对服务项目的设定、人员的组织、资金的筹集、工作的落实等都要有全面的规划。

2. 自治自助原则

自治自助原则强调的是满足社区成员各类需求的方式。这是社区管理和街道管理一个重大区别。社区服务是一项群众性的自我服务活动。社区成员既是服务的客体又是服务的主体；既是服务的对象又是服务的参与者与工作者。为此，发动社区群众积极参与，互相帮助，是搞好社区服务的基础和条件。要充分利用社区内人力和物力资源，充分发挥居民特长和潜能，以自动、自发、自助、自治的精神，实现社区的管理和发展。

3. 组织教育原则

组织教育原则着重强调实现社区管理目的的方法。组织原则是为了统一居民们的认识，形成一致的行动，解决社区内的共同问题。教育是提高人们的思想道德水平，科学文化水平和技能、技巧的重要途径。

4. 协调性原则

社区管理要协调好社区与外界的关系，协调好组织机构和功能职责的关系，让社区内的各组织机构权、责、利统一，使社区和城市的发展协调、同步推进。同时，要注意尽管社区服务是以全体社区成员为对象，但是要从帮助弱者、增强社会福利的目的来看，社区服务必须在兼顾一般的同时突出重点，把有限的经费和力量用在继续扶持的对象和重要项目上。

二、社区管理体制

社区管理体制是指社区管理机构为了实现一定的社区发展目标和社区工作规划．根据一定历史阶段的国家意志和管理原则实施管理的组织体系及运转模式．它要以社区管理的基本内容为基础，与社区外在环境和社区发展的方向相适应，是社区管理实施的组织结构、权能权限划分和管理方式、工作方法的总和。社区管理体制是社区功能正常发挥的重要保证。构建社区管理体制要注意以下几个方面。

1. 健全组织管理体系

区、街道分别建立政府领导、民政主管、各有关部门及辖区内企事业单位代表参加的社区服务领导或协调机构，在民政部门建立办事机构，形成齐抓共管、各负其责的管理体制。区、街道分别建立社区服务待业管理组织或社区服务指导中心，对不同运营性质社区服务单位实行不同的管理方式，并有一套科学、合理的统计指标体系。所有参与社区管理的各级政府及其职能部门、社区党组织、社区成员大会、社区委员会、社区协商议事委员会等，其组织机构是配套的、系统的，形成一个完整的管理框架体系。

2. 增强社区基层的管理功能

管理重心下移，将一部分政府职能下移至社区，其核心是向社区放权，包括第二级政府（区委、区政府）向第三级管理（街道）放权和第二级政府有关职能部门向相应的第三级管理机构分权。

3. 建设一支多元高效、职业化的管理队伍

要求做到管理队伍素质高，群众自我管理意识强，志愿者人数增加，管理队伍实现社会化、职业化、专业化、年轻化。社区组织要有效地利用社区内各种资源，最大限度地满足社区居民的需要。

4. 创建教育、经济、制度手段并举的运作机制

社区管理主要运用思想政治教育、市场经济和规章制度三大手段进行运作。通过思想政治手段，提高市民对社区的归属感、凝聚力。通过实行自主经营、自负盈亏的企业化管

理，吸引社区居民，服务社区居民，降低社区管理成本。通过制订社区公约，约束市民的行为，形成良好的风尚。

三、社区管理的主要内容

（一）社区文化管理

1. 社区文化的含义

这里指的社区文化是从狭义的角度讲的，特指一定区域内聚居人群的精神生活现象，表现为社区居民文娱体育、社会教育等健康身心、娱乐身心的文教体卫活动。社区文化包括：

（1）社区文娱活动。包括日常文娱活动和集中文娱活动。日常文娱活动指自发的、分散性业余爱好活动；集中文娱活动指有组织的文娱活动和节日文艺庆典活动等。

（2）社区体育活动。包括分散活动和集中活动。分散活动是居民个体自发性的体育锻炼活动等；集中活动是指集体性体育锻炼、训练比赛和表演等。

（3）社会教育活动。特指学校教育之外的社区组织团体和文化单位对社区成员进行的政治思想教育、科学文化知识教育、人的社会化教育等社会教育活动。

2. 社区文化的功能

（1）娱乐功能。通过文化活动，起到调养身心和锻炼身体的作用，以便精力充沛地投入工作和学习。

（2）教育功能。社区文化以社会为课堂，通过群众最易于接受的形式使其受到潜移默化的教育。

（3）传播功能。通过社区文化传播，居民可以接收到一些有价值的信息，为写作、研讨、教学、从政、经商提供一些可借鉴的素材。

（4）整合功能。通过社会公德、职业道德和家庭美德教育，有效地整合一些失衡的干群、夫妻、父子、婆媳关系；通过宣传好人好事，批评不良现象，整合一些失调的行为关系，促进社区的安定团结。

3. 社区文化管理的内容

（1）对社区文化活动的组织领导。社区党组织的重要任务是把握社区文化发展方向以及文化活动的思想行为取向。对社区内各类有组织的文化教育活动进行指导，对负文化进行监控。

（2）对社区文化活动的组织实施。社区居委会的职责是在社区党组织的领导下，具体安排和协调社区文化活动，保证社区文化活动顺利健康地进行。

（3）对社区文化事业单位和文化经营单位的文化管理。社区文化事业单位如图书馆、科技馆、文化宫、少年宫、俱乐部、展览馆等，是国家兴建和扶持的社会文化公益单位，是社会主义精神文明建设的主要阵地；社会文化经营单位如迪厅、卡拉 OK 厅、录像厅、书店、电子游戏室、网吧等以盈利为目的的文化经营场所，是社区文化建设的重要补充形式。社区文化部门要抓好对这两类文化单位的监督、管理工作。

（4）对社会教育的管理。社区文教部门应依据社区文化建设发展规划，对社区教育工作进行部署和协调组织，对社区内分散的社会教育活动进行引导和提供服务。学校应积极配合，为社区的教育提供教室、师资等条件，为提高社区居民素质出力。

（5）对社区内负文化活动的监控。所谓负文化，是指与进步健康文化相对的落后和反社会的文化，社区文化、公安部门要充分利用现有文化活动设施，宣传社会主义精神文明，倡导科学文明健康的生活方式，加强对社区内负文化活动的监控。

（二）社区卫生管理

1. 社区卫生管理及意义

社区卫生服务是在政府领导、社区参与、上级卫生机构的指导下，以基层卫生机构为主体，全科医师为骨干，合理使用社区资源和适宜技术，以人的健康为中心、家庭为单位、社区为范围、需求为导向，以妇女、儿童、老年人、慢性病人、残疾人等为重点，以解决社区一般卫生问题、满足基本医疗卫生服务需求为目的，融预防、医疗、保健、康复、健康教育、计划生育技术服务等为一体的，有效、经济、方便、综合、连续的基层卫生服务。

我国社区卫生服务是社区建设的重要组成部分。社区卫生服务由于顺应了医学发展方向而得到各国的重视，发展我国城市的社区卫生服务具有十分重要的意义。

2. 社区卫生管理的主要内容

（1）社区健康教育。健康教育是公民素质教育的重要内容。健康教育是通过有组织、有计划、有系统的社会和教育活动，促使人们自觉地采纳有益于健康的行为和生活方式，消除或减轻影响健康的危害因素，预防疾病，促进健康，提高生活质量。

（2）社区预防。社区预防包括：传染病和多发病的预防；卫生监督和管理；慢性病控制。

（3）社区康复。社区康复是指患者或残疾者经过临床治疗后，为促进患者或残疾者的身心进一步地康复，由社区继续提供的医疗保健服务。社区康复工作内容包括：开展社区残疾人普查；开展残疾预防，减少本地区残疾发生程度；以社区为基地，以家庭为基础，开展各种康复治疗及功能训练，为残疾人及其他康复对象提供医疗康复服务；以社区康复站为基地，协调社区有关部门，开展教育、职业、社会康复，促进全面康复目标的实现。

（4）社区医疗。医疗是社区卫生服务工作量最多的部分，但不是社区卫生服务的重点。很多常见病、多发病，都可以在社区进行治疗。社区医疗应特别强调使用适宜技术、中医中药等，以适应广大人民群众的需求，减轻人民负担和控制医疗费用的迅速上涨。

（5）计划生育技术指导。计划生育是我国的一项基本国策，社区卫生服务可为晚婚晚育、优生优育、计划生育提供方便、有效的技术指导和宣传教育。

（三）社区治安管理

1. 社区治安管理的含义

社区治安管理是指在一定地域内对社会治安问题进行治理，是社区治安管理主体依靠社区群众、协同公安、司法机关、对涉及社区的社会秩序和人民群众生命财产安全的问题依法进行治理，促进社区秩序安定有序的过程。

2. 社区治安管理的主要内容

（1）社区社会秩序的管理。主要是公共秩序的管理，包括影剧院、俱乐部、文化宫(馆)、舞厅、音乐茶座等公共娱乐场所和车站、码头、公园、商场、集贸市场等公共场所的秩序，还包括查禁淫秽物品、取缔卖淫嫖娼活动、查禁黄赌毒、制止封建迷信活动、救援乞丐、无业游民、管理精神病患者等。

（2）户口管理。社区户口管理是社区治安管理的基础，包括户口登记、户口迁移、户口调查、户口档案、流动人口管理、人口卡片管理、人口统计等工作。

（3）民用危险物品管理。主要是对枪支、弹药、刀器、剧毒物品及易燃易爆等物品的安全管理，包括对生产、销售、运输、储存、使用等环节的安全监督、登记、审批和发证等工作。

（4）特种行业管理。包括旅馆业、印铸刻字业、旧货业等行业，是同违法犯罪分子做斗争的一项基础工作，主要内容有开业审批，登记及安全检查等。

（5）消防管理。包括制订消防规则、办法和技术规范；进行消防安全宣传、掌握消防队伍的组织、业务和思想建设；指挥救灾；对消防器材规格、质量和其他有关事项的监督工作。

（6）单位安全管理。包括对干部、职工等进行法制和治安教育，发动群众做好安全防范工作，协助有关部门做好社会帮教、监督改造工作。

（四）社区环境管理

1. 社区环境管理的主要内容

（1）净化环境，建设卫生社区。社区环境净化，主要指搞好城市的环境卫生。社区环境卫生水平高低，反映社区经济发展水平和居民精神面貌及文化素养。城市社区环境卫生主要有两大任务：一是进行环境整治，开展经常性的环境卫生工作；二是以《环境保护法》为准绳，控制环境污染。

（2）绿化环境，建设绿色社区。绿化环境是建设环境优美社区的重要环节。社区环境的绿化建设，包括有计划地种植花草树木，积极扩大地表、空间的绿色植被，发展小区公园，利用绿色植被创造自然环境，改变社区面貌。

（3）美化环境，建设美好社区。美化环境是在净化、绿化的基础上实现“社区环境优美”的更高层次的要求和目标。美化社区的基本要求是：社区环境，包括房屋建筑、街道修整、园林街心绿化、花坛、财产等方面做到整齐、清洁、协调、科学、美观，形成优雅清新、赏心悦目的社区景观，培养高尚美好、奋发向上的居民精神境界。

2. 社区环境管理的主要方法

（1）搞好社区环境规划。社区环境建设要严格按照所在城市经过批准的城市总体规划，量力而行，逐步实施。加强社区环境卫生基础设施建设规划，包括社区街道的清扫和保洁设施及城市生活垃圾和粪便的清运和处理设施。社区公共绿地建设要进行科学合理布局，结合自然地形地貌、天然林地等条件，打造以突出自然景观为特色的休息环境。

（2）建立社区环境管理机制。首先是社区市容市貌管理。社区市容管理，是一个内容多样、政策性强、涉及面广的社会管理工程，涉及社区的方方面面。其次是社区园林绿化管理。社区园林绿化管理要加强社区内现有园林绿地管理，建设好适合社区特点的小景观、小绿地、小花坛，从局部绿化向整体绿化过渡。

（3）加强执法和服务队伍建设。按照一职多能、综合管理的模式，把公安、工商、城管、卫生、环保等具有城市管理职能的有关部门的执法队伍综合起来，分配到社区，综合行使环境卫生、园林绿化、环境保护、建筑工地管理等方面的有关职能。社区环境建设及管理除了专业队伍外，还必须建立一支长期、稳定的志愿者队伍，这是社区居民自我教育、自我服务、自我监督的有益载体。

第三节 社区服务

社区管理的实质与核心就是社区服务。社区服务既是社区管理的基础，又是社区管理的出发点和归宿。社区服务是社区管理的永恒主题，是社区管理的“重头戏”。

一、社区服务及特征

社区服务是指政府、社区居委会以及其他各方面力量直接为社区成员提供的公共服务和其他物质、文化、生活等方面的服务。它是一种在政府倡导下，为满足社区成员多种需求，以街道、居委会的社区组织为依托，具有社会福利性的居民服务业。社区服务业是社会保障体系和社会化服务体系中的一个重要行业。社区服务具有以下基本特征：

1. 社区服务的非营利性

社区服务把社会上的社会孤老、残疾人、优抚对象以及失业、下岗等急需帮助的群体作为服务的对象和重点。从本质上看，社区服务是一项公益事业，是为了增进社区的社会福利。社区服务不以盈利为目的，而是把社会效益、社会福利放在首位。

2. 社区服务的“地域性”

社区是人们社会活动的场所，是地域性社会。我国城市社区服务以街道、居委会、小区为依托而展开，农村的社区服务以村、镇为依托展开，因而地域性是社区服务的一个特点。

3. 社区服务的专业性

从社区工作的角度看，社区服务的主体除自助与互助的社区群众之外，更为主要的则是专业化的社区社会工作者。他们所做的不仅仅是一般的“送温暖”式服务，而是由专业性决定的资源调集的物质援助、专项服务如安老服务、残疾人服务、少儿服务以及心理疏导和治疗等内容。

4. 社区服务的综合性

社区服务的内容囊括社区居民日常生活和工作的方方面面，服务的对象包括社区内所有不同职业、不同生活状况的社区成员，服务的主体包括社区内的一切单位和个人，涉及经济、政治、文化、社会等多方面，因此，社区服务具有综合性特征。

二、社区服务的分类

（一）社区服务方式的分类

按照服务方式，社区服务可进行如下划分。

1. 福利性服务

指对免费或保本提供给社区弱势社会群体的服务或商品。它一般需要界定特殊的弱势群体，如民政对象、社区下岗职工、残疾人、青少年、老人等。这种服务方式一般由第三者付费或补贴，服务对象只付很低费用或免费。

2. 公益性服务

指由公共筹资并公开免费提供给所有社区成员的服务，是一种社区层面的公共物品，比如社区环境美化、社区卫生清理、社区全民健身等。资金来源靠政府资助或社区内动员，它的使用是公共免费的。

3. 互助性服务

指社区内具有互补性不同成员之间的互相服务。互助性服务主要指社区居民之间的互相照顾和服务，应强调以服务换服务，而不是互相购买服务。

4. 志愿性服务

指社区内居民或机构志愿向社区提供的服务。志愿性强调的是非营利、非政府组织等特点，居民或机构在一种价值观鼓励下志愿的、不图利地提供的服务。

5. 经营性服务

指社区中的居民或机构按市场交易原则向社区居民提供的服务。社区经营性服务的特点在于：一是依靠社区内在资源；二是服务于社区居民。

（二）社区服务内容的分类

按照服务内容，社区服务可进行如下划分。

1. 文体康乐服务

指居民的文化演艺、体育健身、休闲娱乐、书法、舞蹈乃至民俗、民风等活动。

2. 精神伦理服务

指倡导一种崇高、美好、善良、正直的精神伦理，并开展活动去实践这种精神。如爱国主义演讲比赛、市民文明公约、市民文明教育、五好家庭评比等。

3. 生理医疗服务

指针对居民生理疾病提供的防疫、医疗服务等，包括计划生育。

4. 就业创业服务

指为社区中无业或失业居民提供的就业培训、就业指导、就业机会等服务。以及为社区中有创业动机和技术才能的人提供场所、投资、工房登记，扶持政策等服务。

5. 社会安定服务

指组织居民开展治安巡逻，对劳教、劳改释放人员和问题青年进行帮教，举行家庭安全防范讲座等内容。

6. 婚姻服务

指婚姻中介、婚前教育、婚姻登记、婚姻礼仪、婚姻关系调适等一系列服务。

7. 法律服务

指给居民提供法律咨询、法律诉讼、法律调解等服务。

8. 托幼安老服务

指对于社区中的幼儿提供看护、教育、娱乐等照顾服务、分解父母亲的负担。以及对社区中逐渐增多的老人提供生活照顾、社会参与等服务，使老人在社区中得以安养晚年。

9. 残疾康复服务

指给本社区残疾人提供物理康复训练，器械康复训练、操作康复训练、社会参与康复、家庭适当康复等。

10. 便民利民服务

指针对社区中的房屋修理、家庭用具与家电维修以及日常百货饮食供应等服务。

三、社区服务的运行机制

社区服务的内容相当大的部分属于社会保障和社会福利的体系，属于政府的责任范围，因此，政府的投入始终是社区服务的重要资金来源。在国家承担了基本的社会保障和社会福利责任的前提下，有偿性的社区服务必须是低偿的、微利的、不以盈利为目的的服务。因此，社区服务收入的再投入不可能成为整个服务资金供给的主体或主要来源。

社区服务运行资金的供给渠道主要来源于三个方面：一是政府的资金投入，二是各种社会捐助，三是社区服务部分项目收入的再投入。此外，有些国家和地区还通过博彩业和有奖募捐基金的部分收入作为社区服务的资金来源。具体来讲，社区服务的运行机制一般具有以下特征：

对于福利性的服务，一般是国家政府财政资助或社会捐赠或第三者付费给福利机构，服务机构提供服务给服务对象。还有一种方式是国家和社会发资金给服务对象，由服务对象选择服务机构购买服务。

对于公益性服务，一般是国家或社区组织出资向百姓提供公共物品，或者动员社区中企业、个人向社会志愿义务提供公共物品。

社区互助服务和志愿服务一般是由专职的社会工作者到社区中推动，它要靠一种价值理念引导和一套激励机制来鼓励居民互助服务和志愿服务。

对于经营性服务则是实行用者付费的办法，随行就市，按质论价。

对于区、街道社区服务中心的定位是多功能综合性的服务事业单位，既有管理职能，也提供示范服务；既有福利性服务，也有经营性服务，所以社区服务中心的运作机制是复合型的。

第四节　城镇物业管理

一、物业管理概述

（一）物业管理及目标

1. 物业管理含义

物业管理也称小区物业管理，是指小区业主通过选聘物业管理企业，由业主和物业管理企业按照物业服务合同约定，对小区房屋及配套设施和相关场地进行维修、养护、管理，对小区内环境卫生和社会秩序进行相应管理的活动。物业管理是一种与房地产综合开发相配套的综合性管理，是与住房制度改革推进而出现产权多元化格局相衔接的统一管理，是与建立市场经济体制相适应的社会化、专业化、企业化、经营型的管理。

2. 物业管理的目标

第一，创建一个安全、舒适、文明、和谐的生活和工作环境与气氛。随着社会发展，人们对生活和工作环境的要求越来越高，住宅小区物业管理应努力创造一个现代人理想的生活和工作环境。第二，提高物业价值。住宅小区物业管理不仅可以使物业及其设备处于完好状态和正常运行，延长其使用年限，而且可以提高物业档次和适应性，增加其使用价值和价值。第三，提高发展商声誉。良好的住宅小区物业管理可以建立房地产发展商在公众中的良好形象，增加公众对发展商的信心，促进后续销售工作的顺利开展。

（二）物业管理的特点

1. 物业管理的社会化

物业管理的社会化指的是它摆脱了自建自管的分散管理体制，替多个产权单位、产权人找到了一个总管家，在委托授权范围内集中实施社会化管理，充分发挥住宅小区与各类房屋的综合效益和整体功能。

2. 物业管理专业化

物业管理专业化指的是由专门的物业管理企业通过签订委托合同后，按照产权人和使用人意志和要求去实施专业化管理。物业管理企业有专门的人员配备、专门的组织机构、专门的管理设备、专业性规范化的管理措施与工作程序，是现代化大生产社会专业分工的必然结果。

3. 物业管理企业化

物业管理企业化是指通过组建物业管理企业对物业实行企业化经营服务管理，其核心是按照现代企业制度组建物业管理企业，实行的是一种企业行为和责、权、利相结合的经营责任制。物业管理提供的商品是劳务和服务，推行的是有偿服务与合理收费。这种经营型的企业化管理，可以减轻政府或单位的压力与负担，使各类物业管理走上自我发展的道路。

（三）物业管理与社区管理的关系

首先，从两者性质来看，社区管理是综合的系统的管理，对所辖社区的服务、治安、精神文明建设、经济发展实行组织领导、综合协调、检查监督等管理职能。物业管理是以各类房屋、公建配套设施、周围场地的使用、维修、保养为核心的专业管理。社区管理是母系统，物业管理是子系统。

其次，从管理区域来看，尽管物业管理可跨地区经营，但从目前成立的物业公司看，其管辖范围基本与街道对口，即使一些由各系统管理的新建小区，也都处在一定的街道管辖的社区范围内。

最后，从管理目标来看，社区管理是在街道指导下，由各单位团体和居民共同参与的管理，是围绕人的生活的管理，以实现居民生活安定放心、环境优美舒心、文化娱乐称心，深受居民喜爱的居住小区目标。物业管理是围绕人的居住，从外部入手，主要从物质文明的角度进行管理，达到为社区创造整洁优美、舒适方便、文明安全的居住环境目标。两者着手角度不同，但都是以人为本，为提高居民生活质量、改善居住环境、促进社区发展进行管理。

二、物业管理职能

（一）管理职能

包括基础性管理和日常性管理两类。

1. 基础性管理

如管理制度的制定、公约的签订、户籍、产权、产籍、租赁、租金等资料的收集、存档管理，房屋、设备等专门技术性资料和图纸的收集、整理、存档管理工作。

2. 日常性管理

如及时掌握房产变动和使用情况，对房屋和周围环境、机电设备进行日常性巡查、记录、存档；经常向业主和租赁人宣传使用房屋和设备知识，消防安全知识和治安管理法律知识；及时收缴物业租金、各项管理费、服务费；对于不遵守管理规定和公约的业主和租赁人进行教育，对于损坏公用设备和严重违章搭建、破坏房屋结构影响毗邻房产的进行处理。

（二）维修职能

一是对小区房地产及周围附属物、环境和楼宇中机电设备的日常保养与维修。二是对房屋楼宇的修缮和小区居民家庭的维修。住宅小区物业管理的维修职能是要努力使得小区住宅常住常新。

（三）服务职能

住宅小区物业管理不仅要解决人的居住问题，还要解决人的吃、穿、用、行、乐等生活问题，这就要发挥住宅小区物业管理的服务职能。包括餐饮服务、商贸服务、美容美发、学生的设点接送、医疗的设点服务、文化娱乐与体育活动等服务设施的建造和场所提供、小生活用品的维修等。

三、物业管理内容

（一）对物业使用人的管理与服务

小区物业的使用人，是物业的居住者和使用者。他们可以是物业的产权所有人，也可以是其他住用者。物业管理企业对物业使用人的管理与服务一般包括如下方面。

1. 治安管理

具体包括小区的流动人口管理，车辆管理，消防管理。其管理目标是保证小区物业使用人的居住和生活安全，防止偷盗、车祸、火灾等危害使用人安全的事故发生。

2. 环境卫生管理

根据小区环境卫生管理规定，对小区物业使用人进行宣传、教育、指导，并对违反规定的行为人采取措施进行处理。

3. 园林绿化管理

根据有关管理规定，对使用人进行宣传、教育、指导，并对违反规定的行为进行处理。

4. 室内装修管理

小区内房屋装修行为，对小区内毗连建筑物的结构构件安全、小区内的治安、消防及保洁工作均有一定影响。物业管理机构针对装修行为，也应制定相应的管理规定和措施。

为物业使用人的服务，还可分为针对性的专项服务和委托性的特约服务。针对性的专项服是指物业管理企业为改善和提高住用人的工作、生活条件，面向广大住用人，为满足其中一些住户、群体和单位的一定需要而提供的各项服务工作。主要有日常生活类、商业服务类、文化教育卫生体育类、金融服务类、经纪代理介服务类等。委托性的特约服务是为满足物业产权人、使用人的个别需求受其委托而提供的服务，通常指在物业管理委托合同中未要求，物业管理企业应在可能的情况下尽量满足其需求，提供特约服务。如小区内老年病人的护理、接送子女上学、照顾残疾人的上下楼梯、为住用人代购生活物品等。

（二）对物业设施的管理与服务

物业管理部门主要是针对物业的公共部分或共有部分，开展维修养护等技术性管理工作。具体分为两大部分：房屋本体的维护和房屋附属设备的运行维护。

房屋本体的维护，是对房屋本体共有部位，如屋面、梁、柱、墙、基础等承重结构部位及外墙面、楼梯间、走廊门厅、设备房等部位，开展查勘、鉴定、养护、维修等技术管理工作。

房屋附属设备的运行维护，包括对小区的供电设备、供水设备、楼内消防设备、采暖设备、电梯设备等进行运行操作、设备养护和设备维修。

第五节　社会管理体制改革

一、社会管理新格局

（一）基本要求

党的十六届四中全会的《决定》在要求深入研究社会管理规律的基础上，第一次明确提出了要建立健全党委领导、政府负责、社会协同、公众参与的社会管理新格局。

1. 党委领导

加强社会建设和管理，推进社会管理体制创新，是一项复杂的系统工程，也是一个长期的发展过程，必须在党的领导下进行，党在社会管理格局中的地位是领导核心，必须要发挥总揽全局、协调各方的重大作用。各级党委要立足于全党工作大局，集中主要精力抓住全局性、战略性、前瞻性的重大问题，把好政治方向、决策重大问题、安排重要人事、开展宣传教育、维护社会稳定，保证党的路线、方针、政策的贯彻落实。同时，各级党委要从整体上推进全局工作的需要出发，统筹协调好人大、政府、政协等领导班子之间的关系，统筹安排好纪检和组织、宣传、统战、政法等方面的工作，使各方都能各司其职，各尽其责，相互配合，形成合力。

2. 政府负责

在新的社会管理格局中，政府要担负起社会管理的职能，即集中精力抓好经济调节、市场监管、社会管理和公共服务，要改变政府以往介入市场过多的“越位”和在提供社会公共服务方面的“缺位”现象，顺应全球社会公共管理新趋势，加快传统的“经济管理为主”向现代的“社会管理为主”转变。政府在社会管理中重点做好几项工作：一是建立健全社会管理的政策法规，依法管理和规范社会组织、社会事务、社会事业、社会保障，建立健全社会管理的制度体系；二是实施有效的社会控制，维护社会的正常秩序和稳定；三是制定各种应急预案，保障公共安全和处置突发事件；四是按照精简、统一、效能的原则，建立决策、执行、监督相协调相制约的权力运作机制。

3. 社会协同

从社会管理的推进趋势看，社会管理越来越社会化。随着改革开放和社会主义市场经济的发展，我国出现了众多的社会组织，即非政府、非营利性质的社团组织。党和政府要帮助和引导社会组织自我管理和自我约束，完善指导和监督机制，充分发挥城乡基层自治组织协调利益、化解矛盾、排忧解难的作用，充分发挥社团、行业组织和社会中介组织提供服务、反映诉求、规范行为的作用。

4. 公众参与

公众参与，是加强社会建设和管理，推进社会管理体制创新的重要内容。公众参与社会管理的主要渠道是社会组织。公众参与社会建设和社会管理，是党的全心全意为人民服务的根本宗旨与人民群众为自己创造美好幸福生活的强烈愿望有机统一的具体体现。要采取多种形式、开通多种渠道让市民参与社会建设和社会管理。

（二）形成社会管理和社会服务的合力

1. 完善提高城市基层社会自我管理水平

目前我国城镇已经普遍建立了由社区居民通过间接或直接方式选举产生的居民委员会，这种自治性群众组织，在维护社会稳定，促进经济和社会协调发展，改善居民生活环境，提高居民生活质量，发挥着日益重要的作用。今后，要适应我国社会主义民主政治发展的要求，全面推进社区建设，逐步建立与社会主义市场经济体制相适应的社区管理体制、运行机制和服务体系。合理配置和利用社会资源，实行民主选举、民主决策、民主管理和民主监督，努力建设管理有序、服务完善、环境优美、生活便利、治安稳定、人际关系和谐的现代化新型社区。

2. 充分发挥民间组织的积极作用

民间组织主要是社会团体、基金会和民办非企业单位三种类型，它具有公益性、非营利性、民间性、自律性、自愿性等特点。这些民间组织，在党和政府与社会、党和政府与企业之间搭建了一个交流、对话与合作的平台，在履行政府赋予的行业管理职能，加强行业自律，解决贸易纠纷，发展教育科学和文化卫生事业，保护生态，扶贫济困，化解社会矛盾等方面都发挥了积极作用。在社会建设和管理中，对民间组织必须坚持培育发展和管理监督并重的方针。进一步健全民间组织法规政策体系，完善双重管理体制，建立政府统一领导、登记管理机关与业务主管单位和有关部门各负其责的管理体制，形成推进民间组织健康发展的整体合力。

二、社会管理体制改革的措施

（一）推进社区党的基层组织工作方式转型

1. 增强区党组织凝聚力

社区党组织是社区各类组织和各项工作的领导核心。社区党组织坚强有力，才能凝聚社区力量，形成群策群力、共建和谐社区的局面。因此，加强社区党建，夯实执政基础，要求社区党建工作要融合到搞好居民自治、加强社区管理的活动中去，深入拓展社区服务，搞好社区治安的具体工作中去，渗透到繁荣社区文化、改善人居环境的实践中去，不断增强社区党组织在居民群众中的凝聚力和号召力。

2. 推进党的社区领导方式转型

以党建促参与、为基层群众自治创造条件、借助执政党的组织资源对社区治理加以引导和调控。强调中国共产党的主导作用并不是要社区党组织取代社区居委会，成为社区发号施令的中心，而是指社区党组织应在构建社区公共利益平台上，在疏通、完善各种利益表达、利益实现的机制和渠道方面，在真正有效整合社区居民利益中，成为动员社会、凝聚社会的政治核心。这就需要改变“支部建在居委会之上”的党政合一的社区领导体制，将党组织的功能定位由全面介入社区治理的体制保证型的制度安排，转变到以党建促参与，为基层群众自治创造条件，借助执政党的组织资源对社区治理加以引导和调控的功能作用型的制度安排上来。这就需要通过采取意识形态的激励、社区党支部书记专职化、以在职党员为重点对象等措施来开发社区党建资源。

3. 创新工作思路，改变工作方法

一是针对离退休党员的特点，按照特长和本人意愿，对他们进行设岗定责，明确责任和工作任务，充分发挥他们的余热。二是在社区在职党员中组建党员志愿者服务队，建立在职社区党员登记簿，使在职党员积极参与到社区建设和管理中去。把在职党员双重管理工作纳入单位党组织和社区党组织党建工作目标的考核范围，并作为先进基层党组织的评选条件。使在职党员由“8 小时党员”变为“24 小时党员”，自觉参加社区建设，自觉接受社区党组织监督和管理。三是对社区流动党员实行托管。建立报到登记、定期联系制度，根据流动党员的从业情况和居住情况，在各社区建立流动党员管理站和流动党员登记站，把外来务工经商党员、尚未安置的复退军人党员、大中专毕业生党员纳入其中，定期组织党员参加党组织生活，经常性与他们进行沟通，关心他们的工作学习与生活。对在建筑企业中工作的党员，协调企业依托务工单位党组织进行管理。实现党员管理属地化，党员流动社会化，消除党员管理盲区。

（二）规范政府职责，推进政府角色转变

1. 规范政府职责，改变政府管理的大包大揽

在任何社会，政府的力量都是不可或缺的，关键是政府定位要合理，也就是政府与社

区、政府与社会的职权分工要科学。对于社会来说，政府主要是通过政策调节、制定法律和财政政策来实施对市场组织和第三部门的宏观调控和宏观管理。对社区来说，政府主要是制定社区发展的政策、规划、法规，指导和监督社区自治机构在法律范围内、在党的领导下自主组织与管理社区公共事务与公益事业。对社区提供足够的财政支持；积极培育和发展民间组织，引导民间组织从事社区公共服务，并实施对民间组织的管理与考核，以制度和政策以及激励等办法来增强民间组织的责任感和使命感；综合协调社会各种力量参与社区治理等。

在新的社会发展形势下，要按照市场经济体制的要求，改变政府集社会管理和兴办社会事业于一身的格局，鼓励非政府组织及个人参与兴办社会事业的积极性，强化社会参与和自我管理能力，改变政府以往介入市场过多的越位和在提供社会公共服务方面的缺位，政府要转到主要承担提供公共产品、公共服务和弥补市场缺陷的角色上来，使自身公共管理职能得以强化。

要实现以上政府定位，一是进一步转变政府职能，进一步推行政事分开、政资分开，政府与中介组织和社会事务分开，在更大程度、更大范围发挥社区资源在社会基层管理中的作用；二是创新和规范政府行政方式，通过健全公共服务体系，规范和优化公共服务行为，进一步推行政务公开，建立便捷、透明的政务服务体系。同时，推进社区政务公开、公共服务公开等，利用电子政务等手段，搭建公共信息平台；三是建立政府和公共服务绩效评估体系，完善公共服务治理结构，促进社区资源合理高效配置。

2. 工作重心下移，拓展社区服务方式

缩短行政链条、优化治理结构，降低行政成本，提高行政效率，增强社会活力。

一是开展政府工作直接面对基层、社区的试点工作。在社区建立人大代表、政协委员接待日制度，设立社区民情走访责任区，在社区党组织与居民群众之间架起一条知民心、体民情、解民忧的绿色通道，让区政府每个职能部门都与基层单位挂钩，拓展行政服务和协调的渠道，促进了管理工作重心的进一步下移，其创新思路可资借鉴。

二是建立多渠道的社区服务投入机制。随着人们生活水平的不断提高，社区居民服务业也将随之迅速发展，社区服务市场迫切需要建立一支专业的社会化服务体系，把社区服务业建成一个吸纳安置下岗、失业人员就业的基地。要按照“谁投资、谁所有、谁受益”的原则，鼓励个体、私营、民营等企业通过投资入股、合伙经营等形式，开办社区服务项目，促进社区资源最大限度的整合，加快社区服务产业化步伐。要坚持把传统与现代的服务方式有机结合起来，继续推行、深化“全方位、多层次”和“一站式”“一条龙”服务等有效的服务方式，加快公共行政和社区服务社会化。要充分利用现代信息技术，加快信息化进程，建立方便快捷的服务网点，力争形成相互衔接、优势互补、项目齐全的社区服务网络体系，不断提高社区服务质量和管理水平。要本着便民、利民的宗旨，按照市场经济规律，采取无偿、低偿、有偿服务相结合的方式，让社区服务组织有一定的经费保证其正常运行，以壮大自身的实力，逐步实现在管理中体现自治、在自治中实施服务、在服务中获取效益的良性循环和自我发展。

三是积极推进“政府购买服务”的新型社会管理模式，把大量社会公共服务的职能从政府机关中剥离出来，转移给社会服务机构或中介机构，使公共服务更加专业化，以降低行政成本，提高服务效率。对于特困群体，则通过基金转移支付、“政府购买服务”的方式，保证他们能享受到应有的服务。

四是社区卫生服务资金筹集和政策调控要多元化。以“政府领导，政策引导，资格认证，市场准入，多种所有制共同参与和充分利用现有卫生资源”作为发展社区卫生服务的思路。建议市政府制定出台有关社区卫生服务管理办法，保障社区公共卫生、计划免疫、预防保健等经费和基本设施的投入。把所需的经费纳入地方财政经常性预算，按社区卫生服务机构承担社区人口服务的数量和质量核定财政补助；在社区卫生服务中引入市场机制，努力跳出全由政府或财政包揽的思维模式，建立公平的社区卫生服务标准及准入制度，以引导社会力量共同参与社区卫生服务建设。

五是强化退管工作的人性化，实现科学高效管理。退管机构人员要多下基层，多宣传国家有关政策，切实维护退休职工的权益。精心设计、组织安排退休职工从事感兴趣有价值的志愿者活动，推动社区建设，满足其成就感。定期发放综合性或专题性的问卷。举办专题研讨会，请退休职工出谋献策，满足其知情权的需求和参政议政的积极性。鼓励退休职工发挥余热，创办力所能及的经济实体，其创造的财政收入可专门用于企业退休职工的福利事业。

六是拓展社区服务队伍，实施规范化管理。广泛吸纳社会各界特别是下岗职工和失业人员积极参与社区服务，建立起一支由专职、兼职和志愿者组成的素质较高的社区服务队伍，实行专业工作者和社区志愿者队伍共同协作的活动方式，为社区居民提供更加优质、快捷和周到的服务。要多渠道、多形式地通过选聘、招考等方式，把更多优秀人才充实到社区服务队伍中来。要建立健全考核激励机制，鼓励和支持社区服务工作人员参加岗位培训及开放教育，建立社区服务工作人员的正常增资和社会保障机制，不断提高社区服务队伍的政策水平、理论水平和业务水平，更好地服务社区居民。建议出台一套专门规范志愿者服务的法规，以支持、指导、管理志愿者活动。要对社区志愿活动进行制度化的组织管理，建立对志愿者给予回报的激励机制，增强志愿者活动的可持续性。比如说可以采取志愿活动记分制和荣誉、褒奖回报制，也可以是在某些公共设施使用上的减免、优惠，在志愿者积累到一定的分数时就可以得到优惠，这样一来不仅可以激励志愿者的参与热情，还可以壮大志愿者服务队伍，营造出良好的社区服务氛围。

（三）进一步理顺关系，推进社区组织架构转变

现阶段我国社区管理体制改革应当探索建立一个“双强模式”。即通过政府自上而下的改革，理顺城市管理体制，强力推动管理重心下移；通过推进以块为主的改革，理顺左右关系，着力强化社区自治功能。

这一模式的特点是政府管理功能与社区自治功能同步协调发展，管理体系纵横有机结合，既能充分发挥现行行政管理体制在社区建设中的主导作用，符合社区自治的发展方向，也切合城镇社区建设起步阶段的实际，有利于调动各级政府、各职能部门和广大居民等方面的积极性。

从纵向上看，要理顺上下关系，解决好管理重心下移问题。即理顺市—区—街—居四个层次的纵向管理体系，理顺市、区政府与街道办事处、街道办事处与社居委的关系。从横向上看，要妥善解决左右关系，解决好以块为主问题。在街道层面上，要按照属地管理的原则，对设在街道派出机构党的关系实行属地管理，由街道党工委实行统一领导。通过建立社区建设协调委员会，把行政部门的条的专业管理和街道办事处块的综合管理相结合。要实现街道管理体制和管理方式的创新，即领导方式从传统的行政管理向协调、指导和服务的方向转变，工作方式从以条为主、条块分割向条块结合、以块为主转变。

在社区层面上，主要是完善的社区组织体系、理顺社区内驻区单位及各种组织的关系，协调处理好与各级服务组织及驻社区各单位、小区物业管理、治安管理等关系，实现以社区管理为中心的区域整合，充分调动他们参与社区建设的积极性。为此建议如下：

第一，建立“议行分设”的社区管理体制。调整、理顺居民委员会的职能，纠正长期以来普遍存在的行政化倾向，明确其居民自治组织定位，积极发挥其上下沟通、协调利益、化解矛盾、排忧解难等综合协调功能。社区自治组织是社区治理的基础，是居民参与公共事务和公共管理的平台、场所，因此建立完善的社区自治组织体系是社区治理成败的关键。“议行分设”的社区组织体制就是决策层、议事层、执行层相分离的体制，其中社区居民会议或居民代表会议是社区的最高权力机构；社区居民委员会是社区的议事机构，由社区居民会议或居民代表会议产生，成员没有报酬，属志愿性质，主要职责是定期研究协商居民区的重大事项，在广泛征求居民群众意见的基础上作出决定，指导和监督执行机构做好各项工作；社区工作站是社区的执行机构，社区工作人员由街道办事处招聘或推荐，工资由街道发放，向社区居民会议或居民代表会议负责并报告工作。

第二，正确处理社区居委会与政府机构的关系，增强社区自治能力。各级政府及其派出机关要切实指导、支持和帮助社区居委会依法开展工作，属于政府和有关部门自身完成的行政性任务，不应硬性摊派到社区；不属于社区的任务，但社区做起来有优势的行政性工作，要采取“权随责走、费随事转”的办法解决。建议成立社区建设工作领导小组统一研究、统一部署、统一检查。要明确规定赋予社区居委会三权：自治权、协管权和监督权。作为社区居委会要积极协助基层政府及其派出机关做好与居民利益有关的公共卫生、计生、优抚救济、青少年教育等工作，努力实现政府行政管理与社区居民自我管理的有效对接，政府依法行政和社区依法自治的良性互动。

第三，强化社区居委会和物业管理公司之间的沟通和协作。一是物业管理公司要认真贯彻国家《物业管理条例》。依照法律、法规和物业管理委托合同的约定为居民提供服务，同时，要自觉接受社区居委会的监督，不断提高服务质量和管理水平。社区居委会要加强对物业管理的监督，把物业管理纳入社区居务公开范畴，维护业主和物业管理企业的合法权益，改善人民群众的生活和工作环境。社区居委会和物业公司要加强沟通，通过来访、座谈会、经验交流会等形式联络感情；联手举办丰富多彩的社区文化、娱乐和联谊活动，促使广大居民支持和配合他们开展社区工作。二是有条件的社区可以尝试兼管物业。物业管理公司的负责人参加社区居委会的领导班子，居委会派人参加业主委员会、参与社区物业管理重大事项的讨论和决策，协调物业管理公司和社区居民之间的关系，对物业管理公司的服务进行评议。北京西城区德外街道中直小区就是社区兼管物业的特例，实践证明此举让社区居委会为群众办实事的实力得到增强，资源得到充分利用，二者优势得到互补，避免了物业纠纷频繁和各种冲突事件的发生，居民的认同感、归属感、荣誉感逐步增强。

第四，改进业主委员会对物业公司的选择和监督。物业公司是受到业主委员会的委托对小区物业进行管理的，它的权力应该在委托的范围之内。要摆正物业公司和业主委员会的位置，物业公司和业主委员会必须要首先明白各自的权利、义务。更为重要的是，业主委员会应该明确自己的权利，正确选择和监督物业公司。目前，业主委员会面临的一个大问题是，业主委员会的工作是业余的，承担的任务却专业性极强，“维权”时心有余而力不足。面对这样的问题，我们认为可以通过中介组织来解决这个问题，这个中介组织是一个专业性的团体，在这个组织中，应有物业管理专家、律师、会计师、审计师和工程师等专业人才。在业委会需要招聘物业公司时，“中介”能从自己的数据库里调出不同等级、不同水平的物业公司供其选择；业委会要与物业公司签订合同时，“中介”提供把关服务；物业公司提交业委会工程预算报告时，“中介”能为其审核；物业公司公布账目后，加强对物业公司的监督，对有关财政、制度、工作例会的监管。业主委员会应每月召开与物业公司对话的例会，及时反映居民的意见，做好“桥梁”工作。

第五，理顺社区居委会与居民的关系。社区工作应该把拓展社区服务作为丰富社区建设内涵的重要方面来抓。社区服务的重点，要放在面向社会特殊群体的社会救助和社会福利服务、面向社区单位的社会化服务以及面向下岗失业人员的再就业服务和社会保障社会化服务上。要健全社区成员代表会议制度，定期召开社区成员代表会议，社区居委会要对社区内的重大事务进行民主决策，凡是社区的大事尤其是与社区居民切身利益密切相关的事项，都要广泛征求居民群众意见，充分尊重群众的意愿，真正做到由民做主。作为社区居民要增强自治意识，广泛参与。要不断扩大基层民主，增加透明度，掌握好知情权、决策权、管理权、监督权，维护好自己的合法权益。要完善居务公开的各项制度，设立居务公开监督小组，负责监督居务公开制度的落实。通过参加居民群众性自娱自乐的活动和志愿者服务活动，增强居民与社区的联络，充分调动社区居民参与构建和谐社区的积极性和主动性。

第六，构筑社区居民之间和睦关系。建议有条件的社区举办“邻里节”活动，或开展“邻里驿站”志愿者服务活动，给社区居民提供传递温情的平台，促进邻里间的相识、相认、相知、相助，形成和睦相处的社会氛围，使得社区居民有了施展个人才华，交流教育子女、美化生活、烹调经验的舞台。社区居民通过各种有效的参与途径，能够激发创造力，使一切有利于社区发展进步的愿望得到尊重、活动得到支持，从而达到构建和谐社区的目的。

对那些与群众利益密切相关的社区事务，应组织居民代表参加讨论，广泛听取不同利益群体的意见。从而使社区不同群体居民在社区舞台上能够实现和谐的利益表达方式，为社区和谐创造安定有序的社会关系。

（四）培育社区非政府组织，推进社区服务主体由一元化向多元化转变

第一，按照政事分离的原则，把依附于各级政府以及街道办事处的事业单位剥离出

来，使之成为具有独立法人资格的专门性、技术性的社会中介组织。比如：市政设施类—供水与排水、供电、供气、路灯维修等市政部门；教育、文化、医疗类—社区老年大学、社区文体中心、社区幼儿园、社区再就业培训中心、社区医疗保健中心等；慈善福利类—社区养老院、社区社会保障中心、慈善组织等；管理服务类—社区行政事务服务中心；物业管理类—物业管理中心、社区环卫站等。

第二，完善市民自治组织，拓展自治主体。非政府组织的产生和发展既是社会改革、特别是政府改革的产物，同时也是检验社会改革、政府改革的重要标准。推动社区民间组织的健康发展，提高社会自主能力和自律水平，是社会管理体制改革和创新的重要工作。政府管理职能的转变，为非政府组织的发展提供了广阔空间。以非政府、非营利为主要特征的各类社区组织的发育和成长，是城市公共治理持续和谐发展的必要条件。

第三，构建专门化、自主化的社区服务网络体系。在有条件的社区，积极培育和发展各类民间社区组织，着重发挥他们在环境保护、社会福利、社区建设、社区管理和社区服务等领域独特的作用。具体表现在以下方面：

一是鼓励创建律师、公证、会计、资产评估、信息咨询、教育服务、金融服务等专业机构和行业协会、学会、商会、基金会等社会团体，引导更多的社会力量参与城市社会公共管理和服务。社会工作是一项专业性很强的职业，如同律师、医生一样，社会工作者必须获得专业资格证书并且注册后方能执业。

二是着力培育各类慈善团体。建立制度化的慈善事业，规范慈善团体的内部治理，完善慈善机构的设立、审批程序，建立外部监管机制。应按照民政部的要求，以政府推动、民间实施为原则，鼓励民间自愿捐赠和志愿行动，大力发展民间慈善组织，建立鼓励企业和个人捐赠的税收制度，鼓励富人捐资建立公益性或慈善性基金。大力培育各类慈善团体，政府必须放权、放钱，大力培育慈善团体。一方面要开发社会资源，实现社会福利社会化。结合财政的承受能力，以扶老、助残、救孤、济困为重点，进一步推进社会福利事业的改革和发展。制定并实施优惠政策，通过政府购买、委托服务等方式进一步调动社会力量积极参与社会福利事业，提升民间非营利组织增进社会公平和福利的能力。另一方面还要鼓励民间自愿捐赠和志愿行动，建立制度化的慈善事业。要培育慈善事业的价值观念和公民意识；政府放权、放钱，大力培育慈善团体，通过立法，形成鼓励企业和个人捐赠的税收制度，鼓励富人捐资建立公益性或慈善性基金；规范慈善团体的内部治理和外部监管，完善慈善机构的设立、审批程序。

三是立足于社会转型，构建新市民管理长效机制。随着大量外来人员和本地农民转型成新市民，在社会基层中，要加强对新市民的教育、引导和管理，使他们更好地融入现代城市生活。通过建立新市民学校，对新市民进行现代城市文明教育；建立职业培训等机构，为新市民提供服务等；实行专门管理与自主管理相结合，除配备专职和兼职的流动人口协管员外，还要加快建立新市民自主管理组织，如计生协会、流动人口互助协会等组织，增强管理实效。

四是建立社会网络体系的运行机制。城市基层社会治理依靠的是以公共问题和公共事务为导向而聚集起来的多种形态的社会网络体系，其中包括政府组织、市场组织和公民组织。由于各派组织都是拥有集团利益的理性主体，因此政策制定、政策执行必然充满着讨价还价，甚至是剑拔弩张。这就要求建立不同利益主体之间的合作信任机制、协商谈判机制、矛盾化解机制、冲突控制机制、区域管理机制，避免集体行动悖论，形成资源共享、彼此依赖、互惠合作的以解决公共问题为己任的纵向横向或纵横交错的组织网络，达到共同治理目标。另外，还应该建立社区服务的网络体系。比如，兴趣团体、互助组织、志愿组织、楼道组织等，最大限度地实现社区的自助互助。

五是政府有意识通过各种创建活动，引导社区提高管理水平和服务质量。现阶段，可以以平安创建、文明创建、和谐创建、开展绿色环保行动等为载体，将政府对外来人口的教育管理、对提高人口素质的计划、对建设节约型城市的要求等工作目标，很好地融入这些创建活动中去，以建设平安社区、节约社区、绿区社区、文明社区、和谐社区等为主题，有意识、有组织地引导基层组织与广大市民群众自觉参与进来，实现社区居民的自我管理、自我服务。

六是建立社区管理质量评估体系。可借鉴网格化城市管理评价体系的模式，对社区管理的工作过程、责任主体、工作绩效和规范标准进行全面评价、系统认证，提高社区管理科学化、专业化、职业化水平，实现社区建设的可持续发展。

（五）引入竞争机制，推进社区服务方式由行政化向市场化转变

1. 有序引导民间力量参与社会管理服务事业

将竞争机制引入公共服务领域，开放一些公共服务市场。对于需要专业化管理的基本公共服务，可以采取政府采购的方式购买后再提供给市民。在文化、教育、卫生、社保等领域，积极探索由专业机构参与、第三方承办支付业务的运作机制，并由职能部门加强监管，为广大市民提供公正、高效的社会服务。

2. 改变政府投入方式，增加对基层的财政投入比例

第一，增加对基层的财政投入比例。最近几年，我国城镇对社会发展和社会事业的投入不断加大，公共投入方向已经开始做重大调整，社会事业投入不足的局面开始转变，但仍需进一步加大投入力度。国际上，一般认为服务型政府的一个基本标志是60%以上的财政预算要用于社会发展。

第二，改变政府投入方式，从养机构、养人转变为养项目和直接付费。今后政府应当尽量减少直接投资办事业，政府直接投资办公共服务机构主要应当集中于民间资金不愿意去、基本公共服务匮乏的地方。政府对公共服务的投入，主要以投资于公共基础设施、特定项目、对公共服务直接付费等方式。改变过去以“养人”为主的软预算约束，变为以“做事”为目标的硬预算约束。一些财政资金（如卫生医疗经费）可以以代金券的形式直接投入到基层或者个人头上，由基层单位或市民自主选择服务“供应商”，以促进公共服务水平的提高。

第三，优化社会管理组织架构，成立公共事业监督管理委员会，负责对全社会所有公共服务行为的监管，提高全社会公共服务的质量和水平。目前，大多数服务行业都制定了服务公约、投诉处理等机制，但多数还局限在“自己管自己”或者是行业的“内部监

督”，缺乏透明性，因而有必要成立一个统管全社会服务的机构，一方面加强外部监管，另一方面也可把一些尚未建立健全监督制度的服务部门先管起来。

第四，制定政策，提高基层服务和管理人员的福利待遇，大力吸引优秀人才进入社区工作者队伍。

3. 注重提供必要制度保障

创新社会基层管理体制是一项探索性的工作，意义重大，要加强领导，采取切实措施，从组织、投入、人才、法律保障等各个方面给予有力支持。

第一，制定有关法律法规，为社会基层管理创新提供必要的政策保障。清理不适应的政策法规，同时制定有利于社会基层管理体制创新的法律法规，为社会基层管理体制创新保驾护航。

第二，加强监管和宣传教育，切实提高各类市民自治组织的公信度。目前，一些社区组织公信度不高，在居民中的号召力不强，这已成为制约其发展并发挥好作用的瓶颈。加强社会诚信体系建设，必须在大力宣传社会主义道德规范的基础上，把道德教育与和谐社会的管理紧密结合起来，强化他律机制，重点应从制度、文化层面上，配套建立与我国经济和社会发展水平相适应的维护诚信的法规和制度保障，以及相应的监管机构，最终形成以道德为支撑、产权为基础、法律为保障的社会信用制度和信用管理体系。

第七章

城市郊区管理

第一节　城市郊区化

一、城市化中的郊区化

（一）城市郊区化

城市郊区化是城市化的必然趋势，如何认识和努力搞好郊区化的管理是城市政府面临的紧迫任务。城市郊区化和逆城市化是离心型城市化的两种类型和阶段。

所谓城市郊区化，是指人口、就业岗位和工商业等从大城市的中心区向郊区迁移，中心区的人口增长相对低于人口迁出的一种离心分散化的过程。日本地志研究所编写的《地理学辞典》中认为，郊区化实际上包含了两方面的内涵，即：市中心区和建成区的住宅、工厂、学校、办公楼等外迁及农地的住宅用地转化为景观上的郊区化；中心市的通勤者增加和购物地发生变化等为功能上的郊区化。郊区化实质上是指城市周围的农村地域，受到城市膨胀的影响，向城市性因素和农村性因素相互混合的近郊地域变化的过程。

城市郊区化的主要原因有：人口增长对城市中心造成巨大的压力，增加了对住宅的需求，郊区便宜地产开发增加；居民收入的提高，私人汽车增加，同时公交发展加速，降低了市内与市郊间的交通成本；集中在市中心的传统企业，设备成就，地产费用高昂，利润下降，倒闭或外迁。城市郊区化并不意味着大城市的衰落，因为城市建成区仍在扩张，只是扩张的方式以分散化或低密度为特点。

（二）逆城市化

所谓逆城市化，是指人口从大城市和主要的大都市区向小的都市区甚至非都市区迁移的一种分散化过程。逆城市化是美国地理学家贝里最先提出的，是比郊区化更进一步的分散型城市化现象。逆城市化最明显的趋势是，城市数量减少和城市规模缩小。在城市化进入郊区化阶段后，由于城市化水平趋于饱和，投资方向便从大城市转向小城市和乡村地区，城市人口也流向小城市和乡村，城市明显萎缩，城市人口数量和就业下降，城市经济相对衰落。与此同时，中小城市迅速发展，乡村人口增加。

逆城市化最先出现在英国，20 世纪 70 年代在美国出现，随后不久在西欧和日本出现，到 80 年代，北欧国家也普遍出现了这种现象。

逆城市化形成的主要原因：

一是对居住环境喜好的变化。过去人们被繁华的大城市所吸引，现在更喜欢乡村的宁静和新鲜的空气；

二是发达国家经济地理格局的变化。20 世纪 70 年代，大企业到城市以外寻求廉价劳动力，开设子公司或分厂；

三是交通和通信技术的快速发展。

二、我国城市郊区化现象与特点①

（一）我国的城市郊区化现象

总地来看，我国还处在向心型城市化的阶段，但一些较发达的大城市，也出现了一些离心型的城市郊区化的现象。主要表现如下：

第一，郊区住宅的大规模开发和销售。

第二，城市人口和生活空间的郊区化。郊区化的典型标志是城市中心区人口出现绝对数量的下降，即绝对的分散。以北京为例，人口不断向郊区迁移及郊区化的不断发展，使郊区已不仅仅是居住空间，而且也成为郊区居民工作、娱乐等日常生活的空间。伴随郊区居住、就业人数的增多，越来越多的郊区居民的日常生活空间限制在郊区范围内。

第三，郊区聚居原来城市才具有的大量工商企业。首先是有大量的工业企业从城区向郊区转移。其次，城市人口和工业企业向郊区的迁移，也从城区带走了众多的生产资料和生活资料的消费者。

（二）我国城市郊区化的特点

总结我国城市郊区化的发展过程，并与国外城市郊区化进行比较，可以发现，我国城市郊区化主要呈现以下特点。

1. 郊区化带有明显的被动色彩

西方国家郊区化的发生，源于大批中产阶级为了追求良好的生活环境到郊区定居；而各种产业迁移至郊区，则是出于市场。我国则不完全是这样。在计划经济年代，在“严格控制大城市规模”方针的指导下，企业的外迁都是依行政命令而行；就居民来说，城区高昂的住房价格和生活费用，也迫使他们迁往郊区，尽管他们因就业、子女教育等并不愿意到郊区。

2. 工业郊区化逐步带动居住郊区化

西方发达国家的郊区化中，人口外迁并不是因为工业已经外迁。我国的情况正好相

① 谭善勇主编：《城市管理概论》，北京：经济科学出版社，2003 年版。

反，企业外迁早于人口外迁。这主要是我国的特殊国情决定的。长期以来，我国都是实行企业办社会的制度，企业职工的住房由企业提供。当企业被迫外迁后，很多职工因为不满意郊区的生活、娱乐及子女教育条件，不愿随企业搬出，而是工作在郊区的企业，居住在城区。直到企业在郊区建起了住宅楼，增建大批生活、娱乐和教育设施，部分职工才从城区搬到工作地。因此，从某种角度上看，居住的郊区化是由工业的郊区化带动的。

3. 郊区化仍然处于城市向心发展阶段

西方国家的郊区化是在城市化的离心作用明显强于向心作用，而郊区的吸引力越来越大的情况下发生的。正因为这样，西方国家的城市郊区化甚至带来了市中心的停滞和衰退，即“空洞化”现象。而我国则不一样。我国城市虽有离心发展的倾向，但总体上看，城市仍处在以向心发展为主的城市化阶段，城市的向心力明显大于其离心力，中心区吸引力大于郊区。多数企业和居民向郊区的迁移都主要是因为政府的政策及经济的压力。

4. 城市郊区化呈现圈层扩展式发展

西方国家城市郊区化与市民较高的生活水平、家庭小汽车的普及及道路基础设施的完善是密切相关的。这种情况下，人们为追求高质量的人居环境，一般都将住房选择在距市中心 1 小时车程内的干道边和小城镇中。城市沿伸展轴（道路）向外扩展，使城市空间结构呈放射状发展。但在我国，城市居民收入并不高，私人小汽车的拥有率也较低，公共交通系统也不完善。这样，企业、居民一般都只能尽量选择距中心区最近点，从而使城市郊区化范围仅仅局限在约 10 公里的范围内，结果造成城市空间结构以“摊大饼”圈层形式向外扩展。

三、城市郊区化的科学管理

随着人民生活水平的进一步提高及轿车进入家庭和人民渴望生活居住环境的改善，我国城市普遍郊区化的现象必然会出现。因此，依据国外城市郊区化管理的经验和我国城市郊区化的实际，采取一些积极的措施，努力加强城市郊区化的管理就成为城市政府面临的紧迫任务。目前，我国进行城市郊区化管理应该注意以下方面。

（一）加强政府调控，强化市场作用

一方面，政府应调整并完善城市规划，统筹规划城市规划区土地的合理使用方式、产业布局和功能置换的时序，协调和监督各部门在计划上的一致性。另一方面，还应通过市场的价值规律和竞争规律，促使企业和人口的外迁。

（二）防止“摊大饼”式郊区化

一要加强公共交通基础设施的建设，选择发展城市系统，修建高速公路、轻轨和地铁等通勤手段。建设公共交通设施方面，北京的经验值得很多城市借鉴。二要借鉴西方发达国家的经验，制定有效的措施，防止我国特大城市土地的不合理利用和建成区的过度蔓延。

（三）进一步完善城市郊区化的各种制度和政策

通过城市的土地有偿使用制度、住房制度和户籍管理制度及劳动就业、社会保障制度等，实现制度创新。通过政策引导和鼓励支持，使我国的城市郊区化朝着健康的方向发展。

（四）完善城市体系，引导生产力向郊区扩散

城市应努力构建“中心城—卫星城—县城—集镇”四级城镇体系；积极培育卫星城和县城的综合功能，将开发区配置于郊区副中心和卫星城镇，建成集工业生产、居住、生活娱乐、商业、教育于一体的现代化社区型开发区，吸引中心区更多的人口和产业。

第二节　城市郊区的管理①

一、城市郊区的概念与特点

（一）城市郊区的概念

关于城市郊区的概念，目前世界上尚没有统一、权威的说法。西方学术界在研究郊区化的过程中，对郊区的概念一直存在争论，有着若干种不同的定义。最早的定义是英国的保罗·道格拉斯于1925年提出的。他以住宅密度为标准，认为郊区是“这样一个人口分布地带，其居住条件比城市宽松，比乡村稠密”。

目前，在西方比较有影响的郊区定义是1995年美国政府管理和预算署界定的。美国政府管理和预算署认为，“都市区内，中心市以外的区域，统称为郊区”。当然，这个定义也存在一些不足，但因为没有更好的，所以这个定义目前在西方仍被最为广泛地使用。

我国学术界对郊区的概念也存在一些争论，如有人认为，中国的城市郊区应该指城市行政区内集中建成区以外的地域。当然，这个看法没有被多数人认可。我国学术界比较广泛的接受的定义是北京大学周一星教授提出的。周教授认为，郊区为城市行政区内，城市中心区以外的地域，包括了围绕着中心区的建成区。这里的中心区相当于西方的中心市。

（二）城市郊区的特点

从郊区的概念中，我们可以得出郊区的几个特点。

第一，动态性。城市郊区是一个地理上客观存在的区域，但随着城市的扩展，城市郊区事实上又是一个动态发展的区域。某个城市地理上发展了，其影响范围也就必然随之扩展，其郊区也将随着城市的扩大而外移，今天的郊区就可能是明天的中心区（城区）。

---

① 谭善勇主编：《城市管理概论》，北京：科学出版社，2003年版。

第二，双重性。城市郊区一般兼有城市和乡村的特点，既具有城市的经济、社会、文化等若干组成因素，又具有一定的农村特色。这种兼具城乡特色的鲜明特点，使它具有相对独立的区划，客观上就要求设置适应性强、有别于城市的管理体制。

第三，相对独立性。尽管城市郊区总体上看离不开它所依托的城市，但城市郊区又具有自己的相对独立性。其表现在：有自己相对独立的区划、相对独立的功能、相对独立的管理组织系统、相对独立的生活与工作条件和氛围、相对独立的文化与形象，等等。

二、城市郊区的层次划分

尽管都被称作郊区，但实际上城郊还是有层次的，即随着距离城市远近的不等，郊区之间的地位、作用等也是有区别的，这种区别就是郊区层次引起的区别。首创区位经济学研究的法国经济学家约翰·冯·杜能在其 1926 年撰写的《孤立国对农业及国民经济的关系》一书中，根据与城市距离远近的不等，进而运入城市的农产品费用不同的原则，把城市郊区划分为近郊、中郊和远郊三个层次，包含六个圈（即功能圈）。

其实，在我国的西周时期，就已有“邑外为郊，离城五十里为近郊，百里为远郊”和“以宅田、士田、贾田任近郊之地”，“以官田、牛田、赏田任远郊之地”的记载（《周礼·地官·载师》）。

长期以来，我国一直沿袭这种“城、郊二分法”的城市地域结构划分概念，到目前仍然按照城区、近郊区、远郊区来划分城市，即把郊区划分为近郊区和远郊区两个层次。近郊区一般即城乡结合部，远郊区则基本包括卫星城及卫星城做管辖的建制镇及广大的农村等。当然，卫星城也是城市，它也有城乡结合部的问题。

三、城乡结合部及其管理

（一）城乡结合部的特征与功能

城乡结合部，又称城乡边缘带、城乡连续区域、城市阴影区，它是一种位于城市连续建成区与外围几乎没有非农土地利用的纯农业腹地之间的地区。由于目前城市发展模式多样化，所以，对于城乡结合部的划分实际上也很难做到非常的准确。

与城市中心区、远郊区相比较，我国大中城市的城乡结合部是一种相对特殊的城市地域，其特殊性主要表现为过渡性和混杂性两个方面。城乡结合部是典型的城市与传统乡村之间出现的相互作用、相互渗透，兼有城乡双重特征的独立地域实体。在城乡结合部的内侧以建成区为主，在外侧以乡村为主。由于受城区和乡村的双向辐射，城乡结合部社区人地系统表现出非常明显的过渡性。

其一，土地利用的过渡性，也就是城市土地到农村土地的过渡。它的内侧，非农业用地所占比重较大；它的外侧，农业用地所占比重较大。

其二，社会经济特征的过渡性。城乡结合部是两种不同管理模式并存的地区，所以相对的治安状况、经济发展水平都有不同。特别是城乡结合部的人地关系，能量和物质对流，物质、技术、信息等的汇集及相互作用等，都是城市和乡村之间交错和缓和变化的地域。

城乡结合部自身的复杂性质和特殊的区位特点使其具有的混杂性特征表现得也相当突出。

其一，人口的混杂性。在城乡结合部，不仅有城市居民与农村居民的相互混杂，而且还存在着本地常住户口与外地流动人口的异常反差，各种不同职业类型、不同生活方式、不同信仰、不同价值观、不同需求及不同心理文化素质的人群相互形成鲜明的对比与共存。

其二，景观的混杂性。城乡结合部的景观特征是城乡混合景观，它的内侧是城市景观中混杂有乡村景观，外侧是乡村景观中分布有城市景观。不少城市的城市结合部除了一些建筑景观外，还可能有其他农、林、渔业用地及景观。城乡结合部特殊的地理位置及特征，使其不可避免地具有以下两个方面的功能。

第一，服务城市的功能。一是充当“菜篮子”生产基地和原料生产基地；二是分散城市中心区的人口与就业；三是部分无污染、低污染企业的转移地；四是为城区发展、住房以及开发区的建设提供土地；五是为城市交通线路提供出入口，改善城市交通的可达性，等等。

第二，富裕农民的功能。一方面，城市结合部可以发挥紧邻城区的优势，自我服务，自我发展。另一方面，还可以发挥自己沟通城乡联系的特殊作用，迅速传递城乡之间的信息，并通过自己的现代化建设，对一般农村起到示范的作用。

（二）城乡结合部管理的问题

不论是在北京、上海，还是在其他大中城市，城乡结合部的管理都存在一些问题。这主要表现在以下方面。

1. 体制不顺

城乡结合部社区管理中，普遍存在一片土地由一个城市政府和一个乡村政府兼管或交叉管理的局面。随着城乡结合部的开发建设，在街道办事处辖界内，就留有一些仍由原乡镇管辖的集体所有制的土地和农业人口。他们杂处在街区里，乡镇政府管不上，街道办事处又无法管，使之成为环境整治、外来人口管理的死角。另外，由于城乡结合部是一个过渡地带，人口混杂，经济活动也比较杂乱，从而使结合部在工商行政、税务、卫生等方面存在着交叉管理或管理空白的状况。

2. 机构不健全

相当多的城市，其城乡结合部没有健全的、专门的城市管理部门。结合部乡镇政府主要忙于发展当地经济，维护地区的稳定，对于城乡结合部的城市管理工作没有兴趣，因而在管理机构设置、人员编制和资金支持上，都没有明确的规定和具体的要求。因此，根本谈不上按城市的标准进行管理，有些地方甚至基本没有进行管理。

3. 利益协调难度大

城乡结合部的一些土地仍属集体所有，农民拥有对土地的使用权，作为村民的代表，村委会在“都市村”未能完全融入城市、纳入城市管理的情况下，出于村民自身的经济利益，较少考虑限制某些影响环境卫生、社会治安和城市形象的活动的发展，对某些非法的活动也管理不严。另外，市场经济的发展和近年来的房地产热，也让一些郊区乡镇蜂拥而上，利用结合部各自乡镇的闲散空置土地搞开发区和房地产项目开发。这些混杂的郊区建设，既扰乱了房地产市场的正常秩序，也因为法律手续上的问题给购房者带来了经济损失。

4. 户籍和外来人口问题复杂

一方面，为了有更多的就业机会和更好的子女教育，城区的一些外迁户不把户口迁移到居住的郊区；另一方面，因为涉及自己的经济利益，一些农村劝迁户也不愿意农转非。这种人口的混杂及人户分离的状况，无疑增加了郊区户籍管理的复杂性和难度。城乡结合部优越的区位和廉价的房屋租赁，使大量外来人口在这里集聚。受文化水平、生活习惯、就业困难等方面的影响，外来人口在给当地经济带来好处的同时，也给城乡结合部带来了环境卫生、治安、计划生育等许多社会问题。流动人口素质的多样化、居住的变动性及职业的不稳定性，给郊区外来人口管理也带来很大的复杂性和难度。

城乡结合部管理上述问题的存在，使这一被称为“都市村”的郊区土地开发混乱，垃圾成堆，排水不畅，违章搭建严重，环境卫生恶化，社会治安形势严峻。这些在给人民的生命财产带来威胁的同时，也严重影响着一个城市的形象。因此，政府有关部门必须切实从思想上重视起来，积极采取有效的措施，建立长效管理机制，加强城乡结合部的管理。

（三）完善城乡结合部管理的主要对策

1. 进行郊区管理体制改革

建立新型的郊区政权机构，并明确划分其职权范围。

有关设想是：成立郊区党委、政府、人大及政协等机构，按照县制赋予其人事权、执法权、立法权及司法监督权；成立城管、环卫、土地、规划、计生等管理部门，按照城区建制管理城乡结合部，在市级相关部门的统一领导下开展部分城市管理工作；加强协调，保证城乡结合部的管理既能符合郊区的实际情况，又符合城市政府在土地利用、环境保护、计划生育管理、社会治安等方面的政策要求。

2. 加强城乡结合部的规划管理

由于区位发展导向不明确，许多城市的城乡结合部的发展微观失控，成了规划上的空白区和房地产的“自由开发区”，由此出现了新的“贫民区”和新一代“棚户区”。所以，必须切实树立城乡协调发展的观念，采取有效措施，加紧完善规划。要依据土地利用总体规划和城市总体规划编制城乡结合部详细规划和近期建设规划，复核审定各地块的性质和使用条件。着重解决好集体土地使用权随意流转、使用性质任意变更及管理权限不清、建设混乱等突出问题，重点查处未经规划许可或违反规划许可条件进行建设的行为。防止以土地流转为名擅自改变用途。

3. 加强外来人口的管理

主要措施如下：

第一，实行归口登记管理。建立市、区、街道三级组成的管理网络，实行分段分片管理。

第二，制订规划，采取控制、截留、扩散、限制的手段，把外来人口规模纳入规划范围以内。

第三，加强业务审查，对前来从事经济、技术活动的人员，在归口登记的基础上，经审查批准，颁发证件后，才能在本市从业。

第四，加强对外来人口房屋租赁的管理。通过发“房屋租赁证”和“房屋准租证”等办法，一方面把流动人口真正纳入管理控制之中；另一方面，公安派出所与房屋出租者、房出租者与房屋租赁者之间签订责任协议，保证社会治安，杜绝或减少违法犯罪的发生。

4. 重视土地利用的管理

一方面，要及时解决传统的土地集体所有制的转换问题，对于人均土地不足一定数量的乡村，要及时撤销村级建制，变农民为市民，实行土地的统一规划、建设与管理，同时，也要注意帮助农民寻找新的就业门路；另一方面，要注意实现农业向非农业的转移，正确引导现有乡镇企业、低层次的城市产业、租赁业的规范经营和向高级化方向发展，使之成为城乡结合部社区的重要支柱产业。

第三节 卫星城镇

一、卫星城镇的兴起与发展

（一）卫星城理论的提出

卫星城又称卫星城镇，是指在大城市周围发展或兴建起来的，与大城市既有一定距离又相互联系，行政上归大城市管辖的中小城镇。这些中小城镇在功能上与大城市保持联系，在地域上环绕大城市分布，故称“卫星城”。相应地，大城市被称为“卫星城的母城”，有的国家也称卫星城为“新城”。

卫星城理论最早创立于100多年前的英国。英国是世界工业革命的发源地，1820年率先出现了象征着人类文明新纪元开端的百万人口以上的大城市伦敦。工业革命的发展和工业化进程的加快，带来了大城市人口的迅速增加，大城市出现了住房紧张、交通拥挤、环境污染等各种问题。这种背景下，英国的霍华德在1902年出版的《明天的花园城市》这本书中主张在大城市的远郊，建设一些地理上独立的小镇，以吸引大城市多余的人口和企业，以减轻大城市的压力和负担。

正式提出并使用“卫星城”这个形象化概念的是美国的格拉姆·罗迈·泰勒，他于1915年在其著作《卫星城镇》一书中，提出应在大城市郊区，建立类似宇宙中卫星般的小城镇的理论。稍后，“花园城市”理论的追随者、英国建筑师恩维，在花园城市理论的基础上提出了首个卫星城方案。之后又有许多有关卫星城的著作相继出版。

（二）卫星城兴起与发展的阶段

卫星城理论提出后，在1924年在阿姆斯特丹召开的国际城市会议上，又通过了关于《为防止超级城市出现，应当建立卫星城市》的决议，之后在各国大城市的规划、建设和管理中，都相继提出了建立卫星城的计划。英国率先建立了卫星城，1903年，伦敦市政府就在伦敦以北56公里的郊区建立了第一个花园式卫星城—莱奇沃斯城。1920年又在离伦敦35公里处建立了第二个卫星城威尔温。继英国之后，法国、日本、意大利、苏联、美国、比利时、荷兰、菲律宾等国家，都纷纷建立起卫星城。

综观发达国家卫星城100年来从理论到实践的发展，可以把其大致总结为以下三个阶段。

第一代：卧城。即只有居民的居住生活设施，居民的工作和文化娱乐生活设施在母城的小型城镇。这种卫星城功能很单一。例如，英国伦敦在离市中心20公里的范围内建设了9个卧城，这里的人口也从50年前的20万增加了10倍。由于工作与生活分别在两地，反而增加了卫星城与母城的交通压力，缺陷是十分明显的。

第二代：半独立的卫星城。卧城出现之后，在芬兰建筑师沙里能的有机疏散理论的影响下，又出现了半独立性的卫星城。当时瑞典斯德哥尔摩附近的威林比市就是半独立的卫星城，该城拥有工业、商业、学校、邮局等服务设施，在满足居住生活需求的情况下，还能为一部分人提供就地工作的机会。这样的卫星城减轻了母城的就业压力，它与母城之间的交通联系也比较方便。但是，与母城相比，这种卫星城的差距还是很明显的。

第三代：完全独立的卫星城。这种卫星城在第二次世界大战以后才开始产生，它一般距中心城市35~50公里，有较为完善的独立的城镇功能，可以保证全体居民既在本城居住，又可在本城工作，从而既吸引了母城过多的人口和经济活动，分散了对母城生态环境的压力，又大大减少了母城与卫星城之间的通勤压力。如伦敦附近的哈罗市就是这种类型的著名的卫星城。它距伦敦37公里，规划人口不过6万人，分4个居住区，2个工业区，工厂多达85家。这个卫星城拥有足够的就业岗位和完善的各种生活、文化服务设施及公用设施，还有市场与商业步行街，可为市民提供居住、工作及公共生活的全部条件。

我国于20世纪30年代在当时国民政府所在地南京郊区大厂镇建立了第一座卫星城，新中国成立后，北京、上海、天津、广州、沈阳、武汉、重庆、南京等城市，都先后在郊区规划和建立了数量不等的卫星城。改革开放以后，我国各地大城市的卫星城随着城市化的快速发展，又不断地涌现出来。

二、卫星城镇的建设与管理[①]

（一）建设卫星城的重要作用

各国对建立卫星城的实际效果尽管评价不一，但卫星城发挥的作用却是有目共睹的。

第一，卫星城的建立在一定程度上缓解了大城市的住宅紧张、交通拥挤和环境质量下降等城市问题。在我国上海，从1957年建设卫星城到1980年年底共有企业400多家，职工134万多人从城区迁移到卫星城。人口和企业的迁出，减轻了大城市的住宅和交通的压力，改善了大城市的环境，减少了污染，提高了环境质量。

第二，卫星城的建立带动了各国城市体系的不断完善。一方面，卫星城造就了一大批既具有城市生活便利与乡村宜人景观相结合的中小城市，如第二次世界大战后的20～30年间内，英国共建立了33座卫星城，美国有145座左右，法国39座，日本35座，等等。另一方面，卫星城的建立和功能日益多样化也促进了各国现代化城市的发展，例如当今世界各地涌现出的一些科技城，如美国的“硅谷”科技城、英国剑桥大学附近的“伦敦西走廊”、日本的筑波科技城、比利时的卢旺科技城、法国的南法兰西岛科技城等。

第三，卫星城的建立促进了城市经济的繁荣，同时也带动了农村经济的发展。作为卫星城发源地的英国是这样，美国、法国、日本、意大利及我国莫不都是如此。卫星城作为大城市的备用地，将一些占地多、耗能多、容量大的新建、扩建的大型骨干企业建在卫星城，不仅改善了城市的工业布局和经济结构，而且也加速了大城市经济的发展。如我国的北京、上海、南京、武汉、广州等，一些新建、扩建的钢铁、电力、重型机械、石油化工等一大批大型骨干企业，不少都是建在卫星城，对这些城市的工业发展起了积极作用。不仅如此，由于卫星城加强了工农业生产之间、城乡之间的联系，也带动了农村经济的发展。此外，卫星城的建立也促进了一个国家文明程度的提高，改善了城郊农民的文化生活。

卫星城是大城市的外延，是大城市的一个缩影，同时又是广大农村的核心。因此，卫星城在传播城市文明、发展经济，提高郊区农民生活水平方面起到了非常重要的作用。例如，我国的北京、天津、武汉、广州、沈阳、南京等城市的卫星城发挥的作用都是如此。

（二）卫星城建设与管理的问题

尽管卫星城的建立具有非常重要的作用或功能，但在建设和管理卫星城的过程中，仍然存在着一系列的问题，具体包括如下方面。

第一，卫星城建设规模太小，基础设施条件较差，发展不足，吸引城区人口和产业的作用不太明显。如英国的伦敦，其周围的9个卫星城人口都不到10万，没有条件建设较大型的公共文化服务设施，因此，很难吸引母城居民久住。这9个卫星城在30年内总共才吸引了42万人去定居，约占该市总人口的5%。由于卫星城常住人口不能达到规划的数

① 谭善勇主编：《城市管理概论》，北京：经济科学出版社，2003年版。

字，所以不但其城市基础设施没能得到充分利用，而且利用它减缓母城的人口、就业、住房及环境压力等初衷也不能很好地实现。

第二，卫星城建设缺乏特色，发展后劲不足。母城的各个卫星城都应该有自己的特色，有所区别才有利于功能的互相补充。但当前多数卫星城正好缺乏这种特色：一方面，产业结构雷同，发展水平相当，存在低水平重复建设现象；另一方面，城镇形象缺乏特色，到处是玻璃幕墙、水泥森林。而城镇自身的自然、历史文化的韵味都被忽视了。由于没有特色，所以各个卫星城很难配合起来把母城的优势传递出去，自己的发展也缺乏足够的后劲支持。

第三，卫星城建设管理体制不畅，不能很好地发挥自己的作用。例如，我国卫星城的管理体制，卫星城的建设既缺乏微观规划与管理，又缺乏宏观管理与调控。卫星城在管理体制上似乎是独立的，好像卫星城自己在管理，但实际上又不是独立的，母城政府的作用不容低估。结果体制不顺，关系不畅，职责不清，效率低下。

在我国建设社会主义市场经济体制的过程中，深入改革卫星城政府管理体制已迫在眉睫。建设卫星城，既有比较重要的作用，又存在着一系列的问题。

卫星城的功能让城市政府情有独钟，卫星城的问题又让城市政府伤透脑筋。自然，如何建设和管理卫星城就成为城市政府及有关学者研究的课题之一。

三、我国卫星城镇建设与管理的对策

卫星城是现代大城市发展到一定规模的产物，是城市郊区的一部分。在我国社会主义现代化进程中，卫星城建设既要吸收国外城市化中卫星城建设与管理的有益经验，又要从实际出发，建立和管理好符合中国国情的现代卫星城。

（一）做好卫星城建设和发展的城市规划

建设卫星城要有规划、有管理，要尽快制定我国卫星城建设法，要努力引进一些先进的规划思想和方法。卫星城的建设规划，首先，必须是中心城市总体规划的一部分，真正做到统一规划、统一征地、统一建设和统一管理；其次，必须是详尽的，具体的，要突出卫星城的重点和特色，针对各个卫星城的具体位置分别提出其相对于母城的主要功能；再次，要规划并建立卫星城与母城高效、便捷的交通联系网络，使人们既能利用自己的小汽车，又有高标准的公共交通；最后，必须保证卫星城能够有足够的职业岗位，工作性质还不能单一。

建设卫星城还要管好卫星城，要建立健全卫星城管理机构，充实管理人员，保证城市管理工作的正常运行。对于卫星城的管理体制，既要与中心城市保持密切联系，又要在行政管理上有相对的独立性。

（二）大力加强卫星城的配套设施的建设

卫星城要有良好的环境、要有吸引力，这样才有可能吸引母城的人口和产业到这里安家落户并就地实现就业。这就需要有关方面大力加强基础设施和相关配套设施的建设，包括建设道路、桥梁、自来水、下水道、燃气、热力等市政基础设施及住宅、商店、幼儿园、学校、医院、电影院等生活服务设施。要努力创造较好的居住、商业、服务、文娱、医疗、教育、体育设施条件，保证卫星城的商品、副食、蔬菜等生活供应及就业条件、福利标准、教学水平、医疗卫生、社交活动等一切服务方面至少不低于母城的水平。只有这样，才能保证避免一些职工住在卫星城，工作在母城，既增加了交通负担，又难以实现建立卫星城的初衷。

（三）积极制定鼓励卫星城发展的优惠措施

第一，给予卫星城基础设施建设更加优惠的政策。美国的做法值得学习。美国的住房城市发展部是新城建设和旧城改造的主管部门。它对城市基础设施建设给予大量的投资补贴和优惠政策。如对城市的生态环境建设项目，按项目总投资额的一定比例给予补偿；对投资于城市基础设施项目的私人资本给予企业所得税的减免；在水、电、气、热等公共事业的经营上，给予免税的优惠。当前，我国不少城市基础设施建设已经开始注意投资主体的多元化及采取一些优惠政策，鼓励民间资本和外国资本参加市政设施建设等。

第二，鼓励人口和企业外迁。这方面国外的一些做法值得我国借鉴。例如，英国伦敦，对郊区的工厂发放低息贷款，减少税收，优先订货和发给迁厂补助金；对随厂迁往郊区的职工提供略高于市区水平的住宅与公用事业服务；发给在卫星城工作的职工培训补助金。

第三，支持卫星城增强自身的竞争力。例如，鼓励卫星城的企业到国际性城市或全国性城市设立销售机构和办事机构，并给予一定的资助；鼓励科技型卫星城的发展和兴办研发机构，如美国的硅谷、日本的筑波，等等；推动卫星城的信息化和数字化，等等。卫星城的竞争力增强了，也必然会对母城的人口和企业产生更大的吸引力，如再配合其他政策措施，就一定能够充分发挥卫星城的作用。

第八章

城镇经营与形象管理

第一节 城镇经营概述

一、城镇经营的理念与内涵

（一）经营城市的理念

经营是经济学上关于企业发展与竞争的一个概念，经营的目的是以尽可能少的资本投入，调动起更多的社会资源，经过一定的创新活动，如设计、加工、制造、包装、重组、交易、置换等使之增值，并实现增值。市场经济条件下，城市面临来自各方面的激烈竞争，在城市的相互竞争中，基础设施是奠定城市竞争力的基础，所以，每个城市都争相扩大基础设施规模。但是，往往城市政府自身没有足够的财力满足基础设施投资的需求，所以，每个城市政府都希望能大量举债。但是，大量举债进行城市基础设施建设是有很大风险的。在这种情况下，如何筹措资金，进行基础设施建设，以提高城市竞争力，成为一个紧迫的现实问题。在这种背景下，经营城市的理念应运而生。

传统的城市管理模式更强调行政的力量，通过行政的力量来实现城市公共管理，而随着市场经济的发展，城市管理行为的市场化成为一种必然趋势。市场经济是一种通过市场配置资源的经济体制。经营城市是市场经济条件下政府管理城市的一种新理念，其核心是将城市当作最重要的国有资产，用企业家经营企业的理念进行运作，以实现城市建设的自我积累和自我发展。

随着市场经济体制的逐步建立，城市中诸如土地等政府垄断资源逐步放开，在政策上为经营城市奠定了基础。一些体制改革比较超前的城市，率先在城市基础设施领域开始实行投资和建设的多元化，广泛地吸引境外资金和社会资金参与城市的建设与管理，逐步形成了城市建设管理需求与供给之间的良性循环，这就是最初经营城市的状态。

（二）经营城市的内涵

所谓经营城市，是指城市政府运用市场经济手段，对城市的自然资源、基础设施和人文资源等进行优化整合和市场化营运，以实现城市资源优化配置和高效使用。

从经营城市的产生根源来看，所谓经营城市，就是充分运用市场经济手段，对城市所有资产进行集聚、重组、运营，从中获取收益，谋求城市的自我积累和自我发展。它是对城市建设只讲投入、不讲收益的计划经济时期公共福利老路子的一种重大改革，走以地建城、以城养城的城市建设市场化路子，是"建设城市、管理城市、经营城市"三位一体发展原则中的高级形式。其实质上就是在市场经济条件下，城市政府充分运用市场机制和市场规律，采用市场化的方式来解决城市建设和管理中存在的各种问题，满足人们对城市环境的各种需求的观念和行为。它是市场经济体制的产物，是在市场经济体制下政府建设和管理城市理念的一种转变。

经营城市不是一种短期的、片面的市场交易行为，它的核心内容应该是在政府的宏观控制下，通过市场作用，使城市资产得到最大程度的保值和增值。其最大的目的应该在于保证城市基础设施的持续供给，支持城市经济的有效运转，而不是实现利润最大化的问题。

（三）经营城市的实质

从实质上来说，经营城市是对城市的传统投资、建设和管理体制的市场化改革，是市场经济条件下城市建设的一种新理念和新模式。城市政府在不改变国有资产所有权的前提下，通过对所掌握的土地、基础设施、各种公共服务等"城市资产"的使用权、经营权、冠名权等相关权益的市场化运作，采用有偿使用、协议出让、委托经营、股份合作、租赁、承包、转让、抵押、拍卖等市场经营形式将"城市资产"推向市场，利用市场的作用发展和建设城市，以较少的投入取得较大的产出，从而解决在传统的城市建设和管理中经常存在的投资资金缺乏、建设效率低下等一系列问题。从这一意义上说，经营城市也涉及政府职能转换的问题，在解决对策上，必须有新方法和新思路。

二、城镇经营的意义[①]

（一）城市经营是筹集城市建设资金的一种方式

我国城市建设资金的主要来源，过去一直是依靠政府拨款和很少的城市建设维护费，严重的资金短缺制约了城市基础设施建设和城市发展，所以城市面貌难以改观。改革开放后，不少大中城市为适应改革开放和吸收外资的需要，加快了城市建设步伐。在城市建设资金筹措上，解放思想，大胆探索，实事求是，开拓创新，通过城市土地的有偿使用、土地批租，收取土地出让金等，进而根据城市自身条件和可能，对城市现有资产，通过重组、租赁、转让、抵押、拍卖、冠名等经营运作方式，既盘活了城市存量资产，又筹集了

① 秦甫：《现代城市管理》，上海：东华大学出版社，2004 年版。

城市建设资金，有效地解决了城市建设与资金短缺的矛盾。显然，城市经营是城市筹措建设资金的观念和方式在实践基础上的理论提升。

（二）城市经营是城市建设的一种创新理念和发展模式

城市经营主要是利用城市土地、设施等资产，多元筹集建设资金，促进和逐步完善城市基础和各项服务设施建设，进而改善城市环境，增强城市功能，美化城市形象，为城市现代化发展和经济竞争力增强创造条件。它是整合、盘活土地等城市资产，优化结构、合理利用，发挥最大效率，协调城市内部和外部空间关系的一种理念；是在市场经济条件下，建设发展城市在观念和运作上的大转变和大提高；也是从城市生产力载体、资本载体、系统载体的本质出发，进行城市整体运作，使城市在运行中提高效率，增强聚集和扩散功能，协调城乡关系的一种发展模式。

（三）城市经营是一种管理制度改革和机制创新

城市经营是在市场经济条件下，对城市发展规划、城市建设和城市管理的机制创新。它以城市物质文明和精神文明建设和城市建设质量提高为目标，通过对城市土地、基础和服务设施的市场化运作和管理服务，以经营方式核算管理成本，推行“以城养城，以城管城”的机制，推进社会化管理机制创新，从而实现城市资源合理配置，良性运作和高效使用，达到城市建设和城市经济发展互动共进。可见，城市经营是促进城市经济发展、效益提高和产业结构升级的不可或缺的重要补充。

（四）城市经营是城市政府职能转换的一种体现

正是由于城市经营是在市场经济条件下的机制创新，它需要城市政府职能的真正转换。包括城市政府机构改革和制度创新到位；政策、法规的修订，完善和配套到位；政府工作人员的观念转换；以及城市规划、建设、管理、服务一体化管理到位，才能达到预期目标。只有在城市政府职能真正转换的条件下，城市经营才不至于“扭曲”和“变味”。

随着城市现代化的发展，科学技术的日新月异，经营城市的内涵和外延将不断丰富和扩大，经营城市的理念将贯穿到城市规划、建设和管理的全过程。经营城市，既要经营土地、水、矿产、基础设施等已被开发的传统有形资源，又要重视经营信息、网络、品牌、文化、知识等还未被充分开发利用的现代无形资源，实现从主要依赖传统城市资源向大力开发利用现代城市资源的转变。

城市可经营利用的资源大多数是有限的，因此，经营城市中既要充分地开发利用资源，又要认真做好城市资源的保护，实现资源的可持续利用。经营城市不能只顾眼前，搞短期行为，尤其对不能再生的土地资源要有长远的使用规划，不能使城市生态用地和公益用地被房地产商侵占。城市要走出一条经营合理、良性发展的道路，必须着力于提升城市功能的战略性经营意识，将经营城市的模式从建设资金导向型转变为城市功能导向型。

三、城镇经营的主体与客体

（一）城镇经营的主体

城市经营工作是一项宏大的系统工程，关系到城市建设、管理的各个方面，需要各级政府、各类企业及全体市民的共同努力。

1. 政府是城市经营的主导者

政府是一个城市的领导者，担负着确定城市发展方向、制定城市规划、建设管理城市的重任，这就决定了政府在城市经营中也必然处于规划、领导、指挥、协调的主导地位。尽管城市经营强调市场经济手段的运用，但在实际经营过程中却不能抛弃政府的宏观指导作用。实际操作中应当成立由政府挂帅，由相关职能部门参与的经营领导机构来具体执行工作。

2. 企业是城市经营的参与主体

城市经营的重要特点是在社会效益、环境效益、经济效益统一的前提下运作城市资产，使城市资产变成能够带来更多资产的资本，使城市建设由简单的生产过程变成资本运营过程。此运作过程必须依靠企业来参与，由具体的市场主体负责具体项目的筹资、经营、管理、收益与分配，否则城市经营只是空谈。

3. 全体市民是城市经营的决定力量

城市形象是城市经营的一个重点，包括城市整体空间结构、城市景观设计、具体建筑外观风格、城市环境、人文环境等方面，这其中相当一部分工作取决于市民的自身素质、精神状态等方面，良好的城市形象可以吸引外来投资，增加城市收益，因此无论是生态城市、文明城市的建设，还是城市环境、形象的改善，都必须充分发动市民、依靠市民，离开市民的参与、支持而经营好城市是不可能的。

（二）城镇经营的客体

城市经营的客体或经营对象是城市内部所有可带来收益的资产，其经营对象十分广泛，大致可以划分为以下几类。

1. 城市有形资产

所谓有形资产，是相对于无形资产而言的，简单地说，就是具有独立物质实体形态，看得见摸得着的资产。城市有形资产主要包括：（1）城市土地。城市土地是一种自然生成资产，也是城市最广泛、直接经营的资产。（2）城市基础设施和公用设施。如道路、桥梁、机场、火车及汽车站、地下管网等。（3）城市公共产品。如水、电、气、热、暖等。其他有形资产。如水体、矿产资源等。

2. 城市无形资产

所谓无形资产，是指由特定主体控制的，不具有独立物质实体形态，而对生产经营长期发挥作用并能带来经济效益的经济资源。城市无形资产主要包括：（1）城市的性质。如北京是我国的首都，大批的中央机关和国家机关集中于此，这就是一个无形的吸引力。(2) 城市政府形象。包括政府良好的服务、高效的办公运作及政府的信誉等。(3) 城市企业品牌。如名牌企业、名牌产品。这实际上是一种企业无形资产带来的城市无形资产，如北京的联想带来的影响，实际上也是北京的无形资产。(4) 城市市民素质。包括人才数量与质量，市民的整体思想、文化等各方面的素质。(5) 城市招商引资方面的政策法规完善程度及对投资者的吸引力。(6) 城市的单位构成，如北京的高校、科研单位集中本身也是一个无形资产。

3. 城市延伸资产

城市延伸资产就是指从城市有形资产中衍生出来的无形资产，主要包括：城市的气候、城市的风光、城市清新的空气、城市的文化、城市的独特魅力等。城市道路、桥梁以及城市建筑物和构筑物的开发权、使用权、经营权（如公交线路经营权）、冠名权、广告发布权等相关权益。其他延伸资产，如财政投资形成的经营性资产（股权）。

第二节 城镇经营的内容与方式

一、城镇经营的内容①

城市经营应遵循的原则有：市场供求原则、“谁投资、谁受益”原则、政府适时调控原则及依法经营原则。在这个基础上，才能做好城市经营的各项具体工作。

(一) 城市土地的经营

土地是城市最大的国有资产，城市经营首先是城市土地的经营。在城市土地的经营上：

第一，要建立和实施土地收购储备制度，增强政府供应土地的调控力度。主要措施包括：成立土地储备中心，通过行使土地“统一收购权”和“统一批发权”，实行“政府主导型”的土地储备制度。通过调控土地供应总量，控制城市建设总量和房地产开发总量。

第二，推行土地使用权招标、拍卖制度，实行供给引导需求的土地资产运作模式。积极全面地推行城市国有土地有偿使用制度，除法律规定可以继续实行划拨的用地以外，无论新增建设用地和存量划拨土地，都要通过政府出让、租赁、作价出资或入股等方式纳入有偿使用轨道，实行以地生财，增加城市财源。当然，在土地交易中一定要确保公平、公正、公开，防止暗箱操作。

(二) 城市基础设施的经营

城市基础设施是构成城市空间和功能的不可缺少的载体，城市基础设施通过经营不但能

① 谭善勇主编：《城市管理概论》，北京：经济科学出版社，2003 年版。

带来城市建设资金，也可以减少政府的资金投入。所谓城市基础设施的经营，即各级政府把无偿投资建成的可经营的城市基础设施项目（如道路、供水、煤气、热力、污水处理等市政公用设施）的经营管理权，通过依法招标、拍卖、租赁、承包等方式有偿转让给国内外客商、企业法人、个体私营者管理，将获取的收益用于城市基础设施的再建设、再经营，形成城市建设和发展的良性循环。对于兼有社会公益性质的企业，政府可以给予补贴，但企业必须自主经营、自负盈亏，在定额补贴以后，由企业滚动发展。

（三）城市公用事业产品的经营

当前，公用事业产品价值与价格背离情况严重，引入市场机制进行经营可以有效扭转这一局面。城市供水、公交、供气、供热、供电具有社会服务性和公益性的特点，与市民生产、生活息息相关。对这些行业既要体现国有控制力，又要按价值规律去定价，实现从无偿投入转变为有偿投入，可以减少甚至取消政府对公用事业的财政补贴。公用事业产品中民用与生产的价格应分离，民用保持微利经营，政府在定价时可采取听证会的方法充分听取各方面的意见；生产性、营业性按用量合理计价经营，确定合理回报率后，实行市场浮动价。

（四）城市无形资产的经营

1. 要吸引人才

城市人才资产既是有形资产，也是无形资产。所以，城市政府一定要诚纳天下贤才，通过培训、引进的办法，造就各类人才来经营城市，实现“人力资源”向“人力资本”的跨越。要全面优化人才环境，以优惠的政策吸引人才，实行公开招考任用制度，改革各项用人制度，以达到吸引人才的目的。同时为人才创造良好的工作和生活环境，以达到留住人才的目的。

2. 对无形资产进行商业化运作

一是要把城市的户外广告牌经营权、公共汽车线路经营权及公园、公路、桥梁、雕塑冠名权等无形资产，通过转让、拍卖、租赁等形式让渡给独立的市场主体，由其进行经营、管理，使城市的无形资产转化为有形资产。

二是要通过对城市的历史文化、人文自然景观等城市特有的内涵，进行发掘、利用，不断增加城市的知名度，增加城市的集聚力，促进城市建设良性发展。城市本身不仅值钱，还能通过经营城市来挣钱。

二、城镇经营的方式[①]

（一）利用城市规划指导开发城市

规划是城市建设的总体安排，它全面、科学地展示了城市空间各个层次的发展前景，

---

① 秦甫：《现代城市管理》，上海：东华大学出版社，2004 年版。

勾勒出不同区域、不同区位、不同地区的预期增值，直至构造出各自的宜人居住、宜人工作、宜人娱乐休憩的自然与人文协调景观。在此基础上进行城市经营，如实行土地利用的招标竞争，即可以为城市发展建设置换一笔可观的资金。城市规划这一有力手段，可以说是经营城市最根本、最有效、最富吸引力的方式方法。

（二）利用招投标方法

招投标方法常用于工程建设中，而经营城市运用这种方法可以最大限度地发挥城市资产的价值。具体说来就是以拟开发地段的土地使用权、经营权、房产开发建设权、基础设施（道路、桥梁、水、电等）运营权、广告设立权、公共服务经营权和公共设施（公交站点）冠名权等资源进行公开出售，从而使资源、资产变现，置换出投资开发建设资金。

（三）利用外资形式

将外资导入城市建设的领域，是经营城市的一个重要手段。例如，山东省济南市采用这种方法，同以色列的泽威集团就建设城市的现代化主体停车场及经营、管理达成协议，外方投入资金、设备，中方提供停车场地，停车位置空间和其他相关用地，从而最终对城市交通做出统一开发建设与系统经营管理。这在全国是第一个范例。

（四）利用内资形式

在城市经营领域，国内资本市场也是一个不可忽视的渠道。随着我国整体经济实力的提高，国内资本市场日益雄厚，国内资本（游资）市场已成为一块亟待开发利用的领域。一些城市已注意到了这一点，正在加大对内资利用的力度。

（五）利用公开拍卖方式

这种方法是对城市中若干设施的经营权、使用权等进行公开拍卖，实现所有权与经营权的分离，筹集新项目的建设资金。例如，为吸引城市公用设施建设资金，打破政府垄断，放宽市场准入，按照“谁投资、谁受益”的原则，拍卖和出让城市公用事业和基础设施建设的经营权。

（六）利用资产置换方式

这种方法是指用现有的城市资产的产权（实际上还有巨大潜在的价值），置换出投资资金，用以加速城市建设或城市新兴产业发展。这种方法对于盘活许多闲置的国有资产存量，优化资源配置，提高资产的运转效率，都起着不可低估的作用。

以上经营城市的几种方法，只是从不同的侧面、不同的角度做出的归纳，难以概全。在经营城市的实践中，这些方法既可以单独使用，又可以交叉结合使用。今后，随着对经营城市的认识和实践的深入，相信会有更多的经营城市的方法出现，会有更科学的归纳和总结。

三、城镇经营的公私合作模式

基于市场化要求的公私合作伙伴关系，即PPP（Public Private Partnerships），是政府、营利性企业和非营利性企业基于某个项目而形成的相互合作关系的形式，其实质是公共基础设施的市场化。PPP是一种公私合作关系，具体包括“建设—经营—转让”模式（BOT）以及它的转变形式，如“建设—转让—经营”模式（BTO），“建设—占有—运营模式”（BOO），“设计—建设—融资—经营”模式（DBFO），“设计—建设—经营—维护”模式（DBOM），等等。在取得经营权方式上，也可采用BOT（建设—经营—转让）、TOT（转让—经营—转让）、特许经营等方式进行。政府可组建资产经营公司，并可选择试点项目，由政府拨出必要的启动资金给资产经营公司，由其向国内外融资完成建设。当项目建设进展到一定程度时，该公司即可转让部分股权套现资金，用此现金又可开工建设另一市政工程项目。或者是通过招标，公开竞争，中标者成为投资者对项目的策划、资金筹集、建设方式、管理等全程负责。对于城市中如水、电、气、路等基础设施其管线、路网的建设、铺设由政府来完成，将建设好的成品推向市场，交由公司经营；而对于城市绿化、垃圾站、污水站、客运交通等具有相对独立性的基础设施从设计、建设一开始直到其运营、管理可以全部推向市场运作。

PPP模式的优点在于：

第一，有利于提高城市基础设施投资效率。在初始阶段私人企业与政府共同参与项目的识别、可行性研究、设施和融资等项目建设过程，保证了项目在技术和经济上的可行性，缩短前期工作周期，使项目费用降低，有利于转换政府职能，使从过去的基础设施公共服务的提供者变成一个监管的角色，也可以在财政预算方面减轻政府压力。参与项目融资的私人企业在项目前期就参与进来，有利于私人企业一开始就引入先进技术和管理经验，政府部门和民间部门可以发挥政府公共机构和民营机构各自的优势，形成互利的长期目标，可以以最有效的成本为公众提供高质量的服务。

第二，有利于转变政府职能。城市基础设施产业一般具有投资额巨大，投资回收期长，投资成本沉淀性强，规模经济显著等特点。在城市基础设施建设运营中走市场化道路，其核心是在引入市场竞争机制的基础上，以经营城市为契机，以消费者满意为标准，通过市场化、产业化运作，实现政企分开、政资分离，使政府从城市基础设施建设运营中逐步地、有层次地退出，真正地向总体规划、制定规则、引导社会资本，监控城市基础设施建设运营质量和效益的方向转变。PPP模式代表了我国城市基础设施管理模式的市场化改革方向。

第三节　城镇形象管理

一、城市形象与城市营销

城市形象，是社会公众、市民和游客对城市的整体印象和评价。城市形象是一个整体系统，是城市理念、城市行为和城市视觉标志三者的有机统一体。世界著名建筑师沙里宁说过："看看你的城市，我就知道那里的居民在文化上的追求。"作为融合着有形景观和无形文化的城市形象，既是人类创造的一种文明的综合展示，本身也是当地居民素质、行为、理念和精神追求的抽象整合。当代国际最新的城市管理理论，已将城市形象的塑造和维护视为最为重要的内容之一。城市形象既是现代城市管理水平高低的直观标志，又是城市新管理战略所追求的综合性目标。

城市营销，就是把城市整体当作一个公共物品，将具体城市的各种资源如产品、企业、品牌、文化氛围、贸易环境、投资环境、人居环境及至城市形象等以现代市场营销手段，向目标受众或目标客户宣传或兜售，以获取城市发展的资源。当前，经济全球化，知识经济、信息技术等领域的迅速发展，城市化进程日益加快，城市发展环境、经济结构和增长方式正在发生深刻变化，营销城市作为一种新的公共管理理念已成为全球性趋势。面对新的趋势与挑战，传统"建设导向型"的城市管理模式已经不能适应城市未来发展需要，必须向现代"营销导向型"管理模式转变。

二、城市形象的构成要素及设计原则

（一）城市形象的构成系统

1. 城市理念形象

城市理念形象属于思想和文化意识层面，如城市宗旨、城市精神、城市发展哲学、城市发展目标、城市价值观及城市风尚等，它是城市形象的核心，对城市的建设具有统率作用。正确而富有特色的城市理念形象，能对城市内外部公众产生巨大的凝聚力和吸引力，影响城市行为的价值取向，引导市民去实现共同的社会经济发展目标。

2. 城市行为形象

城市中各种阶层的人的文化程度、精神风貌、行为言论、服务水平、职业道德、敬业精神、生活水准、居住及生产环境、公共关系等都反映了该城市的文明程度。

根据行为主体的不同，可以将城市行为形象分为政府行为、企业行为和市民行为。政府行为包括政府管理、政策的决定和实施、办事效率、公益事业、商贸活动、大型会议等。企业行为是企业生产经营活动的总和，它包括产品生产、市场营销、生产规划、商标品牌、市场占有、经济效益及企业的社会公益事业活动等。公众行为则包括公众的日常活动、文化修养、精神风貌、民族风情等。城市行为形象以城市理念形象为基础，通过动态的行为系统来传达城市信息，并以其独特个性的塑造来树立城市的完整形象。

3. 城市视觉（景观）形象

城市视觉形象是一个城市静态的具体的视觉系统，是城市形象的外在部分。它是在自然历史条件的基础上，人类经过长期的物化劳动而形成的城市的物质环境，是城市形象的一种最外露、最直观的表现。这种视觉景观上的形象，包括以建筑物、构筑物为主体的城市人工环境（包含各类装饰、文字、图案、颜色），也是一个城市的自然风光和景象。

（二）城市形象的设计原则

1. 个性展示原则

任何城市形象中都蕴藏着城市的历史和今日的文化特质，城市形象必须能显示出强烈、鲜明的个性化风格，只有独特的个性魅力，才会给观察者以深刻的印象，具有可识别性、易记忆性，也易使社区成员产生文化认同。因此每一个城市的形象设计，其出发点应立足于这个特定城市本身，各种城市形象设计内容都应以全面反映这一城市的个性、体现这一城市的文化内涵为共同目标。

2. 要素协调原则

城市形象是多要素的聚合，设计者要从整体上考虑各类要素之间的有机联系，使其形成的城市形象成为一不可分割的统一体，这样才能对城市形象的感知过程产生全面的影响。另外，城市形象设计的内容和方法同样要立足于整体性原则，这样才能建立一个丰满完整的城市形象。具体地说，它是一个历史上是延续的（能反映城市发展的过程），在空间上是有序的（各分区域市形象要素之间的有机联系），在结构上是合理的（各种城市形象要素之间的相互协调）城市形象。

3. 公众参与原则

城市形象的基础是全体市民的素质和凝聚力，城市形象必须反映社区绝大部分成员的共同意志并满足公众普遍存在的人性内在需求，只有得到公众的最大认同度，才能使城市形象具有深厚的社会文化基础，具备相对的完整性、完满性。

4. 积极创新原则

在保护城市传统优质文化的同时，面向世界、面向未来积极创新，对城市进行新的形象结构优化、新的形象目标提炼，使之具备凝聚士气、振奋人心、开拓进取的功能。

5. 形象持续原则

城市形象设计是个动态开放、不断深化积淀的过程，但一经塑造成形，应保持内在的连续一贯精神，即形象保留时间的相对长期性，形象要素设计和导入的运作一致性，要保持城市核心理念和主要识别标志的较长期特定性，这样才能使城市形象在特定的时空条件下顺利定位、定向、定形。

三、城市形象的定位

（一）城市形象的总体定位

城市形象的总体定位，或称城市的总体形象定位，是城市形象的核心所在，也是一个城市的形象的综合概括。城市的总体形象最能体现一个城市的基本性质和主要职能，也最能反映一个城市的主要特色和精神气质。例如，北京作为一个千年古都，其最佳的城市形象在于她那极其深厚的历史底蕴及博大广阔的气概和胸怀。上海则在过去 20 年内不断塑造其现代化、国际化的城市总体形象，取得了明显的效果。这两个城市的城市设计的成功之处就在于它是依据其历史、现实与未来发展目标之间进行充分分析和研究后，科学合理地对城市形象作出总体定位，并获得了公众认可。

城市形象还可以根据城市间的关联特征进行对比而定位。对于某些城市来说，城市自身具有一定特色，但由于历史或其他方面的原因，城市的这种特色并不具有唯一性，即别的城市也有这种特色。为了宣传城市形象，提高城市的知名度，或加强城市的识别系统，可以借助其他城市的知名度来提高自己。如国内，苏州被称为“东方威尼斯”，武汉被称为“东方芝加哥”；在国外，布达佩斯有也“小巴黎”之美称，这些都是城市形象定位具体策略的应用。

（二）城市功能形象定位

城市功能形象定位主要是指城市在国家或地区的政治、经济、文化生活中所发挥的基本效能。由于城市的功能直接关系到城市形象问题，因此城市功能定位对城市形象的表现起着决定性作用。纽约这个国际大都市的城市功能形象的核心在于国际经济中心特征，尤其是国际金融中心城市特征。

（三）城市景观形象定位

城市景观形象是指一座城市在景象观赏方面的形象，包括平面布局、高层建筑、城市广场、人居环境等各种景观。城市景观是城市形象中最直接的表现形式，也是城市环境中的一个主要组成部分。通过对城市景观形象的准确定位，可使城市以和谐完美的整体形象出现在公众面前，避免出现城市设计的杂乱无章、千城一面的状况。

四、城市形象营销策略

（一）细分市场

城市明确了自己的传达对象，就等于细分了这个城市的市场，一是区分不同性质的顾客，如投资者、定居和就业者；二是区分不同的市场，如长三角区域市场、京津地区和珠三角市场、中西部地区市场、国外市场。在此基础上，针对不同市场实行不同的营销策略。

1. 针对投资者的营销策略

一是注重投资环境建设，营造亲商氛围。做好城市各种基础设施规划，实施城市重点项目建设，充分发挥城市建设对吸引外地资本投资创业的先导作用。二是尽力营造低成本、高效率的投资创业发展环境，提高服务水平，加快转变政府职能，建立和完善为投资商服务的机制。三是发挥会展业集约效应，发展壮大行业协会的力量，充分发挥其在招商引资的作用。四是着重对投资者营销产业政策和投资环境，帮助企业寻求合作伙伴。

2. 针对居民和就业者的营销策略

城市发展需要动态地保证城市居民的数量平衡，尤其要吸引高素质、净资产居民。这需要对居民居住环境的满意度进行调研，满足居民不断增长的物质文化需求，为此营销的重点是：要构筑适宜的居住环境，并根据不同发展阶段，针对不同阶层的消费群体特征，完善相应的内容建设。

一是调动市民参与城市营销。城市营销可以增进市民的自豪感和对生活的满意度，从而增强市民的爱乡主义观念，提高城市的凝聚力和号召力，鼓舞市民以更高的热情投入到家乡的建设中来。市民是城市的主人，是城市发展的重要力量。在本地接触外来人员或外出接触其他地方人员的过程中，当地居民是信息的重要传播者。因此，城市营销策划、规划和实施应吸收市民参与。

二是改善居住生活环境，营造良好氛围，广纳人才。在吸引人才方面，要突出发展对技术、管理等各种人才的巨大需求，努力营造一种广罗人才，人尽其才，鼓励创新，宽容失败，创业创新的社会环境氛围。就业信息宣传是吸引人才、招才引智的一个重要渠道。

3. 针对旅游者的营销策略

一是要准确定位，发挥优势，打造品牌，指引旅游业的发展。为此，应当大力提升旅游功能，完善旅游交通系统，建设相关配套设施，构建旅游服务评价系统，提高旅游区的服务水平。二是延伸产业链，带动相关旅游文化产业的发展，如旅游纪念品，可以通过提供独具特色的旅游文化纪念品来满足旅游者“求新、求知、求乐”的愿望和需求。三是进行主题创意策划，注重旅游体验营销和网络营销。现在旅游活动体验化趋势明显，要在整合现有的旅游资源的基础上增加一些创意，注重旅游的体验营销。

（二）“全媒体”整合营销与全民全员营销相结合

1. “全媒体”整合营销

当今大众传播已进入全媒体时代，全媒体时代的媒体与媒体之间互为内容，互为媒体，同时各传播形式高度整合，基于互联网的超媒体整合的局面日益凸现，这就必须充分重视全媒体营销，利用电视、广播、报纸杂志，以及全国铁路、公路、航空媒体平台，全国户外媒体，移动互联网等大众传播平台，精准营销平台和分众媒体平台分别进行营销宣传。例如，在城市道路及高速公路旁、客运站、机场等都有城市宣传广告牌；可以到上海、北京、深圳等一线城市的繁华地段作城市形象广告，等等。

2. 全民全员营销

全媒体时代，城市形象营销不是单个行业的孤军奋战，而是在市委、市政府的领导和协调下，各相关行业、相关部门取得共识，目标一致，各有分工又协同作战，依靠全民全员营销，打造城市品牌。

一要全面整合包括企业界、媒体公众、政府机构、非营利组织、一般公众在内的城市利益相关者，经营所有利益相关者的互动网络，城市与这些利益相关者增进关系的原动力在于互相沟通，城市的营销传播活动必须考虑与利益相关者的沟通，加强他们的理解与好感，使他们支持城市的品牌营销，并对城市的顾客产生良好影响。

二要利用各种传播手段同社会各方面公众沟通思想情感，建立良好的城市形象和营销环境，消除和处理对城市不利的谣言、传说和事件的活动。城市营销必须处理好同社会各方面的关系，寻求社会各方面的认同。城市营销者应通过同社会各方面的广泛交往来扩大城市的影响，改善城市的营销环境。

3. 公关促销

一是举办推介活动。城市的政府部门、招商部门、旅游部门、经济部门、建设部门等可以有计划地举办有影响的项目推介会、发展研讨会、理论报告会、大事纪念会等活动，也可以到国内、国外的一些重点城市进行城市推介、项目招商活动。

二是开展社会公益活动。通过积极参与救灾、扶贫、对口支援、环境保护等有益于人民、社会、人类的事业，并对此进行强有力的宣传报道来塑造良好的城市形象。

三是创造和利用新闻。新闻宣传往往能取得比广告更为有效的宣传效果。通过宣传报道提升城市形象，城市比企业具有更为直接的资源和媒体优势，可通过新闻报道、人物专访、记事特写等形式，利用各种新闻媒体包括国外媒体对城市进行宣传。

四是人员促销策略。利用城市焦点人物形象进行营销，市委书记、市长等主要负责人及部门的负责人要有营销意识，利用城市交流出访、访谈、发布会等一切公共活动的机会来宣传城市。利用反映城市历史文化特征和精神气质的历史人物，文物遗产，文化概念为城市代言。也可以请公众“明星”人物做代言广告。

值得提出的是，公关促销策略的有效实施需要建立一个有效的专门化的营销团队，需要依靠城市各方面力量的密切协作和长期努力，持续积累，不断实现城市营销任务、实现促销目标。

第九章

城镇管理经验借鉴

第一节　英国城镇管理

一、城市管理机构

在英国，城市政府是一种以地方议会为中心的分治型政府。英国城市政府是城市居民选举产生，负责法律规定的城市公共事务，并具有独立法律地位的组织实体。

英国的城市实行自治，市政组织形式是议会——委员会制。议会是立法机关，也是权力机关，行政权则由议会内部设置的若干行政委员会行使，属议行合一制。

英国城市的议会主席通常也是市长，市长任期无限，由新当选的议会第一次会议或以后的年会选举产生，可连选连任。市长为议会全体会议政策发言人，除主持市议会事务外，多数活动是礼仪性的。

英国城市的行政职权由议会授权各委员会行使，城市委员会根据议会的授权自行处理各自主管的事务，常任官员由议会任命。

二、城市规划管理

（一）规划机构

城市规划机构一般包括郡规划局和区规划局。郡规划局负责编制结构规划，区规划局主要负责规划地方详细规划。在特殊管理区域内，涉及若干郡或若干区，法律规定可设立由环境事务大臣负责的联合规划委员会负责开发规划的编制和开发控制管理工作。

城市区（Metropolitan District）往往设有城市开发公司和企业开发局，负责城市区内特殊地区的开发活动，它们都归环境事务大臣管辖。

此外，英国还有负责特殊地区开发的城市规划机构，如新镇开发公司，根据英国政府的新镇法建立，全面负责建设新镇的各项工作，包括编制拟开发的新镇的总体规划（Master Plan），如工业区、生活区、城市中心区、公园、停车场、文化娱乐设施位置，交通规划，等等。

（二）法规体系

英国的城市规划法主要由两部分组成：通过议会颁布的有关法案（acts of parliament）；由环境事务部大臣制订的有关城市规划条例（regulations）和规则（orders），等等。议会颁布的各类法案、环境事务部制订的各种条例和规则都作为法律性文件，具有同等法律效力。

英国城市规划方面的法律有多种形式，城乡规划法代表中央政府提出规划方面的纲领性政策和方针。城乡规划规则、规划通告、规划条例及规划指令针对规划法的某一部分或某一条款作出具体的解释和补充说明。规划政策指导书提出特定地区范围内的土地开发政策和原则。战略规划指导书则更为具体而详细阐述中央政府对某一特定地区的开发政策。此外，中央政府还不定期发布专项规划方面的法律。如，城市开发法、新镇法、公共卫生法、住宅法、工业分布法，地方就业法、内城区法、地方政府规划土地法，等等，也是针对某一时期的城市开发控制需要而制订的。

三、城市土地规划管理

（一）土地所有制度

英国是典型的土地私有制国家，土地虽然在法律上属于英王（国家）所有，但完全拥有土地权益的持有人是该土地的永久占有者，只要他不违反土地法、土地规划或侵犯他人利益，就可以自由支配。英国大致有四种土地产业权：①无条件继承的土地产业权；②限定继承的土地产业权；③终身保有的土地产业权；④限期保有的土地产业权，即租业权。值得提出的是，在英国，从中央到地方各级政府都拥有一定数量的土地，约占国土总面积的20% 。

（二）土地利用规划制度

英国建立了完善的土地利用规划制度，实行土地开发许可制，任何土地开发需向地方规划机关申请“开发许可”。

英国的土地利用规划体系由中央规划、大区规划、郡规划和市规划四级构成，均具有法律效力。全国自下而上编制规划，各级政府部门制定本级土地利用规划，上级规划控制下级规划。在四级土地利用规划中，市政府对土地利用规划的作用更直接。政府土地利用规划的重点是土地开发，对改变土地用途及改变建筑物本身用途和性质的项目开发，必须得到规划许可，而对土地转让、地价、土地使用安全性等，土地利用规划没有作过多的控制和限制。

四、新城开发管理

（一）新城开发公司

在英国，负责全国范围内新城建设工作的是新城开发公司。新城开发公司是根据新城法建立，直接接受英国中央政府控制，中央政府控制了新城开发公司的全部资金。同时，无论是新城开发的总体政策或单个新城开发的具体政策，基本上是中央政府直接制定的，开发公司实际上是中央政府的一个执行机构。

新城开发公司是独立于地方政府的机构，它们与地方政府的关系是协作关系。根据新城法，中央政府还组建了新城委员会对新城开发公司的工作实行指导、监督。新城委员会对新城的选址、设立、开发、组织和管理等环节进行研究，向开发公司提出指导新城开发的一般原则。

（二）新城开发和布局特点

英国在第二次世界大战以后的新城建设中一共建了 32 个新城，其中 21 个在英格兰。这些新城除个别城市人口在 20 万人左右外，大多在 10 万人以下，新城已经成为英国中小城市的主体。

新城的设施布局与传统城市有很大的不同。传统城市的主要建筑和公共活动都是以集中的形式布置的，而且往往集中在市中心，然后以市中心为集合点，连接向外辐射的交通干道。这是引起交通拥挤的一大原因。为避免这种拥挤，新城的布局采用分散布局，分别设置几个类似的副中心，自成一个小城市体系，副中心能基本满足就业、居住、购物需要。新城规划的另一大特点是，预留大面积未开发的土地，以便进一步开发。平均每个新城预留 20% 的土地以备未来开发。

第二节　法国城镇管理

一、城市政府组织形式

（一）市镇的历史与发展

法国是欧洲少数具有四级地域行政机关的国家，即中央、大区、省和市镇。市镇是法国基层的行政组织，指任何市政单位：村庄、小镇或城市。法国有 36 000 多个市镇，平均每个市镇人口为 1 650 个居民，最大的市镇是巴黎，拥有 200 万居民，其次是里昂和马赛，人口约 100 万。法国《市镇法典》规定，每个市镇的市镇政府由市镇议会、市镇长及若干名助理组成。全国市镇不论经济、地理、人口状况，法律地位和职能相同，只有巴黎、马赛和里昂例外，这三个法国最大的城市下设有区级机构，法国其他市镇都没有下设区级机构。

法国市镇的行政组织由市长和市议会组成，普遍实行市长议会制。在此种组织形式中市立法机关与行政机关分设，立法与行政分立制衡。

（二）市镇的审议机构——市镇议会

市镇议会由市镇选民直接普选产生，每 6 年选举一次，议会人数与市镇人口成正比。

市镇议会的权限非常广泛，主要职权有：负责市镇管理，设立和组织市镇机构，讨论和表决市镇预算并监督执行，批准市镇长的账目，决定市镇的财产管理，决定市镇的公共工程及实施的方式，领导市镇规划，创立和组织市镇的公共事业，批准市镇长签订的合同等。

（三）市镇的行政长官——市镇长

市长和市长助理由市议会在市议员中选举产生，任期与市议会任期相同，市长一经选任，市议会便无权将其免职，只有中央政府有权撤销市长职务。法国市镇长兼任市议会主席，他可以利用职务对市议会讨论施加影响。市长有权召集市议会特别会议，讨论紧急事项。同西方其他国家相比，法国的市镇长具有较高的权威和相当大的权力。

法国市长具有双重身份：既是国家在市镇的公务人员，又是市镇的最高行政长官。一方面，作为国家公务人员，市镇长代表国家履行某些职务。在履行此项职权时，他受省长和中央政府的指挥和监督，其执行国家公务行为的责任由国家，而不是市镇承担。在这方面市镇长主要行使下列职权：第一，在中央和省的国家代表的领导下，保证法律和法令的公布和执行；第二，领导国家下放的某些公共事业；第三，组织选举；第四，处理民政事务等。

另一方面，作为市镇的代表，市长执行市镇的自治公务，有三类职权：第一，独立于市镇议会的职权。市镇长在行使这类职权时，市镇议会不得干预，不得发出指示，至多可表达其愿望。这类职权主要包括：市镇治安管理，市镇警察和司法工作，对市镇官员拥有任命权和等级节制权。第二，作为市镇议会决定执行者的职权。议会可对市镇长发出有关执行的指示，并对实施情况进行监督。市镇长可以编制并执行议会通过的预算，签署议会决定缔结的契约并负责执行，实施议会决定采取的或支持的行动等。第三，市镇议会委托行使的职权。市镇议会可以委托市镇长行使某些属于市镇议会的权力，有关法律对授权作了严格的规定。

（四）市镇长助理

市镇设若干名市镇长助理协助市镇长工作。市镇长助理的人数由市镇议会根据市镇人口的多少确定，市镇长助理由市镇议会在其成员中选举产生。选举的方式和被选举资格条件与选举市镇长基本相同。市镇长助理是市镇长的高级辅助人员，他们不具有任何自己的权力，其职权来源于市镇长的授权，市镇长有权根据需要随时授予或收回这些权力。

二、市镇管理体制

（一）市镇政府的事权

法国市镇政府权限由法律以概括方式授予，市镇权力一律相等。法国《市镇法典》规定，市议会可以讨论和决定一切属于市镇性质的事务。其主要三个方面：城市建设管理、城市社会管理、城市文教卫生等。

（二）市镇的财权

市镇预算由市镇长编制，市镇议会通过。在3 500人以上市镇，必须先由市镇议会讨论确定预算方针，然后才能编制和审议预算。市镇的收入主要来自税收、国家补助、借款、市镇财产和公共事业的收入等。市镇开支大多来自于税收，另一部分支出费用依靠国家、大区公共机构或省拨给的补助。

（三）市镇联合体

市镇作为法国行政组织的基层单位，数量大，规模小，法国36 000多个市镇中，人口规模超过1万的只有1 000个，有大约80%的市镇人口不满1 000人，这些中小规模的市镇既难以独立承担一定规模的公共服务设施的建设管理，如医院、剧场、大学、购物中心等，也无法独自应对技术复杂的市政服务设施的建设管理，如供水、排水、道路、垃圾处理等。在这种情况下，市镇之间的联合就成为中小规模的市镇获得足够的行政和技术手段的自然选择。目前约88%的法国本土市镇归入2 510个共同体，市镇共同体享有城市规划、建设开发、技术管理等多种职权，主要有以下三种形式。

第一，城市化共同体。由若干市镇组成的、人口规模在50万以上的、连续的城市化地域。其市镇合作公共机构的城市管理权限主要包括，组织编制“指导纲要”“土地利用规划”，建立和建设涉及共同体整体利益的“协议开发区”，在征得相关市镇同意的前提下，指定地产储备，组织管理城市交通，建设和管理道路，草拟规划等。

第二，城市密集区共同体。是由若干市镇组成，城市中心人口规模超过1.5万，总体人口规模超过5万的、连续的城市化地域。其市镇合作公共机构的城市管理权限包括：组织编制“指导纲要”，建立和建设涉及共同体整体利益的“协议开发区”，组织管理城市交通等。法国的新城即属此类市镇联合体。

第三，市镇共同体。在农村地区，由若干市镇组成的联合机构。在相关市镇议会同意的前提下，其市镇合作公共机构可以取代相关市镇，享有完全的城市管理权限。市镇共同体的产生，既保留了市镇的基础，又把有关事权收集起来，解决了单个市镇无力解决或解决起来不经济的问题。

目前，市镇联合体已成为法国地方城市管理的主要形式，到2000年年底，法国共建立了14个城市化共同体，90个城市密集区共同体和1 241个市镇共同体。共同体的行政管理由议会负责。

三、市政的委托管理

法国在城市基础设施领域推行委托管理。具体负责城市管理的主要是市政厅，采取经济手段与行政管理相结合、以经济手段为主的方式，对城市管理中的保洁、垃圾收运和设施维护工作，基本上通过招标，由各个企业来实施。其中一类为能够盈利的企业，如供水、供电、供气等，政府只在建设时给予投资补助，建成后完全由企业在政府规定的价格范围内运营，政府不再给任何价格补贴；另一类为非营利的企业，如垃圾清理、道路保洁、绿化养护、公共交通、城市排水和污水处理等，政府在招标时就有明确的补贴标准，所补贴的费用从税收中提取，对这些企业由市政府加强行政监控，要求企业重点是搞好服务，不追求过多利润，如果企业经营不善或长期亏损或达不到合同要求，市政当局有权进行干预甚至终止合同重新招标。

委托管理的方式：

第一，由地方政府机构直接负责管理，承担设施建设的投资和所有风险，经营方为公共部门服务，不直接从用户获取营业收入，而是从地方财政预算中支出报酬。如法国交通运输就采取这种管理方式，这是因为单靠卖票所得是远远不能保证交通运输开发经营者的收支平衡，目前，法国交通运输部门享有大约50%的国家补贴。

第二，租赁管理，地方政府承担项目建设和扩建所需费用，经营费用、风险费用则由承租企业来负担。这种租赁方式在法国水务和污水处理部门应用普遍。

第三，特许经营权管理（BOT 方式），依据法律，发租方在招标细则中明确规定特许经营的约束条件。承租企业承担投资和经营管理全部费用、负责设施运转和维护、独自承担风险。设施产权属于发租方，合同到期后，承租企业将设施完好交给发租方。

法国公共交通的公私合作方式是多种多样的，如特许一家私营公司负责建设和维护，租赁给一家国有运营商运营；完全由国家投资并运营（巴黎）；特许一家私营公司负责融资、建设和运营（图卢兹，典型的特许权模式）或特许一家国有/私营的混合企业，市政府是大股东，但公司如私营公司一般运作；国家投资私人运营，等等。特许专营模式在公共设施领域取得了很好的效果。

第三节 德国城镇管理

一、城镇的基本概况

德国1996年城市化率达94.6%，中小城镇是城市化的主体。德国共有各种规模的城市580多个，其中人口在百万以上的城市只有3个。21世纪以来，德国逆城市化趋势明显，每年从大城市向郊区和小城市流动的人数约有20万，且外迁的速度在逐步加快，这是德国区域均衡发展、城乡一体的重要标志。例如，法兰克福市是经济区的中心城市，尽管法兰克福市的经济在进一步发展和增强，但市区人口却出现了负增长，由20世纪90年代初的100多万减少到现在的65万左右。与此同时，整个法兰克福经济区的人口却由100万增加到480万。

德国的市分为两类三级，两类即县辖市和非县辖市，三级即州级市、县级市和乡镇级市。德国的市虽然有类和级的区别，但它们都是由法律规定的相对独立的实体，实行自治管理。它们与其上级行政组织分权明确，有自己的行政管理权、机构设置权和财政管理权，有自己独特的行政管理任务和自治管理机构。

二、市镇政府的组成与职能

（一）市镇政府的组织

在德国，城镇不是州政府的下属行政单位，而是组成县的自治团体。德国基本法规定，在州、县（市）和乡（镇）中必须设立经选举产生的机构代表人民。

市议会的职权主要为负责市内由联邦、州或县授权的立法事项，审议批准市的财政预算，决定市的重大事项，监督市政府的行政工作等。

从20世纪90年代初开始，市长直选为所有的州所采纳。市长成为真正的行政部门首长，而不是原来荣誉性的虚职市长，市长对行政部门日常事务具有决定权，同时负责执行议会的决定；市长兼任议会议长，当选市长之后自动成为议会议长。市长直选使行政的权力得到大大的加强，市长同时拥有决策及执行职能。市长负责主持市政府的工作，全面领导市的各项行政管理工作。市长助理协助市长工作，分别负责某一个或某几方面的行政事务。

（二）市镇机构的设置

在德国，尽管每个市镇在原则上关于其组织建设有十分大的自主性，但结果却是地方政府在组织上表现出相当的一致性。市的管理职能分解成若干项（一般为70多项），然后将这些职能归为几大类（一般为8大类），在此基础上决定管理机构的设置。

德国市的行政机构设置都比较综合精干，职能跨度大，县辖市一般设4至6个行政机构，非县辖市设8至10个机构。政府机构小，人员少，管理及服务效率高，这是德国小城镇的共性。市行政机关的人员编制管理，由市议会通过财政预算来控制的。对市政府各工作部门内设机构的控制，主要是通过对领导职数的控制来实现的。

（三）市镇管理职能

德国城镇的基本职能和任务是：建立良好的工作环境和自然生活条件；快速发展教育事业；建立完善的社会保障体系；提倡开放的、自由的、互不干涉的生活。

小城镇的具体任务主要包括三个方面的内容：一是必须完成的义务性工作，包括建立学校、污水处理、社会保障、铺设道路、抢险救灾、公用生活设施等。二是量力而行的非义务性工作，如地方性的娱乐文化设施，儿童游戏场所等。三是小城镇政府要承担国家委托的某些工作。德国基本法和各州法律中规定的国家行政事务，许多都是在小城镇以下区域实施的，小城镇政府代表国家完成财政税收、户籍登记、结婚登记、死亡登记、置业许可、网络交通、环保、机动车许可证及驾驶执照的发放等任务。

三、城镇规划与环境保护相结合

（一）建立均衡发展的协调机制

德国的城镇规划体系分四个层次，即联邦、州、特定管理区和乡镇。联邦政府制定全国性城市规划和全国性基础设施建设、土地的共同规则等；州一级政府主要是制定区域城镇发展的初步框架，以上两级都是指导性计划。各类管理区及地方政府对城镇布局和基础设施的规划则是指令性的，它甚至更具体地规划了城镇的规模、特色及城镇基础设施和建筑物的类型、样式、技术指标等。联邦和各级政府均设有专门的规划和政策管理机构，它们虽然职能相同，但彼此独立，下一级政府制定的城镇规划只需对同级议会负责，不需要上级政府批准。为矫正各自为政、相互脱节、建设混乱的缺陷，各经济区都成立了区域经济协会，负责州及地方城镇建设总体规划的制定、实施、组织协调和监督等。

（二）德国对城镇规划进行了严格的立法

环境和经济增长是一对矛盾，不能单纯追求经济的发展而忽略环境，也不能只考虑环境而去限制经济的发展。在德国，小城镇的一项重要任务就是制定中长期建设发展规划。规划期一般为 15 年，在规划中，对小城镇的供水厂、供电站、城镇道路、通信设备、商场、停车场、学校、文化体育设施、污水、垃圾处理厂、森林直至每家花园和公共绿化等都有很具体的规定。规划制定出来后，不仅要广泛征求议会的意见，尤其是设计国计民生和公共生活方面的敏感问题，还要通过充分讨论或投票加以确定。规划对房屋间隔、绿地树木排列等的规定都很具体。因此，这样的规划既体现了长期性、超前性、民主性，而且具有严肃性、务实性和易实施性。

（二）注重公众参与

在德国，城市规划、公众参与和城市规划法是城市建设中相互影响的三个方面。地方政府如想对现有的城市规划方案进行修改，需要由地方政府、地方议会与地方政府所属的专业委员会三方共同提出原方案修改的报告。市民及组织机构，特别是在规划中涉及的利益相关方均可在规定的期限内（一般是四周）提出自己的意见和想法。城市规划部门邀请市民代表、有关企事业单位的代表、会同有关公共事业局（如水厂、电厂、电信局、自然环境和文物保护局等）的代表开协调会，共同商讨新规划草案。由于商讨的新规划设计方案通常不止一个，城市规划部门将再次邀请公众代表一起审议新规划草案。在经过对不同规划方案评估之后，选出一个可实施的方案报上级管理局，通常是城市或地区建设监理局审批。新规划由监理局批准之后，地方政府必须将新规划在地方报纸和地方政府内部刊物上刊载，并张贴于市政府的布告栏里，之后，新规划才能生效。

通过公众参与协商——规划设计——公众参与审核——法律审查程序后的城市规划，具有法律效力，任何人都不能改变它，即使政府换届也不能改变。如果要改变或补充，必须再一次经过上述程序。

第四节 美国城镇管理

一、城镇的产生与主要功能

（一）美国城镇的产生

美国市镇除历史较早形成的外，多是伴随着新居民区和工业区的形成而发展起来的。20 世纪 60 年代以来，由于大城市环境和居住条件的恶化及交通的发展，特别是汽车的普及，居民纷纷向城市郊区迁移，因而不断形成新的居民区。新的居民区或工业区达到一定人口规模（500 人以上），居民就可要求自治。按各州宪法规定，只要居民同意和财政能够自理，就可以向州政府提出成立市或镇政府的要求。由于这个原因，美国的市镇规模差距较大。美国近 4 万个市镇中，94% 的市镇人口不足 5 万人。

（二）美国城镇的主要功能

美国三级政府（联邦、州和地方政府）的分权程度很高，三级政府各有自己的职责和服务范围，相互不重叠、不交叉、不干扰。联邦政府的主要职责是管理外交、军队、商务和对经济的宏观控制，不管学校，也没有“国家”警察。州政府管理大学，管理州际公路等。地方政府的职能比较完整。

美国城镇政府为纳税人（即社区居民）服务的观念很强。由于实行民选，又有任期，加之许多市镇长不拿薪水，因此政府官员与民众区别不大，官员下任后就成为一般民众。

二、城市管理的组织形式

美国采用联邦制，州以下包括市、县、市镇、乡政府都是地方政府。由于地方自治程度高，城镇组织形式并不统一，大致有四种不同的类型，即市长议会制、市经理制、市委员会制和市行政首长制。此外，还有一些混合型的组织形式，即将其中两种或者三种形式的某些因素结合而成。

（一）市长议会制

这是美国最古老、最普通的政府组织形式。在这一形式下，市政府由市议会和市长组成，市的权力分别由市议会和市长行使。市议会是市的立法机关，由市民选举产生，一般为 30 ~ 50 人。其根据联邦法律和州宪章行使立法权，制定规章制度和地方法律，制定由具体部门执行的规划和财税征收率，对市政府的各种活动拨款等。

根据市长拥有的行政权和对市议会决议的否决权来分析，市长议会制还可分为两种形式，即弱市长议会制和强市长议会制。

1. 弱市长议会制

这一体制主要在美国中小城市中比较普遍。市议会的权力较大，市长由议会从议员中选举产生，而不是由市民直接选举产生。市长基本上是荣誉职位，活动主要在礼仪方面，如主持议会会议，代表本市出席仪式和典礼。市议会监督一切市政活动，任命市的重要行政官员，制定预算，决定市政的一切重要问题；而市长只能委任少数不重要的行政官员，对下属无法行使处分权，对市议会基本没有否决权和监督权。但在少数的市，市长也享有若干立法权，诸如向议会提出议案，担任议会主席，以及对议会通过的规章行使有限的否决权。

在弱市长制下，议会的组织通常都比较庞大，它经由各委员会处理相关工作。议会除了行使通常的立法权外，对于市行政部门实施监督权。但很多行政工作通常由各委员会执行，而这些委员会由公民选举产生，除财政受议会监督之外，大部分独立于市长与议会之外。

2. 强市长议会制

这一体制在美国的大城市管理中比较普遍。市长和议会都由地方公民选举产生，市长的权力较大，市议会只有立法和代议职能，不能干涉行政事务。市长是政府的行政首脑，掌握全部的行政权，负责指挥和协调市的行政管理活动。除了法律规定应当由公民选举或用其他方式遴选的官员以外，市长可任命各机构首长，如警察专员或首长、司库员、检察官、征税员及几个委员会的委员。市长任命的人员一般须获得议会的同意，如果市长与议会过半数以上的议员属于同一党派，其议会对市长任命人员的限制就会形同虚设。市长监督行政各部的编制预算，并可提出修正意见，将其提交议会。这使市长对行政各部门首长实行重要控制。议会对于市长的预算，可以加以检讨，并增加或减少其中的人和部分。但经议会制定后，仍由市长执行，市长仍有最后的控制权。市长在管理市财政中被允许的自由裁量权，依据拨款法案列举的程度及其控制支出与分配款项的法定权力而定。

（二）委员会制

委员会体制之下，几乎所有市立法与行政权，都是由一个小委员会掌握（除了如教育、图书馆委员会、计划委员会等特殊事项由半独立的委员会来负责）。委员会通常有3～7人组成，以全市公民选举产生。

委员会履行市议会的职能，定期举行会议，制定市的政策和规章。同时每位委员又都是一个行政部门的首长。这样委员具有双重资格，在集体方面，他们构成市的立法团体；在个人方面，他们是市行政部门的首长。各委员之间也有某些领导职能的联合，某些部门通常不是受一个委员的直接领导，而是对委员会整体负责。每个委员任用其所属各局首长及下级人员，并监督该部门的工作，有的市须经委员会同意和批准。市长是委员会主席和市政府的代表，其职权仅限于主持委员会会议和在礼仪上代表本市。在立法和管理方面，市长与其他委员的地位和权力相同，在委员会会议上享有同等的投票权，没有否决权。

委员会制组织单纯，它取消权力的分立制衡，将权力与责任集中于一个小委员会，弥补了市长议会制行政不力的缺陷。另外，委员会这个团体是代表全市公民行使权力，而不是某个分区。

（三）市经理制

市经理制与委员会制一样，选民通常以全市为一大选区，选举一个5～9人的小型委员会。这个委员会有权聘任、监督及随时撤免市经理。市经理则是一专任的、不具有政治倾向性的、受过专业训练的职业市政管理专家。市经理受任时不必是本市居民。市委员会制定规章，决定政策及控制市财政，执行政策与实施规章的责任则赋予市经理。市委员会不监督具体行政工作，此项任务全部赋予市经理。

市经理对市委员会负责，是市委员会的代理人，有权任命、撤免各部门官员和更换不适宜的公务员。市经理在行政事务方面可向市委员会提供建议，寻求支持，但关于政策的决定属于市委员会的职能，市经理的职能就是执行这些政策，市委员会不得随意干预行政执行，除非需要，议会成员不经过市经理不得接触任何执行部门；另外，市经理也不得侵入市委员会的职务。市经理可以出席市议会的讨论，并可以就有关城市事务提出建议，但没有表决权。市经理的任期不定，市议会如果对市经理的工作不满意，可以随时解雇。

在这种制度下，市设有市长，市长担任委员会主席且为市政治与礼仪上的最高代表，主持市议会，签署市的官方文件，并在礼仪和典礼场合作为市的代表，以及在城市一旦进入紧张状态时，充任警察指挥。在市经理和市议会之间，市长可发挥沟通协调作用，许多市长也是强有力的政治领导人，在行使政治权力和管理市政方面有重要影响。

现在全美国约有1/3的市实行市经理制，尤其是中等规模（人口2.5万~25万）的城市，采用市经理制的约占50%以上，在加利福尼亚州约有98%的市采取了这种制度。市经理制的优点：一是它提供了一个统一的市政首长，在一专家的领导下，明确集中全市及所有各部门的责任；二是行政管理专家治市，有利于提高行政效率；三是进行了职能分工而不使事权受到割裂；四是吸纳了委员会制集思广益的优点。

三、城镇的财政管理

美国城镇都有自己独立的财政收入来源，除州政府按小城镇人口给予财政补贴外，主要是居民财产税。财产税征收范围包括居民住房、汽车、建筑物、机械设备、土地等。

各市镇的税率差距较大，有的市镇还收一些费，如垃圾处理、路灯管理、草坪剪修等费用。因居民财产要征税，所以各市镇都设有资产评估和登记机构，工作量相当大。实际上资产的增减每年都用计算机做调整，故美国居民的财产透明度是相当高的。美国小城镇的每笔开支都要由市财政局批准，每年都要将每项开支编印年鉴，发给公民征求意见，同时接受审计事务所的审计。美国审计机构是独立于政府之外的，不受政府制约。

四、城市土地管理

（一）美国的土地所有制

美国土地所有制方面是多元化的。美国联邦政府所有的土地占国土面积的32%，州政府和地方政府所有的土地占7%，私人所有的土地占58%，另有2%是印第安人的保留地。在美国，不仅本国机构和公民可以拥有土地，外国机构和个人也可以拥有土地。土地私人占有越多，政府的税收就越多。建设占地相对更难一些，这在客观上为土地资源保护提供了体制上的保证。政府通过一定的政策、法律和规划等手段，对其进行干预和引导。另外，也采取一系列的经济手段保护土地资源，如有的州将土地改变用途，除支付地价外，还要支付相应的30%~50%的附加税；对因保护耕地如休耕、轮作而减产的，政府还补偿减产额的70%。

（二）土地使用制度

城市土地管理由两个突出问题，一个问题是如何满足城市化所需用地，另一个问题是如何为城市化地区再发展提供土地。

美国的土地特别是城市土地，大部分是私有的。对土地使用的管理权力主要在州政府和地方政府。政府可以通过各种手段影响土地怎样被开发及被开发的程度，但是土地开发的时机及什么时候开发还是由私人即开发商和土地所有者来决定。美国法律保护公有土地和私有土地的所有权不受侵犯，规定土地可以买卖和出租。联邦政府为了国家和社会公益事业兴建铁路、公路等设施，需要占用州、地方政府土地或者私人土地，都要通过交换或购买取得。通讯、输电、输油等管线要通过公有土地的地上或地下，都必须向土地管理局通行权处申请批准，并支付租金。联邦公有土地，包括地下矿产、水资源的出卖、出租收入，是仅次于税收的联邦政府第二大财政来源。

美国的这种土地使用模式是由市场主导的，并且是私人决策主导着市场。其优势是土地供给灵活机动，而且保持了土地相对较低的价格，这些优势促进了城市住房的发展，提高了城市住房的可支付性。

(三) 政府的土地使用管理机构

美国于内政部内设土地管理局，主要负责对联邦土地的管理，并对州和私人土地进行协调。其主要职责是：地籍调查、土地利用规划，建立土地调查档案和土地管理信息系统，牧场管理，为国民经济发展提供有关服务，制订国家矿产开发与利用计划等。其他联邦机构也参与部分土地管理工作，如内政部印第安人事务管理局负责印第安人居留地的土地管理工作，城市规划委员会负责城市用地的管理工作，国防部负责军用土地的管理工作。

(四) 城市土地管理分区制

美国将土地使用管理权赋予各州，大多数州又将土地使用管理的大部分权力下放给地方政府（县和市）。

美国的城市土地用途的管理是通过以城市法令将城市划分为不同的功能区来实现的。分区制是美国政府为了社区利益而实施土地规划管理的主要内容，就是在一综合计划下，按照土地的特征、结构及特殊用途来对区域加以分类，将土地划分为不同的区（块），在各区（块）内实施不同的土地使用规划，规定每个区域土地具体的允许用途。分区制的目的在于控制及引导土地的使用和开发。

分区制的管理职能是由当地的立法官员实施的，这些立法官员根据法律条文，采用一种正式的分区地图，分区地图上详细标明了城市中不同功能区的界限及每个区的相应规则。每一规则列明了这一功能区在土地用途上的限制。这种方法直观而简单。一个城市通常从地理上被划分为几个不同的功能区（常常是居民区、商业区、工业区、限制开发区）。分区制管辖的事务大致包括：对土地的使用规划；对建筑物的高度、规模及面积的限制；建筑设计方面的限制（如对建筑物的外观加以限制，有权禁止与某一地区特色不相符的建筑物的修建）。

第五节　日本城市管理

一、城市管理机构和职能范围

第二次世界大战后，日本于 1947 年颁布了地方自治法，引进了美国式的地方自治制度，规定市为自治的地方公共团体，不是中央政府属下的地方自治机关，而是由市民构成的一个公共团体，市长由市民直接选举产生。在日本，没有都政府、市政府这类称呼，都为都厅，市为市役所，以强调都、市的自治性。但实际上其管理的事务，行使的职能就是一个地方政府的职能和事务。

（一）议会

议会是地方政府的最高权力机关，由选民直接选举产生。市议会议员人数由地方公共团体在规定的幅度内根据市人口的多寡而改变，但不得突破上下限。

议会设有议长和副议长，从议员中选举产生。议会还组织了若干个委员会，主要负责有关方面事务的调查，审查议案等工作。议会的职权主要包括：①制定、改正或撤销地方条例；②审议批准预算，承认决算；③决定地方税的赋课征收以及分担款、使用费、加入费、手续费的征收；④决定缔结协议；⑤使用或出卖财产及其他有关财产处理的委托。

（二）城市政府执行机关

日本城市政府的执行机关为市长及其工作机构。市长由辖区选民直接选举产生，任期 4 年。在任期内，市长如得不到议会的信任或选民普遍要求解除其职务，有可能失去其职位和被选举权。市长不得兼任国会议员、地方议会议员及议会常勤职员。

市长代表执行机关，负责全面领导和处理该市的行政管理事务。在市长之下，设有若干辅助人员和工作机构，辅佐市长工作。根据人员和机构的性质，大体可将日本城市政府的行政系统分为三个部分（知事和市町村长除外）。

辅佐机构。在都道府县一级，市长有权任命 1～3 名副知事，任命 1 名出纳长，负责本地区财政收支和统计工作。在市町一级，市长有权任命 1 名助役，协助其工作；任命 1 名收纳役，负责本地区的财政收支和统计工作。

行政委员会。行政委员会是地方公共团体的专门机构，拥有相对独立的地位和权限。其职责主要是对本地区某一方面的工作提出建议和指导。行政委员会由地方公共团体主持人取得议会同意后任命。

办事机构。在市政府下设立若干个工作部门，为其具体的办事机构。日本地方自治条例对都道府县的机构设置种类和数量都有明确规定。市长之下也可设若干办事机构，但国家法律对其机构设置的种类和数量没做明确规定，由市议会制定条例，予以规定。

（三）城市管理机构职能

在日本，宪法规定地方公共团体有管理财产，处理事务和执行行政的职能，并可在法律范围内制定条例。这些权能具体包括：保存、维护和使用属于自治体财产，如建设、维护及管理地方的教育、文化、卫生、体育、医疗设施，以及公园、广场、道路、桥梁、仓库、码头等；处理地方的社会服务性事务，如消防环境保护、供水、供电、煤气、公共交通、下水道等；制定地方预算，征收地方税，管理户籍及指挥地方警察。为履行上述职能，地方议会还可依法制定不与国家法律相抵触地条例。

二、城市防灾应急管理体系

（一）危机管理机构

日本的危机管理是一个以法律、制度、功能为依托，以首相为最高指挥官，内阁官房（负责各省厅间的协调）负责整体协调和联络，通过安全保障会议、中央防灾会议、金融危机对策会议等决策机构制定危机对策，由国土厅、气象厅、防卫厅和消防厅等部门根据具体情况进行配合实施的组织体系。这一体系还包括日本各都道府县专设的危机管理机构（地方政府的行政“一把手”是危机管理的最高负责人）。

内阁官房是负责危机管理指挥的中枢机构，作为首相的辅佐机构，在危机管理体制中的主要职能是尽早获取情报，将其向相关部门传达，召集各省厅建立相应的应对机制，并对各省厅制定的政策进行综合调整，同时负责向外界发布危机进展状况，政府对策等信息。内阁官房设立了由首相任命的内阁危机管理总监（内阁危机管理总监一般由警察厅的高级官员出任），专门负责处理内阁官房中有关危机管理（除国防外）的事务。在总监下设副内阁官房长官助理（负责安全保障、危机管理），直接对首相、官房长官及内阁危机管理总监负责。这种由内阁危机管理总监统一归口管理的方式，不但有利于整合人、财、物等资源，而且彻底改变了过去各省厅在危机处理中各自为政、相互保留所获情报、纵向分割行政的局面。此外，为了提升国家整体的应急管理能力，日本政府还设立了一系列与危机管理有关的审议会，如安全保障会议，中央防灾会议，综合防灾部，金融危机对策会议等。

（二）应急管理规划和应急预案

东京都的危机管理规划体系，基本上以原有的防灾规划为基础，其中有综合防灾规划、健康保健等专项部门规划及各部门规划中的防灾、安全、应急的规划。都防灾规划是在1963年制定的，分为《震灾篇》和《火山与风灾水灾篇》。其中，《火山与风灾水灾篇》被不断补充和细化，现在有《风水灾害对策规划》《火山灾害对策规划》《大规模事故等对策规划》和《原子能灾害对策规划》。

东京都各部门共制定了各类规划、手册、预案53个。为了预先准备好震后恢复对策，东京都在1997年制定了《城市恢复指南》和《生活恢复指南》。2003年3月，为了更明确地指示都民在灾后应该采取的行动指南、选择和判断标准，把这两个指南合在一起，再分成两部分，一部分是面向市民的“恢复程序篇”，另一部分是面向行政职员的“恢复措施篇”。

（三）城市应急体系

1. 防灾与危机管理对策指挥部启动和指挥协调

根据国家法律和地方条例等，东京都可以设立灾害对策本部、应急对策本部、地震灾害警戒本部、震灾恢复本部四种应急指挥部。地震灾害警戒本部是日本认为唯一可以预测的东海大地震将要发生时或发生后设立的。应急对策本部主要在发出暴风雨、大雨、海啸、高潮、洪水警报及公共突发事件等时候设立的。当在东京范围内发生大规模灾害或有发生灾害的危险的情况下，根据《灾害对策基本法》和《东京都灾害对策本部条例》以及有关实施规则，东京都采取灾害应急处置活动，进行指挥协调。

2. 先期紧急处置机制

先期经济处置及机制包括职员召集制度和职员紧急配备制度。东京都规定成立灾害对策本部后，根据灾情，发出第1级到第5级的紧急配备状态的应对命令，动员各局、地方队长以及本部的职员出动。最紧急的状态为第5级配备状态，即在第4级紧急配备状态难于应对的时候或发生烈度6弱以上的地震的时候，本部长发令动员东京都所有职员128522名进入灾害应急状态。为了应对在晚上或节假日等非上班时间内发生的灾害，东京都建设了灾害对策职员住宅，确保职员能够迅速赶到政府机构进行先期应急处置工作。

3. 应急储备物资的供应

根据国家的《灾害救助法》第37条，东京都必须每年按照在本年度的前三年的地方普通税收额的平均值的千分之五作为灾害救助基金进行累积。2002年累计有110亿2 629万7 495日元，其中存放在国家财务省资金运用部和银行的存款有60亿7 071万9 353日元，事先购买储备物资有49亿5 557万8 142日元。除了都政府之外，各区市町村政府也进行储备。

（四）城市危机信息管理与技术支撑系统

东京都防灾中心的作用是从地震、风水灾害中保护市民的生命和财产，维持城市的中枢设施，确保以都政府为核心的防灾机构之间的信息联络及对灾害对策的审议、决定、指示。中心配有防灾行政无线通信、数据通信系统和图像通信信息系统。中心的具体功能有：对灾害信息进行收集、传达和处理、分析；对灾害对策进行审议、决定和协调；向各防灾机构发出各种指示和请求。同时，在立川地区还建有一个备用的防灾中心。根据《灾害对策基本法》《东京都震灾对策条例》《东京都防灾行政无线基本规划》，为了防止在灾害发生后有线通信被中断，东京都设有防灾行政无线。这套系统有国家主管的消防防灾无线和东京都防灾行政无线。消防防灾无线是总务省消防厅与都道府县之间为了收集大地震等灾害的信息而建设的。吸取了阪神大地震的教训，加强了都政府大楼及都派出机构在与灾害现场观察的车辆、携带式的无线手机之间的信息收集和传递。为了能够通过图像了解灾害现场，都政府还配备了卫星中转车和多重移动无线车。

（五）危机管理社会参与和演习训练

东京都特别重视加强防灾市民组织的建设。防灾市民组织是地区或社区组织和居民自主结成的团体，都政府给予必要的支持。该组织的作用和任务包括：彻底地普及防灾知识和防止火灾；实施各种关于初期灭火、救出、救助、应急救援、避难等各种训练；准备和保养好各种灭火、救助和做饭等器材及储备应急食品；检查和掌握地区内的危险地方并让地区居民都知道；努力掌握地区内在灾害发生时需要求援的弱势居民情况，完善灾害时的救援机制；研究讨论与地区内的企业、单位进行合作的事项；研究讨论与行政进行合作的事项。

在东京都的企业或事业单位参与防灾等的方式有：企业本身防灾体系的建设、通过行会和协会的参与、作为公共或公益团体被指定为防灾机构的参与、组织自卫消防队等。企业及行会和协会在物资储备方面通过事先与政府签订的合作协议，帮助政府分散风险，进行储备或提供救援物资。

在东京都主要有都综合防灾演习、区市町村的防灾演习和其他防灾机构的防灾演习。都综合防灾演习共有三种。第一种是综合防灾演习，加强各机构的紧密合作、促进对地区防灾规划的理解和提高防灾意识。参加机构有都各部局、区市町村、指定的地方行政机构等、自卫队、居民。演习项目有紧急召集演习、信息联络演习、总指挥部运作演习、现场指挥演习。时间在防灾日或防灾周（8 月 30 日—9 月 5 日）。第二种是桌上演习，都政府在相关防灾机构的协作下进行演习，主要的目的是培养演习参加者的判断能力和行动能力及对地区防灾规划的熟悉能力。第三种是都市县的联合演习，主要促进首都圈内的合作。

第十章

我国新型城镇化道路

第一节　新型城镇化发展道路的基本内涵

一、城镇化发展态势

城镇化发展面临的外部挑战日益严峻。在全球经济再平衡和产业格局再调整的背景下，全球供给结构和需求结构正在发生深刻变化，庞大生产能力与有限市场空间的矛盾更加突出，国际市场竞争更加激烈，我国面临产业转型升级和消化严重过剩产能的挑战巨大；发达国家能源资源消费总量居高不下，人口庞大的新兴市场国家和发展中国家对能源资源的需求迅速膨胀，全球资源供需矛盾和碳排放权争夺更加尖锐，我国能源资源和生态环境面临的国际压力前所未有，传统高投入、高消耗、高排放的工业化城镇化发展模式难以为继。①

城镇化转型发展的内在要求更加紧迫。随着我国农业富余劳动力减少和人口老龄化程度提高，主要依劳动力廉价供给推动城镇化快速发展的模式不可持续；随着资源环境瓶颈制约日益加剧，主要依土地等资源粗放消耗推动城镇化快速发展的模式不可持续；随着户籍人口与外来人口公共服务差距造成的城市内部二元结构矛盾日益凸显，主要依非均等化基本公共服务压低成本推动城镇化快速发展的模式不可持续。工业化、信息化、城镇化和农业现代化发展不同步，导致农业根基不稳、城乡区域差距过大、产业结构不合理等突出问题。我国城镇化发展由速度型向质量型转型势在必行。

城镇化转型发展的基础条件日趋成熟。改革开放 30 多年来我国经济快速增长，为城镇化转型发展奠定了良好物质基础。国家着力推动基本公共服务均等化，为农业转移人口市民化创造了条件。交通运输网络的不断完善、节能环保等新技术的突破应用，以及信息化的快速推进，为优化城镇化空间布局和形态，推动城镇可持续发展提供了有力支撑。各地在城镇化方面的改革探索，为创新体制机制积累了经验。

---

① 中共中央、国务院：《国家新型城镇化规划（2014—2020 年）》，北京：人民出版社，2014 年版。

二、新型城镇化的特点和要求

新型城镇化，是指坚持以人为本，以新型工业化为动力，以统筹兼顾为原则，推动城市现代化、城市集群化、城市生态化、农村城镇化，全面提升城镇化质量和水平，走科学发展、集约高效、功能完善、环境友好、社会和谐、个性鲜明、城乡一体、大中小城市和小城镇协调发展的城镇化建设道路。

新型城镇化道路的特点和要求如下。

第一，新型城镇化的“新”，是指观念更新、体制革新、技术创新和文化复新，是新型工业化、区域城镇化、社会信息化和农业现代化的生态发育过程，就是要由过去片面注重追求城市规模扩大、空间扩张，改变为以提升城市的文化、公共服务等内涵为中心，真正使我们的城镇成为具有较高品质的适宜人居之所。

第二，城乡一体化发展。新型城镇化与传统城镇化的最大不同，在于新型城镇化是以人为核心的城镇化，注重保护农民利益，与农业现代化相辅相成。传统的城镇化，是城市优先发展的城镇化，而新型城镇化的核心是农村人口转移到城镇，完成农民到市民的转变。新型城镇化不是建高楼、建广场，不是简单的城市人口比例增加和规模扩张，而是强调在产业支撑、人居环境、社会保障、生活方式等方面实现由“乡”到“城”的转变，实现城乡统筹和可持续发展。

第三，规划起点高。城镇要科学规划，合理布局，要使城镇规划在城市建设、发展和管理中始终处于“龙头”地位，从而解决城市建设混乱、小城镇建设散乱差、城市化落后于工业化等问题。

第四，途径多元化。中国地域辽阔、情况复杂，发展很不平衡，在基本原则的要求下，中国城镇化实现的途径应当是多元的。中国东中西部不一样，山区、平原不一样，不同的发展阶段要求不一样，不同地域特色不一样，不能强调一种方式。与工业化的关系处理也应该有多种方式，有的是同步，有的可能要超前。

第五，聚集效益佳。城镇一个最大的特点是具有聚集功能和规模效益。要在增加城镇数量、适度扩大城镇规模的同时，把城镇做强，不能外强中干。

第六，辐射能力强。利用自身的优势向周边地区和广大的农村地区进行辐射，带动郊区、农村一起发展，这是城镇责无旁贷的义务，它应该做到而且也可以做到，问题是要有这种意识、视野、规划和措施，不能搞成孤岛式的城镇。

第七，个性特征明。绝对不能搞成“一样化”发展，不能把农村都变为城市，而是要走城乡协调发展的道路。推进新型城镇化，要传承自身的文脉，重塑自身的特色避免千城一面。

第八，人本气氛浓。不能为城镇而城镇，发展城镇的目的是为人服务。所以，城镇的一切应当围绕人来展开，要树立牢固人本思想，创造良好的人本环境，形成良好的人本气氛，产生良好的为人服务的功能。总的来说，就是要使城镇具有人情味，能够促进人的自由而全面的发展，而不是相反。

第九，城乡互补好。中国的城镇化一定要体现一盘棋的思想，要打破二元结构，形成优势互补、利益整合、共存共荣、良性互动的局面。市带县体制也好、城乡一体化也好，其出发点都是要走活城乡这盘棋。因为农村可以为城镇的发展提供有力支持，形成坚强后盾，城镇可以为农村的发展提供强大动力，从而全面拉动农村发展。

三、新型城镇化的意义

新型城镇化的本质是用科学发展观来统领城镇化建设。城镇化是现代化的必由之路，是解决农业农村农民问题的重要途径，是推动区域协调发展的有力支撑，是扩大内需和促进产业升级的重要抓手。中共中央、国务院 2014 年 4 月印发了《国家新型城镇化规划（2014—2020 年）》，提出按照走中国特色新型城镇化道路、全面提高城镇化质量的新要求，明确未来城镇化的发展路径、主要目标和战略任务，统筹相关领域制度和政策创新，是指导全国城镇化健康发展的宏观性、战略性、基础性规划。

积极稳妥扎实有序推进城镇化，对全面建成小康社会、加快社会主义现代化建设进程、实现中华民族伟大复兴的中国梦，具有重大现实意义和深远历史意义。①

第一，城镇化是现代化的必由之路。工业革命以来的经济社会发展史表明，一国要成功实现现代化，在工业化发展的同时，必须注重城镇化发展。当今中国，城镇化与工业化、信息化和农业现代化同步发展，是现代化建设的核心内容，彼此相辅相成。工业化处于主导地位，是发展的动力；农业现代化是重要基础，是发展的根基；信息化具有后发优势，为发展注入新的活力；城镇化是载体和平台，承载工业化和信息化发展空间，带动农业现代化加快发展，发挥着不可替代的融合作用。

第二，城镇化是保持经济持续健康发展的强大引擎。内需是我国经济发展的根本动力，扩大内需的最大潜力在于城镇化。目前我国常住人口城镇化率为 53.7%，户籍人口城镇化率只有 36% 左右，不仅远低于发达国家 80% 的平均水平，也低于人均收入与我国相近的发展中国家 60% 的平均水平，还有较大的发展空间。城镇化水平持续提高，会使更多农民通过转移就业提高收入，通过转为市民享受更好的公共服务，从而使城镇消费群体不断扩大、消费结构不断升级、消费潜力不断释放，也会带来城市基础设施、公共服务设施和住宅建设等巨大投资需求，这将为经济发展提供持续的动力。

第三，城镇化是加快产业结构转型升级的重要抓手。产业结构转型升级是转变经济发展方式的战略任务，加快发展服务业是产业结构优化升级的主攻方向。目前我国服务业增加值占国内生产总值比重仅为 46.1%，与发达国家 74% 的平均水平相距甚远，与中等收入国家 53% 的平均水平也有较大差距。城镇化与服务业发展密切相关，服务业是就业的最大容纳器。城镇化过程中的人口集聚、生活方式的变革、生活水平的提高，都会扩大生活性服务需求；生产要素的优化配置、三次产业的联动、社会分工的细化，也会扩大生产性服务需求。城镇化带来的创新要素集聚和知识传播扩散，有利于增强创新活力，驱动传统产业升级和新兴产业发展。

---

① 中共中央、国务院：《国家新型城镇化规划（2014—2020 年）》，北京：人民出版社，2014 年版。

第四，城镇化是解决农业农村农民问题的重要途径。我国农村人口过多、农业水土资源紧缺，在城乡二元体制下，土地规模经营难以推行，传统生产方式难以改变，这是“三农”问题的根源。我国人均耕地仅0.1公顷，农户户均土地经营规模约0.6公顷，远远达不到农业规模化经营的门槛。城镇化总体上有利于集约节约利用土地，为发展现代农业腾出宝贵空间。随着农村人口逐步向城镇转移，农民人均资源占有量相应增加，可以促进农业生产规模化和机械化，提高农业现代化水平和农民生活水平。城镇经济实力提升，会进一步增强以工促农、以城带乡能力，加快农村经济社会发展。

第五，城镇化是推动区域协调发展的有力支撑。改革开放以来，我国东部沿海地区率先开放发展，形成了京津冀、长江三角洲、珠江三角洲等一批城市群，有力推动了东部地区快速发展，成为国民经济重要的增长极。但与此同时，中西部地区发展相对滞后，一个重要原因就是城镇化发展很不平衡，中西部城市发育明显不足。目前东部地区常住人口城镇化率达到62.2%，而中部、西部地区分别只有48.5%、44.8%。随着西部大开发和中部崛起战略的深入推进，东部沿海地区产业转移加快，在中西部资源环境承载能力较强地区，加快城镇化进程，培育形成新的增长极，有利于促进经济增长和市场空间由东向西、由南向北梯次拓展，推动人口经济布局更加合理、区域发展更加协调。

第六，城镇化是促进社会全面进步的必然要求。城镇化作为人类文明进步的产物，既能提高生产活动效率，又能富裕农民、造福人民，全面提升生活质量。随着城镇经济的繁荣，城镇功能的完善，公共服务水平和生态环境质量的提升，人们的物质生活会更加殷实充实，精神生活会更加丰富多彩；随着城乡二元体制逐步破除，城市内部二元结构矛盾逐步化解，全体人民将共享现代文明成果。这既有利于维护社会公平正义、消除社会风险隐患，也有利于促进人的全面发展和社会和谐进步。

四、基本原则和发展目标

（一）基本原则①

一是以人为本，公平共享。以人的城镇化为核心，合理引导人口流动，有序推进农业转移人口市民化，稳步推进城镇基本公共服务常住人口全覆盖，不断提高人口素质，促进人的全面发展和社会公平正义，使全体居民共享现代化建设成果。

二是四化同步，统筹城乡。推动信息化和工业化深度融合、工业化和城镇化良性互动、城镇化和农业现代化相互协调，促进城镇发展与产业支撑、就业转移和人口集聚相统一，促进城乡要素平等交换和公共资源均衡配置，形成以工促农、以城带乡、工农互惠、城乡一体的新型工农、城乡关系。

三是优化布局，集约高效。根据资源环境承载能力构建科学合理的城镇化宏观布局，以综合交通网络和信息网络为依托，科学规划建设城市群，严格控制城镇建设用地规模，

① 中共中央、国务院：《国家新型城镇化规划（2014—2020年）》，北京：人民出版社，2014年版。

严格划定永久基本农田，合理控制城镇开发边界，优化城市内部结构，促进城市紧凑发展，提高国土空间利用效率。

四是生态文明，绿色低碳。把生态文明理念全面融入城镇化进程，着力推进绿色发展、循环发展、低碳发展，节约集约利用土地、水、能源等资源，强化环境保护和生态修复，减少对自然的干扰和损害，推动形成绿色低碳的生产生活方式和城市建设运营模式。

五是文化传承，彰显特色。根据不同地区的自然历史文化禀赋，体现区域差异性，提倡形态多样性，防止千城一面，发展有历史记忆、文化脉络、地域风貌、民族特点的美丽城镇，形成符合实际、各具特色的城镇化发展模式。

六是市场主导，政府引导。正确处理政府和市场关系，更加尊重市场规律，坚持使市场在资源配置中起决定性作用，更好地发挥政府作用，切实履行政府制定规划政策、提供公共服务和营造制度环境的重要职责，使城镇化成为市场主导、自然发展的过程，成为政府引导、科学发展的过程。

七是统筹规划，分类指导。中央政府统筹总体规划、战略布局和制度安排，加强分类指导；地方政府因地制宜、循序渐进抓好贯彻落实；尊重基层首创精神，鼓励探索创新和试点先行，凝聚各方共识，实现重点突破，总结推广经验，积极稳妥扎实有序推进新型城镇化。

（二）发展目标

一是城镇化水平和质量稳步提升。城镇化健康有序发展，常住人口城镇化率达到60%左右，户籍人口城镇化率达到45%左右，户籍人口城镇化率与常住人口城镇化率差距缩小2个百分点左右，努力实现1亿左右农业转移人口和其他常住人口在城镇落户。

二是城镇化格局更加优化。“两横三纵”为主体的城镇化战略格局基本形成，城市群集聚经济、人口能力明显增强，东部地区城市群一体化水平和国际竞争力明显提高，中西部地区城市群成为推动区域协调发展的新的重要增长极。城市规模结构更加完善，中心城市辐射带动作用更加突出，中小城市数量增加，小城镇服务功能增强。

三是城市发展模式科学合理。密度较高、功能混用和公交导向的集约紧凑型开发模式成为主导，人均城市建设用地严格控制在100平方米以内，建成区人口密度逐步提高。绿色生产、绿色消费成为城市经济生活的主流，节能节水产品、再生利用产品和绿色建筑比例大幅提高。城市地下管网覆盖率明显提高。

四是城市生活和谐宜人。稳步推进义务教育、就业服务、基本养老、基本医疗卫生、保障性住房等城镇基本公共服务覆盖全部常住人口，基础设施和公共服务设施更加完善，消费环境更加便利，生态环境明显改善，空气质量逐步好转，饮用水安全得到保障。自然景观和文化特色得到有效保护，城市发展个性化，城市管理人性化、智能化。

五是城镇化体制机制不断完善。户籍管理、土地管理、社会保障、财税金融、行政管理、生态环境等制度改革取得重大进展，阻碍城镇化健康发展的体制机制障碍基本消除。

第二节 新型城镇化道路的主要内容

一、有序推进农业转移人口市民化

按照尊重意愿、自主选择，因地制宜、分步推进，存量优先、带动增量的原则，以农业转移人口为重点，兼顾高校和职业技术院校毕业生、城镇间异地就业人员和城区城郊农业人口，统筹推进户籍制度改革和基本公共服务均等化。①

（一）推进符合条件农业转移人口落户城镇

逐步使符合条件的农业转移人口落户城镇，不仅要放开小城镇落户限制，也要放宽大中城市落户条件。

1. 健全农业转移人口落户制度

各类城镇要健全农业转移人口落户制度，根据综合承载能力和发展潜力，以就业年限、居住年限、城镇社会保险参保年限等为基准条件，因地制宜制定具体的农业转移人口落户标准，并向全社会公布，引导农业转移人口在城镇落户的预期和选择。

2. 实施差别化落户政策

以合法稳定就业和合法稳定住所（含租赁）等为前置条件，全面放开建制镇和小城市落户限制，有序放开城区人口 50 万～100 万的城市落户限制，合理放开城区人口 100 万～300 万的大城市落户限制，合理确定城区人口 300 万～500 万的大城市落户条件，严格控制城区人口 500 万以上的特大城市人口规模。大中城市可设置参加城镇社会保险年限的要求，但最高年限不得超过 5 年。特大城市可采取积分制等方式设置阶梯式落户通道调控落户规模和节奏。

（二）推进农业转移人口享有城镇基本公共服务

农村劳动力在城乡间流动就业是长期现象，按照保障基本、循序渐进的原则，积极推进城镇基本公共服务由主要对本地户籍人口提供向对常住人口提供转变，逐步解决在城镇就业居住但未落户的农业转移人口享有城镇基本公共服务问题。

1. 保障随迁子女平等享有受教育权利

建立健全全国中小学生学籍信息管理系统，为学生学籍转接提供便捷服务。将农民工随迁子女义务教育纳入各级政府教育发展规划和财政保障范畴，合理规划学校布局，科学核定教师编制，足额拨付教育经费，保障农民工随迁子女以公办学校为主接受义务教育。对未能在公办学校就学的，采取政府购买服务等方式，保障农民工随迁子女在普惠性民办

① 中共中央、国务院：《国家新型城镇化规划（2014—2020 年）》，北京：人民出版社，2014 年版。

学校接受义务教育的权利。逐步完善农民工随迁子女在流入地接受中等职业教育免学费和普惠性学前教育的政策，推动各地建立健全农民工随迁子女接受义务教育后在流入地参加升学考试的实施办法。

2. 完善公共就业创业服务体系

加强农民工职业技能培训，提高就业创业能力和职业素质。整合职业教育和培训资源，全面提供政府补贴职业技能培训服务。强化企业开展农民工岗位技能培训责任，足额提取并合理使用职工教育培训经费。鼓励高等学校、各类职业院校和培训机构积极开展职业教育和技能培训，推进职业技能实训基地建设。鼓励农民工取得职业资格证书和专项职业能力证书，并按规定给予职业技能鉴定补贴。加大农民工创业政策扶持力度，健全农民工劳动权益保护机制。实现就业信息全国联网，为农民工提供免费的就业信息和政策咨询。

3. 扩大社会保障覆盖面

扩大参保缴费覆盖面，适时适当降低社会保险费率。完善职工基本养老保险制度，实现基础养老金全国统筹，鼓励农民工积极参保、连续参保。依法将农民工纳入城镇职工基本医疗保险，允许灵活就业农民工参加当地城镇居民基本医疗保险。完善社会保险关系转移接续政策，在农村参加的养老保险和医疗保险规范接入城镇社保体系，建立全国统一的城乡居民基本养老保险制度，整合城乡居民基本医疗保险制度。强化企业缴费责任，扩大农民工参加城镇职工工伤保险、失业保险、生育保险比例。推进商业保险与社会保险衔接合作，开办各类补充性养老、医疗、健康保险。

4. 改善基本医疗卫生条件

根据常住人口配置城镇基本医疗卫生服务资源，将农民工及其随迁家属纳入社区卫生服务体系，免费提供健康教育、妇幼保健、预防接种、传染病防控、计划生育等公共卫生服务。加强农民工聚居地疾病监测、疫情处理和突发公共卫生事件应对。鼓励有条件的地方将符合条件的农民工及其随迁家属纳入当地医疗救助范围。

5. 拓宽住房保障渠道

采取廉租住房、公共租赁住房、租赁补贴等多种方式改善农民工居住条件。完善商品房配建保障性住房政策，鼓励社会资本参与建设。农民工集中的开发区和产业园区可以建设单元型或宿舍型公共租赁住房。农民工数量较多的企业可以在符合规定标准的用地范围内建设农民工集体宿舍。审慎探索由集体经济组织利用农村集体建设用地建设公共租赁住房。把进城落户农民完全纳入城镇住房保障体系。

（三）建立健全农业转移人口市民化推进机制

强化各级政府责任，合理分担公共成本，充分调动社会力量构建政府主导、多方参与、成本分担、协同推进的农业转移人口市民化机制。

1. 建立成本分担机制

建立健全由政府、企业、个人共同参与的农业转移人口市民化成本分担机制，根据农业转移人口市民化成本分类，明确成本承担主体和支出责任。

政府要承担农业转移人口市民化在义务教育、劳动就业、基本养老、基本医疗卫生、保障性住房以及市政设施等方面的公共成本。企业要落实农民工与城镇职工同工同酬制度，加大职工技能培训投入，依法为农民工缴纳职工养老、医疗、工伤、失业、生育等社会保险费用。农民工要积极参加城镇社会保险、职业教育和技能培训等，并按照规定承担相关费用，提升融入城市社会的能力。

2. 合理确定各级政府职责

中央政府负责统筹推进农业转移人口市民化的制度安排和政策制定，省级政府负责制定本行政区农业转移人口市民化总体安排和配套政策，市县政府负责制定本行政区城市和建制镇农业转移人口市民化的具体方案和实施细则。各级政府根据基本公共服务的事权划分，承担相应的财政支出责任，增强农业转移人口落户较多地区政府的公共服务保障能力。

3. 完善农业转移人口社会参与机制

推进农民工融入企业、子女融入学校、家庭融入社区、群体融入社会，建设包容性城市。提高各级党代会代表、人大代表、政协委员中农民工的比例，积极引导农民工参加党组织、工会和社团组织，引导农业转移人口有序参政议政和参加社会管理。加强宣传教育，提高农民工科学文化和文明素质，营造农业转移人口参与社区公共活动、建设和管理的氛围。城市政府和用工企业要加强对农业转移人口的人文关怀，丰富其精神文化生活。

二、优化城镇化布局和形态

根据土地、水资源、大气环流特征和生态环境承载能力，优化城镇化空间布局和城镇规模结构，在《全国主体功能区规划》确定的城镇化地区，按照统筹规划、合理布局、分工协作、以大带小的原则，发展集聚效率高、辐射作用大、城镇体系优、功能互补强的城市群，使之成为支撑全国经济增长、促进区域协调发展、参与国际竞争合作的重要平台。构建以陆桥通道、沿长江通道为两条横轴，以沿海、京哈京广、包昆通道为三条纵轴，以轴线上城市群和节点城市为依托、其他城镇化地区为重要组成部分，大中小城市和小城镇协调发展的“两横三纵”城镇化战略格局。①

（一）优化提升东部地区城市群

东部地区城市群主要分布在优化开发区域，面临水土资源和生态环境压力加大、要素成本快速上升、国际市场竞争加剧等制约，必须加快经济转型升级、空间结构优化、资源永续利用和环境质量提升。

京津冀、长江三角洲和珠江三角洲城市群，是我国经济最具活力、开放程度最高、创新能力最强、吸纳外来人口最多的地区，要以建设世界级城市群为目标，继续在制度创新、科技进步、产业升级、绿色发展等方面走在全国前列，加快形成国际竞争新优势，在

① 中共中央、国务院：《国家新型城镇化规划（2014—2020年）》，北京：人民出版社，2014年版。

更高层次参与国际合作和竞争，发挥其对全国经济社会发展的重要支撑和引领作用，科学定位各城市功能，增强城市群内中小城市和小城镇的人口经济集聚能力，引导人口和产业由特大城市主城区向周边和其他城镇疏散转移。依托河流、湖泊、山峦等自然地理格局建设区域生态网络。

东部地区其他城市群，要根据区域主体功能定位，在优化结构、提高效益、降低消耗、保护环境的基础上，壮大先进装备制造业、战略性新兴产业和现代服务业，推进海洋经济发展。充分发挥区位优势，全面提高开放水平，集聚创新要素，增强创新能力，提升国际竞争力。统筹区域、城乡基础设施网络和信息网络建设，深化城市间分工协作和功能互补，加快一体化发展。

（二）培育发展中西部地区城市群

中西部城镇体系比较健全、城镇经济比较发达、中心城市辐射带动作用明显的重点开发区域，要在严格保护生态环境的基础上，引导有市场、有效益的劳动密集型产业优先向中西部转移，吸纳东部返乡和就近转移的农民工，加快产业集群发展和人口集聚，培育发展若干新的城市群，在优化全国城镇化战略格局中发挥更加重要作用。

加快培育成渝、中原、长江中游、哈长等城市群，使之成为推动国土空间均衡开发、引领区域经济发展的重要增长极。加大对内对外开放力度，有序承接国际及沿海地区产业转移，依托优势资源发展特色产业，加快新型工业化进程，壮大现代产业体系，完善基础设施网络，健全功能完备、布局合理的城镇体系，强化城市分工合作，提升中心城市辐射带动能力，形成经济充满活力、生活品质优良、生态环境优美的新型城市群。依托陆桥通道上的城市群和节点城市，构建丝绸之路经济带，推动形成与中亚乃至整个欧亚大陆的区域大合作。

中部地区是我国重要粮食主产区，西部地区是我国水源保护区和生态涵养区。培育发展中西部地区城市群，必须严格保护耕地特别是基本农田，严格保护水资源，严格控制城市边界无序扩张，严格控制污染物排放，切实加强生态保护和环境治理，彻底改变粗放低效的发展模式，确保流域生态安全和粮食生产安全。

（三）建立城市群发展协调机制

统筹制定实施城市群规划，明确城市群发展目标、空间结构和开发方向，明确各城市的功能定位和分工，统筹交通基础设施和信息网络布局，加快推进城市群一体化进程。加强城市群规划与城镇体系规划、土地利用规划、生态环境规划等的衔接，依法开展规划环境影响评价。中央政府负责跨省级行政区的城市群规划编制和组织实施，省级政府负责本行政区内的城市群规划编制和组织实施。

建立完善跨区域城市发展协调机制。以城市群为主要平台，推动跨区域城市间产业分工、基础设施、环境治理等协调联动。重点探索建立城市群管理协调模式，创新城市群要素市场管理机制，破除行政壁垒和垄断，促进生产要素自由流动和优化配置。建立城市群成本共担和利益共享机制，加快城市公共交通“一卡通”服务平台建设，推进跨区域互联互通，促进基础设施和公共服务设施共建共享，促进创新资源高效配置和开放共享，推动区域环境联防联控联治，实现城市群一体化发展。

（四）促进各类城市协调发展

优化城镇规模结构，增强中心城市辐射带动功能，加快发展中小城市，有重点地发展小城镇，促进大中小城市和小城镇协调发展。

1. 增强中心城市辐射带动功能

直辖市、省会城市、计划单列市和重要节点城市等中心城市，是我国城镇化发展的重要支撑。沿海中心城市要加快产业转型升级，提高参与全球产业分工的层次，延伸面向腹地的产业和服务链，加快提升国际化程度和国际竞争力。内陆中心城市要加大开发开放力度，健全以先进制造业、战略性新兴产业、现代服务业为主的产业体系，提升要素集聚、科技创新、高端服务能力，发挥规模效应和带动效应。区域重要节点城市要完善城市功能，壮大经济实力，加强协作对接，实现集约发展、联动发展、互补发展。特大城市要适当疏散经济功能和其他功能，推进劳动密集型加工业向外转移，加强与周边城镇基础设施连接和公共服务共享，推进中心城区功能向 1 小时交通圈地区扩散，培育形成通勤高效、一体发展的都市圈。

2. 加快发展中小城市

把加快发展中小城市作为优化城镇规模结构的主攻方向，加强产业和公共服务资源布局引导，提升质连增加数量。鼓励引导产业项目在资源环境承载力强、发展潜力大的中小城市和县城布局，依托优势资源发展特色产业，夯实产业基础。加强市政基础设施和公共服务设施建设，教育医疗等公共资源配置要向中小城市和县城倾斜，引导高等学校和职业院校在中小城市布局、优质教育和医疗机构在中小城市设立分支机构，增强集聚要素的吸引力。完善设市标准，严格审批程序，对具备行政区划调整条件的县可有序改市，把有条件的县城和重点镇发展成为中小城市。培育壮大陆路边境口岸城镇，完善边境贸易、金融服务、交通枢纽等功能，建设国际贸易物流节点和加工基地。

3. 有重点地发展小城镇

按照控制数量、提高质量节约用地、体现特色的要求，推动小城镇发展与疏解大城市中心城区功能相结合、与特色产业发展相结合、与服务“三农”相结合。大城市周边的重点镇，要加强与城市发展的统筹规划与功能配套，逐步发展成为卫星城。具有特色资源、区位优势的小城镇，要通过规划引导、市场运作，培育成为文化旅游、商贸物流、资源加工、交通枢纽等专业特色镇。远离中心城市的小城镇和林场、农场等，要完善基础设施和公共服务，发展成为服务农村、带动周边的综合性小城镇。对吸纳人口多、经济实力强的镇，可赋予同人口和经济规模相适应的管理权。

三、提高城市可持续发展能力

加快转变城市发展方式，优化城市空间结构，增强城市经济、基础设施、公共服务和资源环境对人口的承载能力，有效预防和治理“城市病”，建设和谐宜居、富有特色、充满活力的现代城市。①

（一）强化城市产业就业支撑

调整优化城市产业布局和结构，促进城市经济转型升级，改善营商环境，增强经济活力，扩大就业容量，把城市打造成为创业乐园和创新摇篮。

1. 优化城市产业结构

根据城市资源环境承载能力、要素禀赋和比较优势，培育发展各具特色的城市产业体系。改造提升传统产业，淘汰落后产能，壮大先进制造业和节能环保、新一代信息技术、生物、新能源、新材料、新能源汽车等战略性新兴产业。适应制造业转型升级要求，推动生产性服务业专业化、市场化、社会化发展，引导生产性服务业在中心城市、制造业密集区域集聚；适应居民消费需求多样化，提升生活性服务业水平，扩大服务供给，提高服务质量，推动特大城市和大城市形成以服务经济为主的产业结构。强化城市间专业化分工协作，增强中小城市产业承接能力，构建大中小城市和小城镇特色鲜明、优势互补的产业发展格局。推进城市污染企业治理改造和环保搬迁。支持资源枯竭城市发展接续替代产业。

2. 增强城市创新能力

顺应科技进步和产业变革新趋势，发挥城市创新载体作用，依托科技、教育和人才资源优势，推动城市走创新驱动发展道路。营造创新的制度环境、政策环境、金融环境和文化氛围，激发全社会创新活力，推动技术创新、商业模式创新和管理创新。建立产学研协同创新机制，强化企业在技术创新中的主体地位，发挥大型企业创新骨干作用，激发中小企业创新活力。建设创新基地，集聚创新人才，培育创新集群，完善创新服务体系，发展创新公共平台和风险投资机构，推进创新成果资本化、产业化。加强知识产权运用和保护，健全技术创新激励机制。推动高等学校提高创新人才培养能力，加快现代职业教育体系建设，系统构建从中职、高职、本科层次职业教育到专业学位研究生教育的技术技能人才培养通道，推进中高职衔接和职普沟通。引导部分地方本科高等学校转型发展为应用技术类型高校。试行普通高校、高职院校、成人高校之间的学分转换，为学生多样化成才提供选择。

3. 营造良好就业创业环境

发挥城市创业平台作用，充分利用城市规模经济产生的专业化分工效应，放宽政府管制，降低交易成本，激发创业活力。完善扶持创业的优惠政策，形成政府激励创业、社会支持创业、劳动者勇于创业新的机制。运用财政支持、税费减免、创业投资引导、政策性金融服务、小额贷款担保等手段，为中小企业特别是创业型企业发展提供良好的经营环境，促进以创业带动就业。促进以高校毕业生为重点的青年就业和农村转移劳动力、城镇困难人员、退役军人就业。结合产业升级开发更多适合高校毕业生的就业岗位，实行激励

---

① 中共中央、国务院：《国家新型城镇化规划（2014—2020年）》，北京：人民出版社，2014年版。

高校毕业生自主创业政策，实施离校未就业高校毕业生就业促进计划。合理引导高校毕业生就业流向，鼓励其到中小城市创业就业。

（二）优化城市空间结构和管理格局

按照统一规划、协调推进、集约紧凑、疏密有致、环境优先的原则，统筹中心城区改造和新城新区建设，提高城市空间利用效率，改善城市人居环境。

1. 改造提升中心城区功能

推动特大城市中心城区部分功能向卫星城疏散，强化大中城市中心城区高端服务、现代商贸、信息中介、创意创新等功能。完善中心城区功能组合，统筹规划地上地下空间开发，推动商业、办公、居住、生态空间与交通站点的合理布局与综合利用开发。制定城市市辖区设置标准，优化市辖区规模和结构。按照改造更新与保护修复并重的要求，健全旧城改造机制，优化提升旧城功能。加快城区老工业区搬迁改造，大力推进棚户区改造，稳步实施城中村改造，有序推进旧住宅小区综合整治、危旧住房和非成套住房改造，全面改善人居环境。

2. 严格规范新城新区建设

严格新城新区设立条件，防止城市边界无序蔓延。因中心城区功能过度叠加、人口密度过高或规避自然灾害等原因，确需规划建设新城新区，必须以人口密度、产出强度和资源环境承载力为基准，与行政区划相协调，科学合理编制规划，严格控制建设用地规模控制建设标准过度超前。统筹生产区、办公区、生活区、商业区等功能区规划建设，推进功能混合和产城融合，在集聚产业的同时集聚人口，防止新城新区空心化。加强现有开发区城市功能改造，推动单一生产功能向城市综合功能转型，为促进人口集聚、发展服务经济拓展空间。

3. 改善城乡结合部环境

提升城乡结合部规划建设和管理服务水平，促进社区化发展，增强服务城市、带动农村、承接转移人口功能。加快城区基础设施和公共服务设施向城乡结合部地区延伸覆盖，规范建设行为，加强环境整治和社会综合治理，改善生活居住条件。保护生态用地和农用地，形成有利于改善城市生态环境质量的生态缓冲地带。

（三）提升城市基本公共服务水平

加强市政公用设施和公共服务设施建设，增加基本公共服务供给，增强对人口集聚和服务的支撑能力。

1. 优先发展城市公共交通

将公共交通放在城市交通发展的首要位置，加快构建以公共交通为主体的城市机动化出行系统，积极发展快速公共汽车、现代有轨电车等大容量地面公共交通系统，科学有序推进城市轨道交通建设。优化公共交通站点和线路设置，推动形成公共交通优先通行网络，提高覆盖率、准点率和运行速度，基本实现100万人口以上城市中心城区公共交通站点500米全覆盖。强化交通综合管理，有效调控、合理引导个体机动化交通需求。推动各种交通方式、城市道路交通管理系统的信息共享和资源整合。

2. 加强市政公用设施建设

建设安全高效便利的生活服务和市政公用设施网络体系。优化社区生活设施布局，健全社区养老服务体系，完善便民利民服务网络，打造包括物流配送、便民超市、平价菜店、家庭服务中心等在内的便捷生活服务圈。加强无障碍环境建设。合理布局建设公益性菜市场、农产品批发市场。统筹电力、通信、给排水、供热、燃气等地下管网建设，推行城市综合管廊，新建城市主干道路、城市新区、各类园区应实行城市地下管网综合管廊模式。加强城镇水源地保护与建设和供水设施改造与建设，确保城镇供水安全。加强防洪设施建设，完善城市排水与暴雨外洪内涝防治体系，提高应对极端天气能力。建设安全可、技术先进、管理规范的新型配电网络体系，加快推进城市清洁能源供应设施建设，完善燃气输配、储备和供应保障系统，大力发展热电联产，淘汰燃煤小锅炉。加强城镇污水处理及再生利用设施建设，推进雨污分流改造和污泥无害化处置。提高城镇生活垃圾无害化处理能力。合理布局建设城市停车场和立体车库，新建大中型商业设施要配建货物装卸作业区和停车场，新建办公区和住宅小区要配建地下停车场。

3. 完善基本公共服务体系

根据城镇常住人口增长趋势和空间分布，统筹布局建设学校、医疗卫生机构、文化设施、体育场所等公共服务设施。优化学校布局和建设规模合理配置中小学和幼儿园资源。加强社区卫生服务机构建设，健全与医院分工协作、双向转诊的城市医疗服务体系。完善重大疾病防控、妇幼保健等专业公共卫生和计划生育服务网络。加强公共文化、公共体育、就业服务、社保经办和便民利民服务设施建设。创新公共服务供给方式，引入市场机制，扩大政府购买服务规模实现供给主体和方式多元化，根据经济社会发展状况和财力水平，逐步提高城镇居民基本公共服务水平，在学有所教、劳有所得、病有所医、老有所养、住有所居上持续取得新进展。

（四）提高城市规划建设水平

1. 创新规划理念

把以人为本、尊重自然、传承历史、绿色低碳理念融入城市规划全过程。城市规划要由扩张性规划逐步转向限定城市边界、优化空间结构的规划，科学确立城市功能定位和形态，加强城市空间开发利用管制，合理划定城市“三区四线”，合理确定城市规模、开发边界、开发强度和保护性空间，加强道路红线和建筑红线对建设项目的定位控制。统筹规划城市空间功能布局，促进城市用地功能适度混合。合理设定不同功能区土地开发利用的容积率、绿化率、地面渗透率等规范性要求。建立健全城市地下空间开发利用协调机制。统筹规划市区、城郊和周边乡村发展。

2. 完善规划程序

完善城市规划前期研究、规划编制、衔接协调、专家论证、公众参与、审查审批、实施管理、评估修编等工作程序，探索设立城市总规划师制度，提高规划编制科学化、民主化水平。推行城市规划政务公开，加大公开公示力度。加强城市规划与经济社会发展、主体功能区建设、国土资源利用、生态环境保护、基础设施建设等规划的相互衔接。推动有条件地区的经济社会发展总体规划、城市规划、土地利用规划等“多规合一”。

3. 强化规划管控

保持城市规划权威性、严肃性和连续性，坚持一本规划一张蓝图持之以恒加以落实，防止换一届领导改一次规划。加强规划实施全过程监管，确保依规划进行开发建设。健全国家城乡规划督察员制度，以规划强制性内容为重点，加强规划实施督察，对违反规划行为进行事前事中监管。严格实行规划实施责任追究制度，加大对政府部门、开发主体、居民个人违法违规行为的责任追究和处罚力度。制定城市规划建设考核指标体系，加强地方人大对城市规划实施的监督检查，将城市规划实施情况纳入地方党政领导干布核和离任审计。运用信息化等手段，强化对城市规划管控的技术支撑。

4. 严格建筑质量管理

强化建筑设计、施工、监理和建筑材料、装修装饰等全流程质量管控。严格执行先勘察、后设计、再施工的基本建设程序，加强建筑市场各类主体的资质资格管理，推行质量体系认证制度，加大建筑工人职业技能培训力度。坚决打击建筑工程招投标、分包转包、材料采购、竣工验收等环节的违法违规行为，惩治擅自改变房屋建筑主体和承重结构等违规行为。健全建筑档案登记、查询和管理制度，强化建筑质量责任追究和处罚，实行建筑质量责任终身追究制度。

（五）推动新型城市建设

顺应现代城市发展新理念、新趋势，推动城市绿色发展，提高智能化水平，增强历史文化魅力，全面提升城市内在品质。

1. 加快绿色城市建设

将生态文明理念全面融入城市发展，构建绿色生产方式、生活方式和消费模式。严格控制高耗能、高排放行业发展。节约集约利用土地、水和能源等资源，促进资源循环利用，控制总量提高效率。加快建设可再生能源体系，推动分布式太阳能、风能、生物质能、地热能多元化、规模化应用，提高新能源和可再生能源利用比例。实施绿色建筑行动计划，完善绿色建筑标准及认证体系、扩大强制执行范围，加快既有建筑节能改造，大力发展绿色建材，强力推进建筑工业化。合理控制机动车保有量，加快新能源汽车推广应用，改善步行、自行车出行条件，倡导绿色出行。实施大气污染防治行动计划，开展区域联防联控联治，改善城市空气质量。完善废旧商品回收体系和垃圾分类处理系统，加强城市固体废弃物循环利用和无害化处置。合理划定生态保护红线，扩大城市生态空间，增加森林、湖泊、湿地面积，将农村废弃地、其他污染土地、工矿用地转化为生态用地，在城镇化地区合理建设绿色生态廊道。

2. 推进智慧城市建设

统筹城市发展的物质资源、信息资源和智力资源利用，推动物联网、云计算、大数据等新一代信息技术创新应用，实现与城市经济社会发展深度融合。强化信息网络、数据中心等信息基础设施建设。促进跨部门、跨行业、跨地区的政务信息共享和业务协同，强化信息资源社会化开发利用，推广智慧化信息应用和新型信息服务，促进城市规划管理信息化、基础设施智能化、公共服务便捷化、产业发展现代化、社会治理精细化。增强城市要害信息系统和关键信息资源的安全保障能力。

3. 注重人文城市建设

发掘城市文化资源，强化文化传承创新，把城市建设成为历史底蕴厚重、时代特色鲜明的人文魅力空间。注重在旧城改造中保护历史文化遗产、民族文化风格和传统风貌，促进功能提升与文化文物保护相结合。注重在新城新区建设中融入传统文化元素，与原有城市自然人文特征相协调。加强历史文化名城名镇、历史文化街区、民族风情小镇文化资源挖掘和文化生态的整体保护，传承和弘扬优秀传统文化，推动地方特色文化发展，保存城市文化记忆。培育和践行社会主义核心价值观，加快完善文化管理体制和文化生产经营机制，建立健全现代公共文化服务体系、现代文化市场体系。鼓励城市文化多样化发展，促进传统文化与现代文化、本土文化与外来文化交融，形成多元开放的现代城市文化。

（六）加强和创新城市社会治理

树立以人为本、服务为先理念，完善城市治理结构，创新城市治理方式，提升城市社会治理水平。

1. 完善城市治理结构

顺应城市社会结构变化新趋势，创新社会治理体制，加强党委领导，发挥政府主导作用，鼓励和支持社会各方面参与，实现政府治理和社会自我调节、居民自治良性互动。坚持依法治理，加强法治保障，运用法治思维和法治方式化解社会矛盾。坚持综合治理，强化道德约束，规范社会行为，调节利益关系，协调社会关系，解决社会问题。坚持源头治理，标本兼治、重在治本，以网格化管理、社会化服务为方向，健全基层综合服务管理平台，及时反映和协调人民群众各方面各层次利益诉求。加强城市社会治理法律法规、体制机制、人才队伍和信息化建设。激发社会组织活力，加快实施政社分开，推进社会组织明确权责、依法自治、发挥作用。适合由社会组织提供的公共服务和解决的事项，交由社会组织承担。

2. 强化社区自治和服务功能

健全社区党组织领导的基层群众自治制度，推进社区居民依法民主管理社区公共事务和公益事业。加快公共服务向社区延伸，整合人口、劳动就业、社保、民政、卫生计生、文化及综治、维稳、信访等管理职能和服务资源，加快社区信息化建设，构建社区综合服务管理平台。发挥业主委员会、物业管理机构、驻区单位积极作用，引导各类社会组织、志愿者参与社区服务和管理。加强社区社会工作专业人才和志愿者队伍建设，推进社区工作人员专业化和职业化。加强流动人口服务管理。

3. 创新社会治安综合治理

建立健全源头治理、动态协调、应急处置相互衔接、相互支撑的社会治安综合治理机制。创新立体化社会治安防控体系，改进治理方式，促进多部门城市管理职能整合，鼓励社会力量积极参与社会治安综合治理。及时解决影响人民群众安全的社会治安问题，加强对城市治安复杂部位的治安整治和管理。理顺城管执法体制，提高执法和服务水平。加大依法管理网络力度，加快完善互联网管理领导体制，确保国家网络和信息安全。

4. 健全防灾减灾救灾体制

完善城市应急管理体系，加强防灾减灾能力建设，强化行政问责制和责任追究制。着眼抵御台风、洪涝、沙尘暴、冰雪、干旱、地震、山体滑坡等自然灾害，完善灾害监测和预警体系，加强城市消防、防洪、排水防涝、抗震等设施和救援救助能力建设，提高城市建筑灾害设防标准，合理规划布局和建设应急避难场所，强化公共建筑物和设施应急避难功能。完善突发公共事件应急预案和应急保障体系。加强灾害分析和信息公开，开展市民风险防范和自救互救教育，建立巨灾保险制度，发挥社会力量在应急管理中的作用。

四、推动城乡发展一体化①

坚持工业反哺农业、城市支持农村和多予少取放活方针，加大统筹城乡发展力度，增强农村发展活力，逐步缩小城乡差距，促进城镇化和新农村建设协调推进。

（一）完善城乡发展一体化体制机制

加快消除城乡二元结构的体制机制障碍，推进城乡要素平等交换和公共资源均衡配置，让广大农民平等参与现代化进程、共同分享现代化成果。

1. 推进城乡统一要素市场建设

加快建立城乡统一的人力资源市场，落实城乡劳动者平等就业、同工同酬制度。建立城乡统一的建设用地市场，保障农民公平分享土地增值收益。建立健全有利于农业科技人员下乡、农业科技成果转化、先进农业技术推广的激励和利益分享机制。创新面向“三农”的金融服务，统筹发挥政策性金融、商业性金融和合作性金融的作用，支持具备条件的民间资本依法发起设立中小型银行等金融机构，保障金融机构农村存款主要用于农业农村。加快农业保险产品创新和经营组织形式创新，完善农业保险制度。鼓励社会资本投向农村建设，引导更多人才、技术、资金等要素投向农业农村。

2. 推进城乡规划、基础设施和公共服务一体化

统筹经济社会发展规划、土地利用规划和城乡规划，合理安排市县域城镇建设、农田保护、产业集聚、村落分布、生态涵养等空间布局。扩大公共财政覆盖农村范围，提高基础设施和公共服务保障水平。统筹城乡基础设施建设，加快基础设施向农村延伸，强化城乡基础设施连接，推动水电路气等基础设施城乡联网、共建共享。加快公共服务向农村覆

---

① 中共中央、国务院：《国家新型城镇化规划（2014—2020年）》，北京：人民出版社，2014年版。

盖，推进公共就业服务网络向县以下延伸，全面建成覆盖城乡居民的社会保障体系，推进城乡社会保障制度衔接，加快形成政府主导、覆盖城乡、可持续的基本公共服务体系，推进城乡基本公共服务均等化。率先在一些经济发达地区实现城乡一体化。

（二）加快农业现代化进程

坚持走中国特色新型农业现代化道路，加快转变农业发展方式，提高农业综合生产能力、抗风险能力、市场竞争能力和可持续发展能力。

1. 保障国家粮食安全和重要农产品有效供给

确保国家粮食安全是推进城镇化的重要保障。严守耕地保护红线，稳定粮食播种面积。加强农田水利设施建设和土地整理复垦，加快中低产田改造和高标准农田建设。继续加大中央财政对粮食主产区投入，完善粮食主产区利益补偿机制，健全农产品价格保护制度，提高粮食主产区和种粮农民的积极性，将粮食生产核心区和非主产区产粮大县建设成为高产稳产商品粮生产基地。支持优势产区棉花、油料、糖料生产，推进畜禽水产品标准化规模养殖。坚持“米袋子”省长负责制和“菜篮子”市长负责制。完善主要农产品市场调控机制和价格形成机制。积极发展都市现代农业。

2. 提升现代农业发展水平

加快完善现代农业产业体系，发展高产、优质、高效、生态、安全农业。提高农业科技创新能力，做大做强现代种业，健全农技综合服务体系，完善科技特派员制度，推广现代化农业技术。鼓励农业机械企业研发制造先进实用的农业技术装备，促进农机农艺融合，改善农业设施装备条件，耕种收综合机械化水平达到70%左右。创新农业经营方式，坚持家庭经营在农业中的基础性地位，推进家庭经营、集体经营、合作经营、企业经营等共同发展。鼓励承包经营权在公开市场上向专业大户、家庭农场、农民合作社、农业企业流转，发展多种形式规模经营。鼓励和引导工商资本到农村发展适合企业化经营的现代种养业，向农业输入现代生产要素和经营模式。加快构建公益性服务与经营性服务相结合、专项服务与综合服务相协调的新型农业社会化服务体系。

3. 完善农产品流通体系

统筹规划农产品市场流通网络布局，重点支持重要农产品集散地、优势农产品产地批发市场建设，加强农产品期货市场建设。加快推进以城市便民菜市场（菜店）、生鲜超市、城乡集贸市场为主体的农产品零售市场建设。实施粮食收储供应安全保障工程，加强粮油仓储物流设施建设，发展农产品低温仓储、分级包装、电子结算。健全覆盖农产品收集、存储、加工、运输、销售各环节的冷链物流体系。加快培育现代流通方式和新型流通业态，大力发展快捷高效配送。积极推进“农批对接”“农超对接”等多种形式的产销衔接，加快发展农产品电子商务，降低流通费用。强化农产品商标和地理标志保护。

（三）建设社会主义新农村

坚持遵循自然规律和城乡空间差异化发展原则，科学规划县域村镇体系，统筹安排农村基础设施建设和社会事业发展，建设农民幸福生活的美好家园。

1. 提升乡镇村庄规划管理水平

适应农村人口转移和村庄变化的新形势，科学编制县域村镇体系规划和镇、乡、村庄规划，建设各具特色的美丽乡村。按照发展中心村、保护特色村、整治空心村的要求，在尊重农民意愿的基础上，科学引导农村住宅和居民点建设，方便农民生产生活。在提升自然村落功能基础上，保持乡村风貌、民族文化和地域文化特色，保护有历史、艺术、科学价值的传统村落、少数民族特色村寨和民居。

2. 加强农村基础设施和服务网络建设

加快农村饮水安全建设，因地制宜采取集中供水、分散供水和城镇供水管网向农村延伸的方式解决农村人口饮用水安全问题。继续实施农村电网改造升级工程，提高农村供电能力，实现城乡用电同网同价。加强以太阳能、生物沼气为重点的清洁能源建设及相关技术服务。基本完成农村危房改造。完善农村公路网络，实现行政村通班车。加强乡村旅游服务网络、农村邮政设施和宽带网络建设，改善农村消防安全条件。继续实施新农村现代流通网络工程，培育面向农村的大型流通企业，增加农村商品零售、餐饮及其他生活服务网点。深入开展农村环境综合整治，实施乡村清洁工程，开展村庄整治，推进农村垃圾、污水处理和土壤环境整治，加快农村河道、水环境整治，严禁城市和工业污染向农村扩散。

3. 加快农村社会事业发展

合理配置教育资源，重点向农村地区倾斜。推进义务教育学校标准化建设，加强农村中小学寄宿制学校建设，提高农村义务教育质量和均衡发展水平。积极发展农村学前教育。加强农村教师队伍建设。建立健全新型职业化农民教育、培训体系。优先建设发展县级医院，完善以县级医院为龙头、乡镇卫生院和村卫生室为基础的农村三级医疗卫生服务网络，向农民提供安全价廉可及的基本医疗卫生服务。加强乡镇综合文化站等农村公共文化和体育设施建设，提高文化产品和服务的有效供给能力，丰富农民精神文化生活。完善农村最低生活保障制度。健全农村留守儿童、妇女、老人关爱服务体系。

第三节 改革完善城镇化发展体制机制

加强制度顶层设计，尊重市场规律，统筹推进人口管理、土地管理、财税金融、城镇住房、行政管理、生态环境等重点领域和关键环节体制机制改革，形成有利于城镇化健康发展的制度环境。①

---

① 中共中央、国务院：《国家新型城镇化规划（2014—2020 年）》，北京：人民出版社，2014 年版。

一、推进人口管理制度改革

在加快改革户籍制度的同时，创新和完善人口服务和管理制度，逐步消除城乡区域间户籍壁垒，还原户籍的人口登记管理功能，促进人口有序流动、合理分布和社会融合。

建立居住证制度。全面推行流动人口居住证制度，以居住证为载体，建立健全与居住年限等条件相挂钩的基本公共服务提供机制，并作为申请登记居住地常住户口的重要依据。城镇流动人口暂住证持有年限累计进居住证。

健全人口信息管理制度。加强和完善人口统计调查制度，进一步改进人口普查方法，健全人口变动调查制度。加快推进人口基础信息库建设，分类完善劳动就业、教育、收入、社保、房产、信用、计生、税务等信息系统，逐步实现跨部门、跨地区信息整合和共享，在此基础上建设覆盖全国、安全可行国家人口综合信息库和信息交换平台，到2020年在全国实行以公民身份号码为唯一标识，依法记录、查询和评估人口相关信息制度，为人口服务和管理提供支撑。

二、深化土地管理制度改革

实行最严格的耕地保护制度和集约节约用地制度，按照管住总量、严控增量、盘活存量的原则，创新土地管理制度，优化土地利用结构，提高土地利用效率，合理满足城镇化用地需求。

建立城镇用地规模结构调控机制。严格控制新增城镇建设用地规模，严格执行城市用地分类与规划建设用地标准，实行增量供给与存量挖潜相结合的供地、用地政策，提高城镇建设使用存量用地比例。探索实行城镇建设用地增加规模与吸纳农业转移人口落户数量挂钩政策。有效控制特大城市新增建设用地规模适度增加集约用地程度高、发展潜力大、吸纳人口多的卫星城、中小城市和县城建设用地供给。适当控制工业用地，优先安排和增加住宅用地，合理安排生态用地，保护城郊菜地和水田，统筹安排基础设施和公共服务设施用地。建立有效调节工业用地和居住用地合理比价机制，提高工业用地价格。

健全节约集约用地制度。完善各类建设用地标准体系，严格执行土地使用标准，适当提高工业项目容积率、土地产出率门槛，探索实行长期租赁、先租后让、租让结合的工业用地供应制度，加强工程建设项目用地标准控制。建立健全规划统筹、政府引导、市场运作、公众参与、利益共享的城镇低效用地再开发激励约束机制，盘活利用现有城镇存量建设用地，建立存量建设用地退出激励机制，推进老城区、旧厂房、城中村的改造和保护性开发，发挥政府土地储备对盘活城镇低效用地的作用。加强农村土地综合整治，健全运行机制，规范推进城乡建设用地增减挂钩，总结推广工矿废弃地复垦利用等做法。禁止未经评估和无害化治理的污染场地进行土地流转和开发利用。完善土地租赁、转让、抵押二级市场。

深化国有建设用地有偿使用制度改革。扩大国有土地有偿使用范围，逐步对经营性基础设施和社会事业用地实行有偿使用。减少非公益性用地划拨，对以划拨方式取得用于经营性项目的土地，通过征收土地年租金等多种方式纳入有偿使用范围。

推进农村土地管理制度改革。全面完成农村土地确权登记颁证工作，依法维护农民土地承包经营权。在坚持和完善最严格的耕地保护制度前提下，赋予农民对承包地占有、使用、收益、流转及承包经营权抵押、担保权能。保障农户宅基地用益物权，改革完善农村宅基地制度，在试点基础上慎重稳妥推进农民住房财产权抵押、担保、转让，严格执行宅基地使用标准，严格禁止一户多宅。在符合规划和用途管制前提下，允许农村集体经营性建设用地出让、租赁、入股，实行与国有土地同等入市、同权同价。建立农村产权流转交易市场，推动农村产权流转交易公开、公正、规范运行。

深化征地制度改革。缩小征地范围，规范征地程序，完善对被征地农民合理、规范、多元保障机制。建立兼顾国家、集体、个人的土地增值收益分配机制，合理提高个人收益，保障被征地农民长远发展生计。健全争议协调裁决制度。

强化耕地保护制度。严格土地用途管制，统筹耕地数量管控和质量、生态管护，完善耕地占补平衡制度，建立健全耕地保护激励约束机制。落实地方各级政府耕地保护责任目标考核制度，建立健全耕地保护共同责任机制；加强基本农田管理，完善基本农田永久保护长效机制，强化耕地占补平衡和土地整理复垦监管。

三、创新城镇化资金保障机制

加快财税体制和投融资机制改革，创新金融服务，放开市场准入，逐步建立多元化、可持续的城镇化资金保障机制。

完善财政转移支付制度。按照事权与支出责任相适应的原则，合理确定各级政府在教育、基本医疗、社会保障等公共服务方面的事权，建立健全城镇基本公共服务支出分担机制。建立财政转移支付同农业转移人口市民化挂钩机制，中央和省级财政安排转移支付要考虑常住人口因素。依托信息化管理手段，逐步完善城镇基本公共服务补贴办法。

完善地方税体系。培育地方主体税种，增强地方政府提供基本公共服务能力。加快房地产税立法并适时推进改革。加快资源税改革，逐步将资源税征收范围扩展到占用各种自然生态空间。推动环境保护费改税。

建立规范透明的城市建设投融资机制。在完善法律法规和健全地方政府债务管理制度基础上，建立健全地方债券发行管理制度和评级制度，允许地方政府发行市政债券，拓宽城市建设融资渠道。创新金融服务和产品，多渠道推动股权融资，提高直接融资比重。发挥现有政策性金融机构的重要作用，研究制定政策性金融专项支持政策，研究建立城市基础设施、住宅政策性金融机构，为城市基础设施和保障性安居工程建设提供规范透明、成本合理、期限匹配的融资服务。理顺市政公用产品和服务价格形成机制，放宽准入，完善监管，制定非公有制企业进入特许经营领域的办法，鼓励社会资本参与城市公用设施投资运营。鼓励公共基金、保险资金等参与项目自身具有稳定收益的城市基础设施项目建设和运营。

四、健全城镇住房制度

建立市场配置和政府保障相结合的住房制度，推动形成总量基本平衡、结构基本合理、房价与消费能力基本适应的住房供需格局，有效保障城镇常住人口的合理住房需求。

健全住房供应体系。加快构建以政府为主提供基本保障、以市场为主满足多层次需求的住房供应体系。对城镇低收入和中等偏下收入住房困难家庭，实行租售并举、以租为主，提供保障性安居工程住房，满足基本住房需求。稳定增加商品住房供应，大力发展二手房市场和住房租赁市场，推进住房供应主体多元化，满足市场多样化住房需求。

健全保障性住房制度。建立各级财政保障性住房稳定投入机制，扩大保障性住房有效供给。完善租赁补贴制度，推进廉租住房、公共租赁住房并轨运行。制定公平合理、公开透明的保障性住房配租政策和监管程序，严格准入和退出制度，提高保障性住房物业管理、服务水平和运营效率。

健全房地产市场调控长效机制。调整完善住房、土地、财税、金融等方面政策，共同构建房地产市场调控长效机制。各城市要编制城市住房发展规划，确定住房建设总量、结构和布局。确保住房用地稳定供应，完善住房用地供应机制，保障性住房用地应保证，优先安排政策性商品住房用地，合理增加普通商品住房用地，严格控制大户型高档商品住房用地。实行差别化的住房税收、信贷政策，支持合理自住需求，抑制投机投资需求。依法规范市场秩序，健全法律法规体系，加大市场监管力度。建立以土地为基础的不动产统一登记制度，实现全国住房信息联网，推进各部门信息共享。

五、强化生态环境保护制度

完善推动城镇化绿色循环低碳发展的体制机制，实行最严格的生态环境保护制度，形成节约资源和保护环境的空间格局、产业结构、生产方式和生活方式。

建立生态文明考核评价机制。把资源消耗、环境损害、生态效益纳入城镇化发展评价体系，完善体现生态文明要求的目标体系、考核办法、奖惩机制。对限制开发区域和生态脆弱的国家扶贫开发工作重点县取消地区生产总值考核。

建立国土空间开发保护制度。建立空间规划体系，坚定不移实施主体功能区制度，划定生态保护红线，严格按照主体功能区定位推动发展，加快完善城镇化地区、农产品主产区、重点生态功能区空间开发管控制度，建立资源环境承载能力监测预警机制。强化水资源开发利用控制、用水效率控制、水功能区限制纳污管理。对不同主体功能区实行差别化财政、投资、产业、土地、人口、环境、考核等政策。

实行资源有偿使用制度和生态补偿制度。加快自然资源及其产品价格改革，全面反映市场供求、资源稀缺程度、生态环境损害成本和修复效益。建立健全居民生活用电、用水、用气等阶梯价格制度。制定并完善生态补偿方面的政策、法规，切实加大生态补偿投入力度，扩大生态补偿范围，提高生态补偿标准。

建立资源环境产权交易机制。发展环保市场，推行节能量、碳排放权、排污权、水权交易制度，建立吸引社会资本投入生态环境保护的市场化机制，推行环境污染第三方治理。

实行最严格的环境监管制度。建立和完善严格监管所有污染物排放的环境保护管理制度，独立进行环境监管和行政执法。完善污染物排放许可制，实行企事业单位污染物排放总霖制制度。加大环境执法力度，严格环境影响评价制度，加强突发环境事件应急能力建设，完善以预防为主的环境风险管理制度。对造成生态环境损害的责任者严格实行赔偿制度，依法追究刑事责任。建立陆海统筹的生态系统保护修复和污染防治区域联动机制，开展环境污染强制责任保险试点。①

① 中共中央、国务院：《国家新型城镇化规划（2014—2020 年）》，北京：人民出版社，2014 年版。

引用与参考文献

[1] DALY H E. Valuing the earth: economics, ecology, ethics. Massachusetts: The MIT Press, 1993.

[2] KENNETH F. Modern Architecture: A history of Critique. Boston: The MIT Press, 2000.

[3] NIJKAMP Petal. Sustainable cities in European. London: Earthscan Publications Limited, 1994.

[4] TOMAN M T. The Difficulty in Defining Sustainability. Darmstadter J. Global development and the environment: perspectives on sustainability, resources for the future, 1992.

[5] United Nations population Division: World urbanization prospects, the 2001 Revision. http://www.un.org/esa/population/publications/wup2001/WUP2001report.htm.

[6] WALTER S and BOB W B. Sustainable cities: concepts and strategies for eco - city development. Eco - Home Media, 1992.

[7] World Commissionon Environment and Development. Our Common Future, 1972.

[8] 马克斯·韦伯．韦伯作品集（II）．桂林：广西师范大学出版社，2004.

[9] 盖伊·彼德斯．政府未来的治理模式．北京：中国人民大学出版社，2001.

[10] 刘易斯·芒福德．城市发展史：起源、演变和前景．宋俊岭，倪文彦，译．北京：中国建筑工业出版社，1989.

[11] 米切尔·K. 林德尔．应急管理概论．北京：中国人民大学出版社，2011.

[12] 秦甫．现代城市管理．上海：东华大学出版社，2004.

[13] 谭善勇．城市管理概论．北京：经济科学出版社，2003.

[14] 马彦琳，刘建平．现代城市管理学．北京：科学出版社，2005.

[15] 傅崇兰，周明俊．中国特色城市发展理论与实践．北京：中国社会科学出版社，2003.

[16] 顾朝林．经济全球化与中国城市发展．北京：商务印书馆，1999.

[17] 姜杰，彭展，夏宁．城镇管理学．济南：山东人民出版社，2005.

[18] 靳润成．中国城市之路．北京：学林出版社，1999.

[19] 李晹．天津城市规划管理发展研究［D］．天津：天津师范大学，2008.

[20] 刘永亮．城镇管理理念创新．城镇，2005（1）.

[21] 陈瑞瑞，赵万民，朱猛．中小城市发展战略规划实践与探索：以四川省邛崃市为例．小城镇建设，2003（10）．

[22] 曹敏晖．城市基础设施管理中存在的问题及对策．管理工程师，2010（3）．

[23] 沈芝．再述西欧中世纪城市的起源．历史教学，2005（8）．

[24] 孙久文．区域经济规划．北京：商务印书馆，2000.

[25] 孙章．城市轨道交通百年回眸．北京：中国铁道出版社，2000.
[26] 柴生秦．新公共管理对中国行政管理改革的借鉴意义．西北大学学报，2000（2）．
[27] 王瑶．我国突发事件应急管理体制研究．长春：东北师范大学，2008.
[28] 谢诚．城市规划管理体制与管理职能的转型研究．重庆：重庆大学，2004.
[29] 谢文蕙．城市经济学．北京：清华大学出版社，1996.
[30] 徐学强，周一星，宁越敏．城市地理学．北京：高等教育出版社，2009.
[31] 徐循初．城市道路与交通规划．北京：中国建筑工业出版社，2005.
[32] 阎小培．现代化与城市现代化理论问题探讨．现代城市研究，2002（1）．
[33] 俞可平．治理与善治．北京：社会科学文献出版社，2000.
[34] 袁镔．小城镇大作用：珠江三角洲小城镇规划管理机制创新研究．北京规建划设，2005（9）．
[35] 张国祺．市政管理学．成都：四川大学出版社，1995.
[36] 张新光．论我国乡镇的建制规模、职能定位与机构设置．广东行政学院学报，2005（12）．
[37] 张跃庆．城市管理概论．北京：北京经济学院出版社，1990.
[38] 中共中央，国务院：国家新型城镇化规划（2014—2020 年）．北京：人民出版社，2014.
[39] 中国社会科学院城镇化质量评估与提升路径研究创新项目组．中国城镇化质量综合评价报告.2013 年.
[40] 周建军．转型期中国城市规划管理职能研究［D］．上海：同济大学，2008.
[41] 朱铁臻．城镇现代化研究．北京：红旗出版社，2002.

编 后 记

本书编写过程中，诸多前辈的学术成果给了我们深刻的启迪与莫大的帮助。编者在本书中直接引用了他们的大量文献，在此向原作者致以诚挚的谢意。遗漏之处还请文献的原作者多多谅解。

江南大学公共管理系潘加军博士、汪春劼教授，以及其他多位老师在本书编写过程中也做了大量工作，特此鸣谢。